U0154556

臺灣民眾的媒體選擇與統獨立場

劉嘉薇　著

　　政治是一種傳播，傳播也是一種政治。政治總在傳播過程中進行，傳播過程亦總有政治色彩。我們每個人或多或少過著政治生活和傳播生活，政治事務的安排影響我們甚鉅，媒體內容的設定也影響我們怎麼看待政治。媒體為民眾傳遞政治資訊，劃定政治的界線，而媒體的效果如何？另一方面，民眾又是如何接收資訊？是理性的判斷？抑或帶著政治的有色眼鏡選擇資訊？對臺灣而言，兩岸關係影響著政治的發展，本書從經驗研究的角度，探討歷年來是民眾的統獨立場受到媒體選擇影響？抑或民眾統獨立場才是影響他們選擇媒體的關鍵？抑或兩者兼而有之？

　　本書第一章縱貫了2000年以來兩岸關係重要的事件，說明上段研究問題的背景和由來。為了討論此問題，第二章檢閱媒體選擇與統獨立場因果關係的相關文獻，在理論上，兩者便已互為因果，然民眾統獨立場對媒體選擇的影響稍多，但因無法排除民眾媒體選擇對統獨立場的影響，因此在後續資料分析中，皆將兩者自變數和依變數的設定互換，觀察互換後的異同。因此，為了確知民眾選擇報紙本身的統獨立場，第三章我們進行報紙統獨立場的內容分析，以便帶入民眾選擇媒體的統獨立場。第四章再處理民眾媒體選擇與統獨立場的因果分析，包括橫斷面資料和定群追蹤資料。最後，我們在第五章提出結論，說明這項跨政治和傳播領域的研究帶來什麼啟示。

　　本書的主題包括政治學和傳播學，致力於跨領域的縱深研究，以內容分析法在媒體資訊充斥的時代探索資訊的核心概念，也以調查研究法為統獨變遷找到主軸，希冀搭建兩者的橋樑。本研究探討的統獨立場在不同時間點具有「態度」改變的特質，而報紙選擇具有「行為」改變的特質，經由兩種研究方法的

結合，說明了態度可以影響行為，行為更可以影響態度。經過反覆的因果辯證，本研究發現，雖然理論上更強調民眾統獨立場影響媒體選擇，然實證上更重要的是，民眾透過媒體選擇判斷他們與中國大陸的關係。值此新政府上臺，各種政治、民間的兩岸論述不斷，於此臺灣意識抬頭和國際政治現實的辯證中，考驗著新政府的思維和策略。

本書得以出版，首先感謝黃紀教授召集的「臺灣選舉與民主化調查」（Taiwan's Election and Democratization Study, TEDS）和國立政治大學選舉研究中心無私釋出資料，包括以下四筆：（一）陳義彥，2000，〈跨世紀總統選舉中選民投票行為科際整合研究〉，國立政治大學選舉研究中心，行政院國家科學委員會計畫編號：NSC 89-2414-H-004-021-SSS。（二）黃秀端，2004，〈2002年至2004年「選舉與民主化調查」三年期研究規劃（III）：民國九十三年總統大選民調案〉計畫（簡稱TEDS 2004P），行政院國家科學委員會計畫編號：NSC 92-2420-H-031-004。（三）游清鑫，2008，〈2005年至2008年『選舉與民主化調查』四年期研究規劃（IV）：2008年總統選舉面訪案〉計畫（簡稱TEDS 2008P），行政院國家科學委員會計畫編號：NSC 96-2420-H-004-17。（四）朱雲漢，2012，〈2009年至2012年『選舉與民主化調查』三年期研究規劃（3/3）：2012年總統與立法委員選舉面訪案〉計畫（簡稱TEDS 2012），行政院國家科學委員會計畫編號：NSC 100-2420-H-002-030。

再者，感謝科技部在專題計畫上的支持：劉嘉薇，2014-2016，「臺灣民眾媒體使用與統獨立場的因果交融：十二年來的實證分析」，行政院科技部專題研究計畫（優秀年輕學者研究計畫），MOST 103-2628-H-305 -001 -MY2。2014/08/01-2016/07/31（二年期）。也要謝謝本計畫研究助理曾郁婷、廖嘉馨、莊淑雯、鄭舒方、張慈芮、許家豪、蕭家曜和楊芷瑄的協助。

同時，還要謝謝國立臺北大學和國立臺北大學公共行政暨政策學系，提供良好的環境，讓本人得以在教學和研究上取得平衡。在校內民意與選舉研究中心、通識課群以及系務、院務、校務相關服務工作的參與和歷鍊，也讓本人吸收更多學術的養分，在此謝謝所有曾經共事的同仁。五南出版社副總編輯劉靜

芬小姐和責任編輯吳肇恩小姐以及高丞嫻小姐對本書的策劃和細心校對，以及兩位審查人對本書的指正與建議，作者相當感激。最後，將這本書獻給我的家人，你們默默的支持，是我堅實的後盾。

　　本書於2016年6月初版，獲得讀者與學術界朋友的迴響與指教，作者相當感激。再於2018年補入目前最新2016年的資料和詮釋，期盼各界對本書二版的指正。

劉嘉薇

2018年7月

於鳶山山麓

目　錄

表目錄

圖目錄

　　統獨立場牽動著臺灣民意政治的發展，在民主化後歷次總統選舉的議題中，幾乎沒有缺席過。媒體在臺灣的政治發展中無疑是政治傳播的重要推手，影響著民眾的政治生活。當兩岸關係如火如荼發展時，媒體也不曾停止報導。

　　陳水扁在2000年當選總統，由民進黨執政，是我國政治史上第一次政黨輪替，也牽動了兩岸關係的發展（以下說明兩岸關係歷年的重要事件，可參考圖1-1），同一年提出四不一沒有，主張：「只要中共無意對臺動武，本人保證在任期之內，不會宣布獨立，不會更改國號，不會推動兩國論入憲，不會推動改變現狀的統獨公投，也沒有廢除國統綱領與國統會的問題。」（中華民國總統府 2000）緊接著於2001年首度開啟由金門和馬祖的小三通直航模式，2003年首次實施臺商春節包機，2005年中國大陸針對臺灣提出《反分裂國家法》，2006年陳水扁宣布廢除國家統一委員會和「國家統一綱領」（行政院大陸委員會　無年份1；無年份2）。2008年第二次政黨輪替，由國民黨執政，海峽交流基金會董事長江丙坤與海峽兩岸關係協會會長陳雲林進行過八次兩岸協商會談，第一次為2008年6月、第二次為2008年11月、第三次為2009年4月、第四次為2009年12月、第五次為2010年6月、第六次為2010年12月、第七次為2011年10月，以及第八次為2012年8月。其中第四次「江陳會談」於臺灣臺中舉行，簽署「海峽兩岸標準計量檢驗認證合作協議」、「海峽兩岸漁船船員勞務合作協議」及「海峽兩岸農產品檢疫檢驗合作協議」；第五次「江陳會談」於中國大陸重慶舉行，簽署「海峽兩岸經濟合作架構協議」；第六次「江陳會談」於臺灣臺北舉行，簽署「海峽兩岸醫藥衛生合作協議」；第七次「江陳會談」於中國大陸天津舉行，簽署「海峽兩岸核電安全合作協議」；第八次「江陳會談」於臺灣臺北舉行，簽署「海峽兩岸投資保障和促進協議」和「海峽兩岸海關合作協議」（ECFA海峽兩岸經濟合作架構協議　無年份）。

| 2000.05 | 陳水扁就任總統，民進黨執政 |

| 2000.05 | 陳水扁提出四不一沒有 |

| 2001.01 | 首度開啟小三通 |

| 2003.01 | 首度實施臺商春節包機 |

| 2005.03 | 中國大陸針對臺灣提出《反分裂國家法》 |

| 2006.02 | 陳水扁宣布廢除國家統一委員會和《國家統一綱領》 |

| 2008.05 | 第二次政黨輪替，國民黨執政 |

| 2008.06 | 海基會董事長江丙坤與海協會會長陳雲林進行第一次會談（簡稱「第一次江陳會談」） |

| 2008.11 | 第二次江陳會談 |

| 2009.04 | 第三次江陳會談 |

| 2009.12 | 第四次「江陳會談」於臺灣臺中舉行，簽署「海峽兩岸標準計量檢驗認證合作協議」、「海峽兩岸漁船船員勞務合作協議」及「海峽兩岸農產品檢疫檢驗合作協議」 |

（接續上頁）

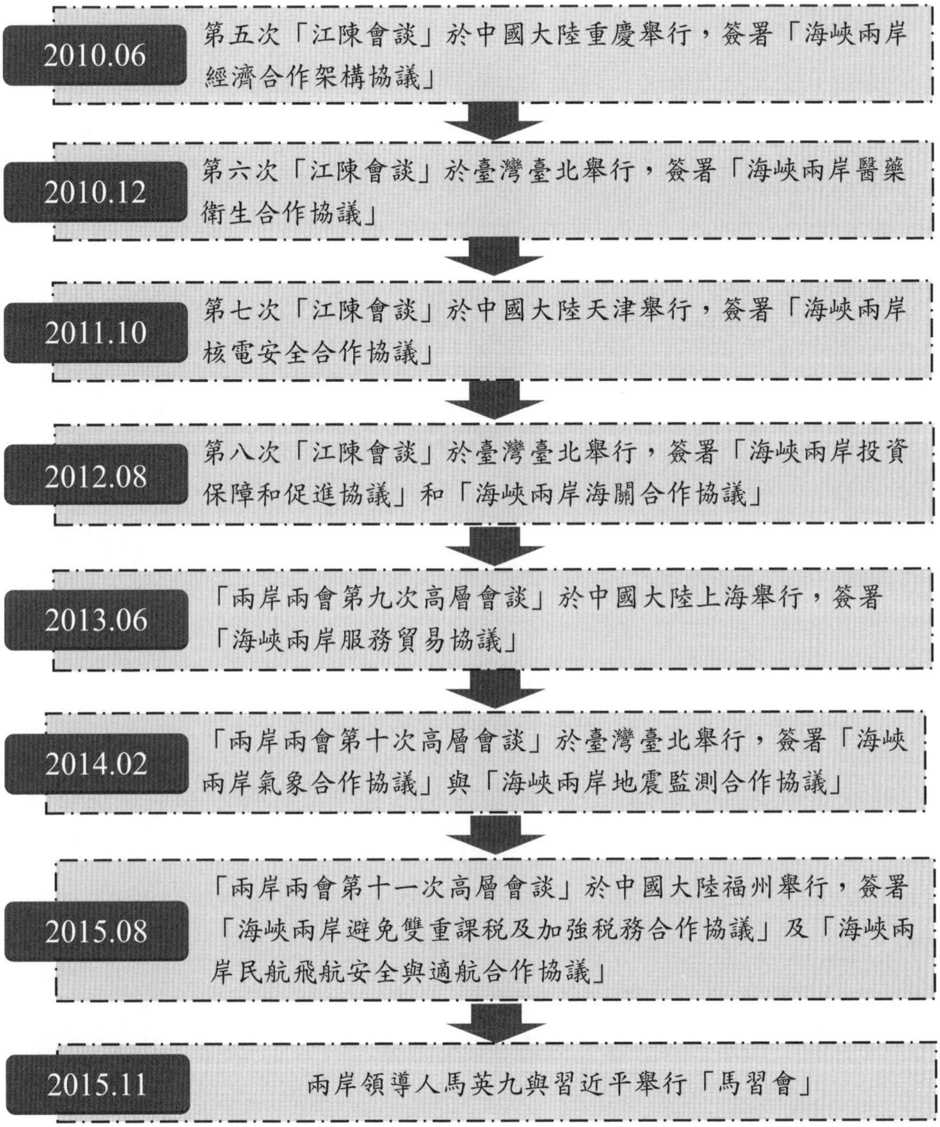

2010.06	第五次「江陳會談」於中國大陸重慶舉行，簽署「海峽兩岸經濟合作架構協議」
2010.12	第六次「江陳會談」於臺灣臺北舉行，簽署「海峽兩岸醫藥衛生合作協議」
2011.10	第七次「江陳會談」於中國大陸天津舉行，簽署「海峽兩岸核電安全合作協議」
2012.08	第八次「江陳會談」於臺灣臺北舉行，簽署「海峽兩岸投資保障和促進協議」和「海峽兩岸海關合作協議」
2013.06	「兩岸兩會第九次高層會談」於中國大陸上海舉行，簽署「海峽兩岸服務貿易協議」
2014.02	「兩岸兩會第十次高層會談」於臺灣臺北舉行，簽署「海峽兩岸氣象合作協議」與「海峽兩岸地震監測合作協議」
2015.08	「兩岸兩會第十一次高層會談」於中國大陸福州舉行，簽署「海峽兩岸避免雙重課稅及加強稅務合作協議」及「海峽兩岸民航飛航安全與適航合作協議」
2015.11	兩岸領導人馬英九與習近平舉行「馬習會」

圖1-1　兩岸大事紀圖（2000年至2015年）

資料來源：資料整理自ECFA海峽兩岸經濟合作架構協議　無年份；中央通訊社 2015a；中央通訊社 2015b；中華民國總統府 2000；行政院大陸委員會　無年份1；無年份2；盧姮倩 2014。

　　其後在2013年6月、2014年2月以及2015年8月兩岸分別舉行會談（行政院大陸委員會　無年份1；無年份2），其中2013年6月「兩岸兩會第九次高層會談」於中國大陸上海舉行，簽署「海峽兩岸服務貿易協議」，2014年2月「兩岸兩會第十次高層會談」於臺灣臺北舉行，簽署「海峽兩岸氣象合作協議」與「海峽兩岸地震監測合作協議」，2015年8月「兩岸兩會第十一次高層會談」於中國大陸福州舉行，簽署「海峽兩岸避免雙重課稅及加強稅務合作協議」及「海峽兩岸民航飛航安全與適航合作協議」（ECFA海峽兩岸經濟合作架構協議　無年份）。2015年11月兩岸領導人馬英九與習近平更在第三地新加坡舉行了「馬習會」（中央通訊社　2015a），隨後2015年底兩岸也正式設立電話熱線（中央通訊社　2015b）。在國民黨執政時間，兩岸開啟了會談，2014年3月也引發了反對「海峽兩岸服務貿易協議」的太陽花學運（盧姃倩　2014）。這些兩岸的重要事件，在時空環境的改變下，是否牽動著長期以來民眾的統獨立場以及媒體如何報導兩岸關係？

第一節　民眾的統獨立場

　　以政治態度的角度而言，臺灣最深刻而重要的社會分歧，無疑是源自兩岸關係的統獨爭議（Chu and Lin 2001；Hsieh and Niou 1996；Lin, Chu and Hinich 1996；Wachman 1994；王甫昌　2008；吳乃德　1992；1993；1997；2005；吳玉山　1999；2001；耿曙、劉嘉薇與陳陸輝　2009；盛杏湲　2002；陳文俊　2003；陳陸輝、耿曙、涂萍蘭與黃冠博　2009；陳陸輝、耿曙與王德育　2009；游盈隆　1996；游清鑫、林長志與林啟耀　2013；劉嘉薇、耿曙與陳陸輝　2009）。統獨議題的共識將是民主制度能夠確立與鞏固的前提，然而臺灣在邁向民主轉型的過程中，極度缺乏對統獨議題的共識，雖不阻礙民主化進程，但仍對民主化造成影響，因此該議題是值得重視的課題（陳文俊 1995）。自1990年代以來，臺灣民眾的統獨立場在統一和獨立兩個極端光譜間游移，且兩種統獨立場幾乎纏鬥不休，此兩極就是統一或獨立。究竟兩岸未來的關係是邁

向統一還是臺灣走向獨立，或僅止於維持現狀，成爲政治學界與政治實務界爭論不休的議題。

臺灣統獨立場的雙元對立與民主化具有高度的相關，在1987年解除戒嚴之前，因爲統獨議題受限於威權體制以及最高領導人的政治目標是追求統一，使得當時的臺獨運動雖然已經萌芽，但在臺灣本土並沒有太多發展的空間。因此當時一般民眾普遍的國家認同對象就是中華民國（許志嘉 2009），也就是當時的認同是一種大中國的國族概念（蕭高彥 1997）。然而，當解除戒嚴之後，伴隨而來的言論與集會結社等憲法保障的自由，讓臺獨論述有更多發揮與闡述的空間（陳韻如 2004）。

隨著臺灣的民主化，總統直選成爲臺灣政治體制中權力轉移最重要的方式，不僅反映了民意的向背，在很大的程度上也是認同政治的風向球。特別是2000年的總統直選改變了臺灣五十年來一黨執政的慣性，首度出現政黨輪替，對於臺灣民主化邁向民主鞏固可以說是跨出了一大步，並且由國家認同偏向臺灣民族主義[1]的民進黨獲得執政權。此外2008年臺灣又面對第二次的政黨輪替，國民黨政府對中國大陸的經貿政策也受到民眾的注意，2012年總統選舉「九二共識」和「臺灣共識」此等兩岸關係的主張又受到矚目。整體而言，統獨是重要的政治分歧，在總統大選期間又更加受到關注和激化。

有鑒於此，臺灣學者在針對統獨議題進行考察時，便傾向於一方面詢問究竟理念上是否傾向統獨。在我國政治發展的過程中，統獨立場與國家認同的關係雖複雜，但仍可釐清他們的關聯。統獨立場態度指涉比較具體的中國統一還是臺灣獨立的政治選項，測量則以直接的方式，詢問受訪者關於臺灣未來的前途方面，他們比較支持臺灣獨立或兩岸統一的立場（徐火炎 2001）。國家認同是個人對社群的一種心理依附感，且社群內的成員認同這個社群，覺得自己屬於這個社群，同時認爲他們的社群有別於其他社群而存在（林瓊珠

---

[1] 民族主義是一種意識型態，認爲民族是政治組織的主要原則。若將民族主義視爲一種原則（即所謂「古典」的政治民族主義），則民族主義是指一種信念——所有的民族都應該擁有資格和權利去建立自己的國家（蘇子喬譯 2009）。

2012）。

　　然而，統獨立場另一方面又容許各種形式的務實抉擇，包括「先維持現狀，以後走向統一」、「先維持現狀，以後走向獨立」、「維持現狀，看情形再決定獨立或統一」或者「永遠維持現狀，不談統一或獨立」之類。基於上述信念，經學者反覆嘗試改進後，終於發展出目前最常見的「統獨六分」測量，這也是統獨研究最傳統的分類，分別爲「儘快統一」、「儘快宣布獨立」、「維持現狀，以後走向統一」、「維持現狀，以後走向獨立」、「維持現狀，看情形再決定統一或獨立」，及「永遠維持現狀」。使用此分類的作者不勝枚舉。目前多數重要的統獨分布與走勢圖，均根據此一測量，例如廣爲引用的政治大學選舉研究中心「重要政治態度分布趨勢圖」，[2]其他重要調查如「臺灣選舉與民主化調查」（Taiwan's Election and Democratization Study, TEDS）、以及陸委會例行的「民衆對當前兩岸關係之看法」調查等。相關研究如：Liu與Ho（1999）、陳義彥與陳陸輝（2003）、陳陸輝與周應龍（2004）、張佑宗（2006）及陳陸輝、耿曙與王德育（2009）、楊婉瑩與李冠成（2011）、張傳賢與黃紀（2011）以及林瓊珠（2012）皆以此爲基礎，游清鑫、林長志與林啟耀（2013）也證實了統獨六分類測量在「臺灣選舉與民主化調查」歷次的研究中具有相當的信度，因此本書也採用此一分類。

第二節　民衆統獨立場與國家認同

　　若我們要討論統獨立場，純粹討論統獨立場的文獻恐怕僅集中在國內和海外的臺灣學者的著作，以及少數關懷臺灣民衆統獨立場的外籍學者或中國大陸學者。因此，我們將統獨立場置於更廣泛的概念中，將可以納入更多的文獻討論，此一更廣泛的概念便是國家認同，或是民族主義，因此臺灣民衆統獨立場

2　國立政治大學選舉研究中心，2015，〈臺灣民衆統獨立場趨勢分析〉，重要政治態度分布趨勢圖：http://esc.nccu.edu.tw/course/news.php?Sn=167，檢索日期：2015年10月30日。

可說是廣義國家認同或民族主義的一環，甚或國家認同和民族主義經常是相提並論、無法分割的概念。

在國家認同的分類上，Meinecke（1970）從文化民族主義與政治民族主義的內涵詮釋國家認同，民族主義的形成推力有政治上與文化上兩種，政治民族主義是透過政治權力由上而下塑造共同體的感覺。就現實而言是一種政治動員，類同霍布斯邦（Hobsbawm 1997）所認為的近代民族主義是人為的建構，是一種政治動員，而不是群眾自發性的認知與情懷，也認為所謂的民族語言也是人為建構的產物。而文化民族主義則是由下而上自發形成的政治社群，若以Anderson（2006）所謂「想像的共同體」而言，其意涵屬於文化民族主義，偏重集體共同的生活經驗以及自發性的認知與情懷。

文化民族主義所突顯的文化認同是一套社會體制、價值信念、象徵符號，以及生活情境所構築出的意義世界，其動力是以想像與選擇做為一種自下而上的推力，形成「我群」與「他群」意識。政治民族主義是透過國家的力量將民族主義與國家意志結合為一，形成一種在國內普世性的認知。其次是將這種普世性的認知灌輸到個別民眾的意識，促成對於民族國家的全民認同（郭洪紀1997）。

統獨議題對臺灣政治的左右，幾乎無人可以否認（Hsieh and Niou 1996；游盈隆　1996；蕭怡靖與游清鑫　2012；俞振華與林啟耀　2013；蕭怡靖與鄭夙芬　2014；林繼文　2015），但如何充分掌握臺灣民眾的統獨抉擇，卻各有看法。統獨議題一方面代表理想的政治理念，一方面又需考慮兩岸的政治現實（Dittmer 2005；Keng, Chen and Huang 2006；Rigger 2001；吳乃德　1992；2005；吳玉山　1999；耿曙、劉嘉薇與陳陸輝　2009；陳陸輝、耿曙、涂萍蘭與黃冠博　2009；陳陸輝、耿曙與王德育　2009；劉嘉薇、耿曙與陳陸輝2009）。楊婉瑩和劉嘉薇（2009）認為國家認同同時包含著感性及理性的意涵，但若仔細觀察可以發現，其與統獨立場是不完全相同的，國家認同（民族主義）是一種終極的價值選擇，統獨立場則是一種國家的選擇。

然而，因為統獨的國家選擇多半會同時受到個人情感及現實脈絡的影響，

因此，統獨雖不完全等同於國家認同，但與國家認同此終極情感歸屬密切相關，「統獨立場」屬於「國家認同」的一種政策主張（吳乃德 1993；陳文俊 1997；楊婉瑩與李冠成 2011）。回到臺灣來看，臺灣的國家認同包括政治民族主義和文化民族主義，具體來說便是統獨立場的政治面和文化面，前者由國家灌輸形成，亦透過政府宣傳；後者自下而上形成，用白話文表述，便是民意。媒體言論除了媒體自身立場，也參雜了國家對於統獨立場的意識，以及民眾對於統獨的表達，媒體反映了國家和人民對統獨的立場，本書欲瞭解的是：透過媒體論述、框架或建構而來的統獨立場，與民眾心目中的統獨立場有何關聯。

以上說明了統獨立場與國家認同的牽連，國家認同的形成是一種緩慢且漸進的過程，國家認同在臺灣的多元論述還是現在進行式。1990年代以來，民主化使得中國民族主義與臺灣民族主義得到充分論述的自由，此時學者對於國家認同的研究如雨後春筍，例如江宜樺（1998）從政治思想的角度，提出以自由主義為基底，取代民族主義式的國家認同，可以解決民族文化與政治版圖不一致的分裂性認同困境。而蕭高彥（1997）卻從統治者的角度來剖析，以古典文化主義和政治民族主義的比較，探討李登輝主政時期的國家認同轉變，提出以人為認同基礎的「馬基維利」時刻。石之瑜（2003）認為國家認同隨著時代改變，像是復興基地的論述是歷史的產物，是根植在「一個中國」與反共的思潮之中，其概念隨著中共的改革開放逐漸轉化成廣義的概念，最後形成獨臺論述，然而獨臺論述因為民進黨政府的上臺，強調臺獨意識，復興基地成為歷史名詞。因此，2000年之後認同政治的角力核心就是中國民族主義與臺灣民族主義。

與民主化相生相隨的是言論自由，使統獨此一國家認同議題得以公開受到討論。在統獨資訊流通的過程中，媒體表達輿論、反映民意，可以形成政治菁英與普羅大眾的對話管道。其中報紙又是媒體中相當值得研究的種類，而報紙社論代表報社立場（第三章第一節將說明為何選擇報紙和社論），其對統獨的看法又如何影響民意，而不同統獨意識型態的民眾是否也選擇閱讀不同立場的

報紙。蘇格蘭在歷史上曾是「沒有國家的民族」（nations without states），不同媒體的社論鼓吹民眾建立不同的國家認同（在本書是統獨立場），有些媒體倡議分離主義，有些則堅持大英國協（Meech and Kilborn 1992），這與臺灣目前的媒體環境有異曲同工之處。統獨立場是兩岸關係重要的核心概念，本書採用民眾的媒體選擇和統獨立場作爲研究國家認同的題材。在媒體資訊流動大量又快速的今日，民眾的統獨立場究竟是媒體選擇的自變數還是依變數，亦即究竟媒體影響民眾的統獨立場較多？抑或是民眾自身的統獨立場影響了他們的媒體選擇？觀察兩者在總統選舉中的因果關係是本書的目的。以下將討論統獨立場的來源爲何，其中政治資訊是政治態度形成不可或缺的來源之一，傳播媒體的效果論便是支撐此一論述的重要基石。

　　總結來說，政治與傳播的互動究竟是「政治傳播」或「傳播政治」？是「傳播」效果或態度效果？經過本書的文獻檢閱，這需要分段論述，媒體曾有效果極大論的風光時期，媒體效果如同子彈，一發射即有效果；也類似「皮下注射」，注射後很快就有其效果。然選擇性暴露的研究讓態度效果的研究占據許多政治傳播的版面，甚至認爲傳播效果僅止於「加強」預存傾向。縱然媒體效果不再極大，然其仍有一定效果。若要將以上文獻進行綜整，媒體效果極大論已不復存在，取而代之的是媒體效果有限論，其中受到的衝擊有部分便是來自於態度自身效果的反向影響，亦即媒體效果不再極大，而是有限，因此我們亦需同時觀察態度效果。

　　媒體造成了「傳播政治」，政治造成了「政治傳播」。「傳播政治」的主體是傳播，是「傳播政治」的發動者；「政治傳播」的主體是政治，是「政治傳播」的啟動者。本書便欲在媒體效果從極大論走向有限論的情況下，探討媒體效果是否已不復存在？而政治態度對媒體選擇的影響是否凌駕了媒體選擇對政治態度的影響？

　　整體而言，爲了回答民眾統獨立場與媒體選擇錯綜複雜的關係，本書第一章已經說明此問題的背景和由來，奠基於過去兩岸關係發展的歷史與媒體對這些歷史的報導。爲了討論此問題，第二章檢閱媒體選擇與統獨立場因果關係

的相關文獻，在理論上，兩者互為因果，但民眾統獨立場對媒體選擇的影響稍多。然而我們仍不能排除民眾媒體選擇對統獨立場的影響，因此在後續資料分析中，皆將兩者自變數和依變數的設定互換，觀察互換後的異同。而為了確知民眾選擇的報紙本身的統獨立場，第三章我們進行報紙統獨立場的內容分析，以便帶入民眾選擇媒體的統獨立場。第四章再處理民眾媒體選擇與統獨立場的因果分析，包括橫斷面資料和定群追蹤資料。綜合上述，我們在第五章提出結論，說明這項跨政治和傳播領域的研究帶來什麼啟示。

本書關注傳播媒體與民眾國家認同的交互影響，以下的討論始於Anderson（2006）「想像的共同體」的概念與印刷資本主義、國家認同的面向。再者，本章第一部分進一步討論傳播媒體對國家認同的影響。反之，第二部分納入選擇性暴露（selective exposure）的因素，討論國家認同對傳播媒體的影響。第三部分為小結和架構，以輔助媒體選擇與統獨立場因果關係的研究。

需要特別說明的是，本書提到以下四種概念：國家認同、中國民族主義與臺灣民族主義、臺灣意識與中國意識以及統獨立場。其中國家認同可以視為一個國家如何面對內在壓力（包含政黨、族群以及利益團體），以及對於本身歷史文化的建構、定義與學習，以及面對外在壓力，也就是與他國互動之關係。在一連串過程中，國家所展現出的自我定位為國家認同（施正鋒2004）。而國家認同在臺灣的具體展現就是中國民族主義與臺灣民族主義的爭辯，其中隱含著臺灣意識與中國意識的對抗，其主要的具體爭點在於統獨立場（Dittmer 2004；Schubert 2004；王泰升 2004；徐火炎 2004；陳義彥與陳陸輝 2003）。因此江宜樺（1998）使用中國民族主義一詞來界定我國民族主義的分歧，至於蕭高彥（1997）提到「大中國的國族概念」，顯見中國民族主義與中國意識的概念相類似。所以本書在中國民族主義、中國民族主義、中國意識與統一的統獨立場在概念上會互用；同理，臺灣民族主義、臺灣意識與獨立的統獨立場在概念上亦會互用，以上四者皆為討論我國國家認同的概念，統獨立場則為國家認同具體的展現。

第一節　傳播效果：傳播媒體對國家認同的塑造

　　人們的認同是藉由個人、環境及媒體所形塑出來的（Duck and McMahan 2012；Barlocco 2014；Hagstrom 2015；Jaspal and Breakwell 2014；Prasad 2016）。媒體與認同之所以在當代引起關注，主要因為媒體具有建構真實的功能，劃定了人們對於認同的想像，而認同在當代受到關注，則因為民主政治包容了多元觀點，使得許多政治上的少數得以彰顯其政治認同。Snow、Porta、Klandermans與McAdam（2013）指出，政治認同形成的過程注重認同建構（collective identity construction），主要是在建構出一種「我們」的感受，例如界線和共識。

　　探討政治資訊對民意的影響是政治傳播的精髓（McNair 1995），亦即傳播效果研究。此類研究著重於媒體對於閱聽人的影響，Chaffee（1980）、Swanson與Nimmo（1990）、Lowery與DeFleur（1994）、Perse（2006）都是代表性的作品。在近期的政治傳播研究中，媒體對於國家認同和忠誠度的影響在Njogu和Middleton（2009）的研究中歷歷可見。Lasorsa與Rodriguez（2013）已將「認同」與「媒體」視為當代傳播研究的新議題，包括非裔美國人、亞裔美國人、拉丁美洲人的媒體使用與認同都是其感興趣的面向。綜合而言，媒體的施為性論述（performative discourse）、媒體的建構性和媒體議題設定功能都串連了媒體與民眾國家認同的論述，以下分述之。

壹、想像的共同體和印刷資本主義

　　想像的共同體和印刷資本主義串聯了媒體與認同。Anderson（2006）認為，民族是「一種想像的政治共同體，而且被想像成本質上有所限制（limited）」，為何需要想像？因為一個民族中的個人，不可能認識該民族中的所有人，甚或是和民族中的所有人有所接觸，不過在該民族所有人彼此之間都有相互想像的意象，存在於每一個民族成員心中。

　　接著他又論述印刷資本主義對於「想像的共同體」的影響。所謂印刷資本主義建立在資本主義的邏輯，亦即自由經濟的供需法則，在菁英所使用的拉丁文過於困難的情況下，大眾所使用的語言便占了優勢。再者，印刷術的出現使過去羅馬教廷的傳達管道不再具有優勢。透過印刷促使不懂其他方言的人們可以彼此瞭解，創造了「讀者同胞們」（Anderson 2006）。因此印刷資本主義的形成，代表人們可以透過報紙等印刷品和素未謀面的人建立共同的情感、共通的認識、分享彼此的生活方式並且融合，久而久之彼此不相識的人們也能成立一種「想像的共同體」（許佩賢與洪金珠譯 2009）。

　　然而，國家認同並非只是基於一種歷史的發展，也是個人自我意識的展現，形成特殊脈絡、互動與人際關係（Gandy 2001；Barlocco 2014；Hagstrom 2015；Jaspal and Breakwell 2014；Prasad 2016）。語言是一種決定性的工具，幫助人們發現自己、家庭、文化與世界觀。在沙皮爾—霍夫假說（Sapir-Whorf hypothesis）中，語言不只是溝通的工具，使用語言的同時也在定義經驗，因此語言的呈現也被所見所聞所形塑。於是Deutsch認為語言是組成共同意識的主要成分，語言是產生一個民族重要的關鍵（Isaacs 1977）。即便是美國這樣多族裔的國家仍有一種核心語言與文化，也就是英語與盎格魯薩克遜的新教文化（Huntington 2005）。對於民族來說，語言是最原始也是最重要的識別，也喚起一種直覺式的親密感（Smith 1995）。而報紙既是印刷資本主義下的產物也是語言交流的平臺，搭建了現代民族主義的舞臺，讓國家認同得以在報紙的生活經驗分享中被形塑與鞏固。

　　整體而言，報紙作為印刷資本主義的文本，本書透過分析社論和新聞，可以理解媒體的立論觀點，搭配Anderson（2006）認為印刷資本主義可以凝聚人與人之間的看法和形塑民族意識，媒體透過語言傳播具有一種固定性，對於想像共同體的形成有所助益。本書運用內容分析法和調查研究法分析社論，延續了Anderson的觀點——印刷資本主義會形塑認同。內容分析法欲探知報紙的印刷內容，調查研究法欲瞭解民眾的統獨立場，將統獨立場視為政治認同的一環。

貳、媒體作為施為性論述的媒介

　　國家認同或民族主義本身便是施爲性論述，在論述時劃定了認同的範圍。Bourdieu（1991）認爲民族主義是一種「施爲性論述」，施爲性論述意指，寫作者訴諸文化的價值來界定認同的範圍，而非以時間或地域劃分範圍。甚至在論述國家疆界、國家認同標的時，都是一種劃定界限的權力展現，而劃定界限便是「施爲性」的意義。媒體經常製造和重製偏見，民衆透過報紙報導的印象使得偏見變得更具體，再透過日常交談又將之傳遞出去，這樣的傳播形成一種循環。所以媒體的公共論述是由市場和民意交合而成，亦即溝通對話的過程往往只有特定的意涵會被強調，並且經過一種抽象的過程傳遞，而這過程就是市場和民意交合（Gandy 2001）。Lasorsa與Rodriguez（2013）、Nielsen（2013）、Barlocco（2014）、Hagstrom（2015）、Jaspal與Breakwell（2014）以及Prasad（2016）強調媒體的敘事框架影響人們的政治認同，Moran（2013）也認爲，媒體可以創建和提供社會分類，透過媒體可以形塑認同，這種認同是對於特定團體的肯定、承認，將自己與該特定群體視爲同一相連的整體。張錦華（1997）早期曾以質性方法就1989年、1992年及1995年選舉期間報紙的統獨立場敘事結構（包括標題與新聞敘述，以及新聞敘述中所呈現的新聞來源分布、新聞用辭是否帶有價值判斷等）加以分析，然隨著政治環境的開放，臺獨價值被報導的機會較多，報紙的統獨立場也更加多元。許維德（2013）也認爲，當在將「國族」理解爲一種「論述方式」的時候，主要的企圖是要彰顯出國族的「被建構」（being constructed）本質。這兩項國內研究就帶有「施爲性論述」研究的味道，發現各報之間在統獨議題上立場相當分歧，失去多元報導的價值。

參、媒體對國家認同的建構性

　　既然民族主義是一種「施為性論述」，媒體便是助其發展「施為性論述」的載具，媒體在其中展現其建構性，建構大眾的認同，亦包括政治認同。大眾傳媒的公共論述具有獨特性，因為相較其他種類的公共論述，大眾傳媒的公共論述不但具有媒體的角色，還多了公共領域行為者此一更深入的角色。因此媒體不只是乘載「想像」的平臺，其自主性形成一種框架，進一步壓縮個人的「想像」（陳韻如　2004）。在Lefkowitz（2001）的研究中就認為，媒體可以透過報導影響一個政黨的形象。透過影響政黨的形象，可以影響選舉，增強或減弱該政黨的國家認同論述與族群影響力。更重要的是，Beeden與Bruin（2010）發現媒體的報導影響力可以重新配置宗教與世俗裂解的社會，透過公共論述產生所謂談判和調停的效果，讓社會經由意見表達形成一種動態平衡的狀態而不至於失序。於是媒體與認同的關係在於國家認同是想像的共同體，媒體可以建構、形塑、強化共同的生活經驗與文化等等，有助於形成或強化國家認同，因此媒體正是想像力的載體與創造地。

　　媒體持續建構民眾的政治信念，甚至是對國家主權的想像（Nevitte 1996；Schlesinger 1997）。魁北克有著雙元的媒體系統，大部分報導以渥太華的英語新聞為主，但法語媒體聚焦在魁北克省的政治議題，也引起了魁北克人的興趣。使用英語的媒體較常將魁北克省的政治議題歸為國內議題，但實際上它很少引起在魁北克的英語系民眾的注意。魁北克媒體使用法語，對於憲法及語言議題上有較多的關注（Fletcher 1998）。依據Balthazar（1995）的看法，加拿大廣播公司法語電視臺作為魁北克國家主義重要的發展角色，已經被廣為接受，致力於讓使用法語的魁北克人彼此間頻繁互動，以加強對於魁北克的認同。而英語電視臺則給予觀眾各種國家主義新聞、公共事務的強烈訊息。然而慣用法語及英語的居民仍然習慣使用不同語言的媒體，此為建構政治意識的重要基礎。Nisbet和Myers（2011）則發現，至於阿拉伯世界電視臺的反美興論，同樣形塑民眾政治上的認同。其他非反美的電視臺，塑造民眾另外一種政

治上的認同，民眾觀看此電視臺後較無反美意識，民眾的媒體暴露與政治認同有關聯。Barlocco（2014）和Hagstrom（2015）則分別發現馬來西亞和日本媒體塑造該國民眾的政治認同，因為不同的報導素材，讓經常閱聽的民眾有分歧的認同。

　　過去已經累積了媒體與認同的研究，媒體對認同影響最深刻之處在於提供資訊並塑造集體記憶。Edy（1999）認為，傳播塑造了集體記憶，記者報導新聞等同記錄歷史一般，塑造民眾的集體記憶，幫助民眾針對特殊事件予以記錄，連結了社群成員的共同認同，並形成主流的認同（Greenaway, Smith, and Street 1992）。Law（2001）也認為報紙的報導是種重要的符號學，可以建立國家認同的形式。Gillis（1994）則指出，傳播媒體具有分類的功能，對於新聞報導國家認同的內容具有合理化和中介的功能，塑造並集中民眾的國家認同。翁秀琪與陳慧敏（2000）也同樣關注媒體與認同的問題，她們發現，透過語言符號的運作可以建構社會的分類架構，媒體在此扮演定義「我們」和「他們」的角色。翁秀琪（2001）更進一步研究，媒體透過對於美麗島事件的文字報導和口述歷史報導建構民眾的集體記憶並以之影響國家和族群的認同。蔡珮（2011；2012）也發現臺北都會的客家人、原住民的族群認同受到其收視習慣的影響。

　　串連媒體國家認同論述與民眾國家認同的橋樑還包括媒體議題設定功能。McCombs和Shaw（1972）對媒體議題設定這個概念提出第一份實證研究，研究發現，傳播媒體的報導重點與閱聽眾腦海中認為重要的題材間，有著強烈的正向關係。

　　最初議題設定的研究著重在因果關係的驗證，也就是基本議題設定研究（McCombs and Shaw 1993），檢視McCombs與Shaw在1972發表的議題設定研究以及其後的相關研究可以發現，大多數關於議題設定的概念都是強調，媒體的報導重點與閱聽眾腦海中認為重要的題材間呈現正相關，亦即媒體議題與公眾議題間的因果關係，而所謂的「議題」也多定義為「一組排序相競爭的論題或事件」。

　　議題設定第一層次是「傳統的議題設定功能」，所指涉的是媒體能將其所報導主體或傳播對象（議題本身）的顯著性，移植到閱聽人腦海中，而第二層次則是「傳播屬性」（如議題屬性或候選人形象等）投射到人們的認知（McCombs, Shaw and Weaver 1997）。傳統議題設定研究只是議題的表面，第二層次如同用放大鏡透視，探索議題的內在特質。議題設定理論第二層次的發展，除了告訴人們「想些什麼」，也告訴人們「怎麼想」。議題設定不只是研究媒體議題如何影響民眾認知，而且更進一步研究此種認知是否會影響到政治態度和政治行為，發現媒體報導議題的多寡亦與民眾涉入相關議題程度有關（Iyengar and Kinder 1987；Iyengar 1988；Roger and Dearing 1998）。

　　進一步來說，多數研究追隨了議題設定理論第二層次的脈絡，發現媒體形塑民眾國家認同。Riegel（1938）認為傳播媒體會助長民族主義，從積極面來看，媒體宣傳愛國主義（即是傳播屬性），使困惑的、挫敗的、被衝突撕裂的人找到滿足；從消極面來看，報紙減少追求真實，因此無法中立化。媒體不但沒有中立化或抑制民族主義，反而更加促進它。然而，報紙也可能損害民族主義，一是因為新聞自由的興起被視為政治議題，引起公眾對自由的爭論，人們反對國家干預新聞，部分人民不認為新聞反映事實，媒體對民族主義的詮釋亦無法得到民眾認同；二是政治上的衝突影響媒體對政治極端主義的制衡，報紙為了維持讀者群，會選擇受歡迎的主題與意見，避免尖銳的民族主義主題，焦點轉於較受歡迎的運動、社會、流行等新聞。Schlesinger（1991）探討在後冷戰時期，媒體帝國主義對於媒體內容扮演強勢主導的地位，影響了國家認同的詮釋。

　　在媒體議題設定理論的應用方面，近來仍有許多研究。Dunaway、Branton和Abrajano（2010）同樣發現，當媒體強調某議題的顯著性，會使得公眾認為該議題是重要。Takahashi和Meisner（2013）藉由描述秘魯國會針對氣象變遷所做的氣候法案制定過程，分析政策菁英在有限及不確定的資訊下，如何做出關於氣候變遷的法案，結果發現在不確定的環境因素下，氣候政策等議題決定往往和媒體報導方向有關，亦即政府也受到媒體議題設定的影響。

Waters（2013）也發現媒體將議題設定在探討天然災害，造成了民眾捐款。另一方面，媒體對企業議題設定的效果，也反映在企業聲譽和形象上，Amujo和Otubanjo（2012）分析了第一層次議題設定功能，發現媒體對企業的報導數量與民眾對該企業的認知度之間存在顯著相關。再者，他們還分析了第二層次的議程設定，發現國際企業的媒體形象與民眾對該企業的認知之間存在顯著相關。

　　議題設定理論發展至後期，已經不是當初「媒體議題設定公眾議題」那樣單純，第二層次的理論已逐步發展，在在說明媒體的建構性。簡單地說，議題設定第二層次理論的概念就是「媒體議題屬性」（新聞報導框架）影響「閱聽人所認知屬性」（閱聽人框架）的效果。「新聞框架」指的是媒體報導的方式，而議題設定第二層次的研究則更進一步分析，媒體框架是否影響到閱聽人的認知框架。亦即第一層次的理論指出，媒體議題與公眾議題有一定程度的相關，第二層次更指出，媒體議題的報導方式和內容，與公眾所認知該議題的內容亦息息相關，本書將著重在第二層次理論的運用。

第二節　態度效果：國家認同對媒體選擇的制約

　　除了媒體對國家認同的影響，具有意識型態性質的政治態度（例如本書的統獨立場也是我國民眾重要的政治意識型態）也可能反向影響媒體選擇。國家認同是一種政治上的意識型態，既然是意識型態，便可能成為政治預存傾向，影響民眾的資訊選擇。選擇性暴露正是解釋民眾根據既有意識型態選擇媒體的重要理論，兩岸間特殊的統獨之爭在具有分離主義的政治環境下，民眾統獨立場作為一項政治預存傾向，如何影響民眾的媒體選擇，格外值得分析。

　　選擇性暴露是媒體社會重要的元素，意指民眾選擇媒體時反應的是其政治預存傾向，亦即政治預存傾向影響了民眾的媒體選擇（Mutz 2001）。Mutz與Martin（2001）也認為，人傾向將自己置於政治觀點與自己類似的環境中，與觀點類似的人討論問題，可見選擇性暴露的傾向。Iyengar、Hahn、Krosnick與

Walker（2008）、Stroud（2008）、Arceneaux、Johnson與Murphy（2012）、Garrett、Carnahan與Lynch（2013）在近期的研究也持續論證選擇性暴露是解釋民眾媒體選擇的重要方向。

　　至於民眾選擇性暴露如何而來，與Festinger（1957）提出的「認知失諧理論」（cognitive dissonance theory）息息相關，認知失諧理論可說是民眾選擇性暴露的理論根源。其理論精髓在於，人之所以會產生心理衝突等不和諧的感覺，大多數都是因為認知互相矛盾，而為了減少矛盾，人們通常都會改變態度或行為，以減少認知矛盾，增加認知的一致。因為不一致會讓個體感到不舒服和壓力，當個體試圖藉由改變態度來調和矛盾的認知，才能回到舒服、不緊張的狀態，亦即個體會遷就認知之一，讓各種認知和諧。

　　「選擇性暴露」為何與認知失諧有關？因為選擇性暴露是指個體會經意或不經意地忽視某些不協調的認知，而只注意到和諧的資訊，讓認知一致（Festinger 1957）。當民眾暴露在各種媒體訊息時，會選擇符合自己既有立場、價值的訊息；相反地，民眾不會接受與自己意見不同的媒體訊息（Milburn 1979；Cotton 1985；Zillmann and Bryant 1985），這也就是所謂的「選擇性暴露」。對民眾而言，既有的認知可說是一種預存傾向，可能是政黨認同，或其他既有政治意識型態，這些既有的態度簡化了資訊的選擇，因為人們傾向讓自己的認知一致，而忽略那些不一致的訊息，選擇性暴露的影響在於「媒體雖然是主要影響民眾意見形成的原因之一，但最主要的關鍵因素仍在於閱聽人本身的認知」，之所以會有這個現象，是因為人們不可能閱讀所有媒體訊息，因此利用這個方法簡化訊息，以利吸收訊息（Cotton 1985；Tsfati and Cappella 2003；Arpan and Peterson 2008）。

　　Festinger（1964）認為，人們若發現到自己當前面對的情境與心中的想法有所牴觸、不一致時，個人心理上會感到不舒服，這樣的心理狀態稱為失調，若認知失調的情形愈強烈，人們將有愈強的動機採取調和心中不協調狀態的行為，民眾在搜尋及接觸政治資訊過程中，便會採用選擇性暴露。

　　媒體選擇能增進閱聽人的知識，間接引發較積極的態度與行為的改變，並

且媒體選擇與選擇性暴露會相互影響。在媒體與個人的互動中，媒體會先促進個人知識的增長，接著才能改變其態度。然閱聽人的態度本來就具有高度抵抗性，無法輕易改變，既有態度可能反過來影響媒體選擇（Milburn 1979）。民眾一般而言會傾向選擇接觸與他們意見一致的訊息，而遠離與他們意見相對或分歧的訊息。形成選擇性接觸的成因是預期性安排（anticipated agreement），認為選民會避免接觸與自己想法相左的資訊，進而接觸自己所接受的意見，以及強化自己的信仰與態度（Iyengar, Hahn, Krosnick, and Walker 2008）。

　　無獨有偶地，Stroud（2008）指出，當民眾在嘗試找尋與自己相類似的觀點時，媒體的目的就在提供更多的機會將這些分離的意見曝光。民眾媒體的選擇能夠分享出自身的政治傾向，資訊蒐集行為並不是那麼的死板，只有在找到與自己切合的想法時，才會暴露自己的立場。Feldman（2011）發現，政黨認同造成固定的新聞選擇偏好，讓民眾觀看具有明顯意見的新聞而非無意見表示的新聞。Arceneaux、Johnson與Murphy（2012）指出民眾能明確辨別出媒體的意識型態傾向，且會選擇與自己意識型態觀點相近的媒體。他們讓受測者僅能接觸到與個人意識型態相對立的媒體環境，而在此實驗中發現，受測者不是不收看相對立的新聞媒體內容，便是將新聞媒體關成靜音。亦即當民眾暴露在與自己意識型態相對立的媒體環境下，會有較激烈的負面反應，正因為特定意識型態的媒體顯而易見，亦容易吸引與其媒體立場相近的觀眾進行收看，此將導致媒體環境的兩極化現象。Garrett、Carnahan與Lynch（2013）認為，當代美國的媒體環境多元，當民眾面臨認知不協調時，會進行選擇性暴露避免認知不和諧，人們在接觸政治訊息時，會選擇符合自己思維方式的訊息，並儘量避開與自己意見相左、立場相反的相關媒體訊息。

　　啟動選擇性暴露的「政治預存傾向」不僅止於政黨認同，各種形式的政治預存傾向也都可能啟動民眾對媒體的選擇性暴露。整體而言，選擇性暴露對本書的意義是，民眾是否會選擇暴露在統獨立場與自身相近的媒體中，以確保所得資訊是能接受的，而統獨立場此一意識型態，可說是民眾進行選擇性暴露的重要依據。

　　統獨議題對臺灣政治的影響，幾乎無人可以否認，而民眾媒體選擇與統獨立場的關係為何？媒體作為社會訊息的傳遞者，也幾乎劃定了民眾對國家此一共同體的想像，民眾對統獨的立場是他們對國家範圍的想像；然民眾既有的統獨立場是一種政治預存傾向，也可能影響他們的媒體選擇。本書關注傳播媒體與民眾統獨立場之間的交互影響、因果關係。資訊形成人們對於議題的認知與態度，施為性論述、媒體的建構性和議題設定理論第二層次，便提供民眾媒體選擇與統獨立場之間的連結。另一方面，選擇性暴露和認知失諧理論，則提供民眾統獨立場影響媒體選擇的立論基礎。

　　在媒體展現「施為性論述」和呈現「真實」的脈絡下，媒體報導內容的屬性，也將影響民眾思考的範疇。國內不同報紙對於統獨立場的形塑，都具有某些特定的「屬性」，而「屬性」指的就是對議題報導的角度。媒體對統獨立場報導的方式，往往也形塑了民眾的統獨立場，使得有不同媒體選擇習慣的民眾，對於統獨立場看法亦有所不同，因為他們接觸到的是不同的報導屬性，議題設定理論的第二層次說明了此一道理。甚至在具有分離主義的國家中，不同媒體經常鼓吹不同國家認同，使接觸不同媒體的民眾得到不同的政治資訊，形成不同的國家認同。相對地，對國家範圍具有不同想像的民眾，為了避免認知失諧，各自選擇了與自身立場相近的媒體，展現了選擇性暴露。

　　在理論上，媒體選擇與統獨立場孰因孰果各自具有支持的理論，從媒體效果論而言，統獨立場作為國家認同「想像共同體」的一環，媒體扮演了「塑造」此一想像共同體的角色，體現了媒體在民眾資訊處理過程的功能。反之，統獨立場作為一項臺灣民眾重要的政治分歧，亦如政黨認同一般，是一項「政治預存傾向」。根據選擇性暴露理論，此一政治預存傾向也將影響民眾的媒體選擇（偏統一報紙、偏獨立的報紙或中立／又稱無明顯偏向）。在上述兩項理論方向不同的關係中，以後者選擇性暴露理論較常被提及與關注，然前者卻可能是媒體選擇與統獨立場關聯較少被重視的領域，也是突顯媒體效果的重要方向。

第三節　小結與架構

在本書的議題中，媒體報導「中國大陸」時稱其「中國」或「大陸」，便代表了不同的政治意涵，也在潛意識中區分了「中國大陸」是「我們」還是「他們」，亦即畫出了統獨立場的座標。媒體對統獨立場的報導、論述是一種試圖建構集體認同的「施爲性論述」，也就是藉由對於邊界的重新定義，使其可能具有正當性，並使得人們瞭解此一定義具有宰制性的定義。國家作爲想像的共同體，媒體在「施爲性論述」雖不致於扮演全盤的角色，但卻是不可或缺的角色。同時，媒體的論述不僅具有公共性，其權力展現在以「眞實」之名出現。

民衆媒體選擇和民衆統獨立場除了在政治民主化下得以表達，在兩岸交流漸盛的情況下，媒體選擇和民衆統獨立場又各是如何？兩者之間又是如何互相影響？本書選擇研究在總統選舉期間，民衆媒體選擇與統獨立場如何互相影響？從2000年直至最近一次總統選舉有何持續與變遷？截至本書付梓前，作者可取得之具有公信力的「臺灣選舉與民主化調查」資料，涵蓋2004年到2012年民衆統獨立場資料，由於「臺灣選舉與民主化調查」第一筆資料爲2001年，因此本書採用的2000年總統選舉期間資料來源爲「政治大學選舉研究中心」，四筆資料歷時十六年，將可進行長期的趨勢研究，包括多次橫斷面（cross-sectional）趨勢研究以及定群追蹤（panel）研究。

在政治傳播的研究中，「媒體選擇」是選擇性暴露的結果（以統獨立場爲政治預存傾向的選擇性暴露），亦即在媒體選擇與統獨立場的關聯中，選擇性暴露導致的會是「媒體選擇」，而甚少會是「媒體暴露程度」和「媒體注意程度」。上述因果推導的原因無它，因爲「媒體選擇」在媒體使用上屬於「方向」變數，亦即選擇的媒體偏向統一或偏向獨立，適合作爲選擇性暴露的「結果」。另一方面，「媒體暴露程度」和「媒體注意程度」在媒體使用上屬於「強度」變數，不適合做爲統獨立場影響的變數。

本書第一步驟將進行四大報（中國時報、自由時報、聯合報和蘋果日報）

在五次總統選舉期間統獨立場的分析（第三章第一節將說明爲何如此選擇）。
之所以需要選擇不同的報紙，主要因爲國內各報在統獨立場上所提供的論述可
能並不相同，第一步驟的目的在確認報紙的統獨屬性，包括報紙和社論。例如
聯合報所偏向報導的主流論述與自由時報所偏向的主流論述可能並不相同。也
就是說，主流論述並非定於一尊，尤其臺灣社會統獨意識型態的爭議甚爲強烈
（張錦華 1997）。

　　第二、三步驟將反覆驗證媒體選擇與統獨立場的互相影響，在第二步驟，
本書將分析五次總統選舉期間媒體選擇對統獨立場強度的影響，而第一步驟的
結果將作爲第二步驟媒體選擇統獨屬性的分類。

　　具體而言，根據圖2-1研究架構圖，本書第一步驟將進行媒體統獨立場的
分析，第二步驟將以傳播相關效果爲理論，另搭配第一步驟的媒體統獨立場
結果，分析媒體選擇對統獨立場「方向」的影響。其中第一步驟的結果將作爲
第二步驟媒體選擇統獨屬性的分類依據，這也是第一步驟重要之處，我們不能
以主觀的方式將媒體的統獨立場分類，而需以嚴謹的內容分析法加以分類。第
三步驟則是以選擇性暴露的理論方向進行研究，將「媒體選擇」搭配第一步驟
的分析結果，歸納爲偏向統一、偏向獨立或是無明顯偏向的報紙，再進行民眾
統獨立場對其媒體選擇影響的分析。值此，經過第一、二、三步驟的分析，民
眾媒體選擇與統獨立場的因果關聯將更明確。由於學理上對兩者的因果關聯互

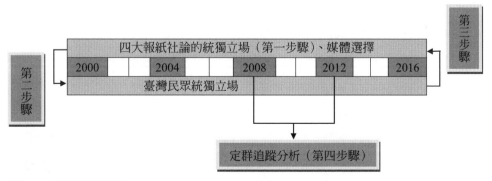

圖2-1　研究架構圖

有解釋，因此本書於此已能初步解答此一因果問題。然若未使用定群追蹤研究法，實難更加確定兩者的因果關聯，這便是第四步驟深切致力挖掘的功夫。整體而言，第一步驟到第四步驟的分析架構如圖2-1，第一步驟於本書第三章撰寫，第二、三步驟於第四章第三節撰寫，第四步驟於第四章第四節撰寫。附錄一為「五次總統選舉報紙選擇與統獨立場問卷題目」，兩者需交互參看。

本書選擇分析2000年（含）之後五次總統選舉期間民衆的媒體選擇與其統獨立場關聯，原因包括以下三大理由：（一）統獨議題屬全國性議題，總統選舉是層級最高的全國性選舉，統獨議題在這類選舉中被討論的機會較多，即使立法委員選舉也屬於中央選舉，但其選區屬於地方，因此屬於兩岸關係的統獨議題被討論的機會便比總統選舉少。（二）本書第一步驟探討四大報的統獨立場，第二、三、四步驟以第一步驟的結果進行民衆媒體選擇和統獨立場的關聯分析。媒體有報導顯著性議題的特性，在地方選舉中，統獨不易成爲顯著的議題，自然也較不易引起媒體關注，因此若欲在第一步驟分析媒體自身的統獨立場，總統選舉是較佳的觀察時機。在重大選舉時，媒體的統獨立場也較可能因爲選舉競爭的氛圍而自我突顯，或被其他立場的媒體激化。（三）最後，本書之所以選擇2000年後的總統選舉，主要是因爲2000年總統選舉首次政黨輪替，此次選舉相較於1996年（含）以前的總統選舉更爲競爭，不同的統獨意識型態也得以被不同候選人論述。這些候選人在政治上的行爲拜民主化所賜，使多元的統獨立場得以彰顯，而1996年的總統選舉雖爲首次總統直選，然國民黨的勢力仍大於其他政黨許多，統獨立場的競爭勢態自然不明顯，因此本書選擇民主化後首次政黨輪替的2000年總統選舉，作爲研究起點。

最後，表2-1爲四大步驟「綜合整理」暨「各步驟關聯說明」，包括在總研究問題「臺灣民衆的報紙選擇與統獨立場」下各步驟的次研究問題、主要理論、研究方法、資料來源以及各步驟之間的關係，將可綜觀本書的綜合規劃。

在第二、三、四步驟的分析中，人口背景對民衆統獨立場和報紙選擇的影響也需考慮。Lazarsfeld、Berelson與Gaudet（1944）揭櫫了社會學因素影響民衆政治態度，也就是具備類似生活經驗、具有相似特徵的人，政治態度也較接

近。Huckfeldt、Johnson以及Sprague（2005）、Johnston與Pattie（2005）都有類似的看法，把民眾的背景當作解釋政治態度的因素。過去的研究發現，人口背景對民眾的統獨立場會產生影響，例如省籍、居住地、年齡、教育程度、家庭所得差異等，尤其民眾省籍的差異表現出相當明顯的統獨立場差異，形成省籍情結與統獨立場的嚴重分歧（盛杏湲與陳義彥　2003；耿曙、劉嘉薇與陳陸輝　2009；劉嘉薇、耿曙與陳陸輝，2009；林瓊珠　2012），本研究也繼續將人口背景變項納入分析。

　　整體而言，本書從第一步驟分析報紙社論的統獨立場，第二步驟進一步瞭解民眾是否受到媒體傳播效果影響而形成其統獨立場。再者，本書特別著重議題設定理論的第二層次，這些媒體內容若有特定的政治意識型態，則影響經常收看該媒體的民眾，表現了媒體的效果。再者，由於民眾既有政治意識型態可能造成選擇性暴露，使民眾僅選擇某些立場的報紙，亦為第三步驟觀察重點。第四步驟則是以定群追蹤資料分析「媒體」與「統獨」的因果關係。

表2-1　分析步驟「綜合整理」暨「各步驟關聯說明」表

	研究問題	主要理論	研究方法	資料來源	各步驟之間的關係
第一步驟	在五次總統選舉中，報紙如何報導兩岸的統獨問題？	1.媒體施為性論述 2.媒體的建構性 3.議題設定理論	1.內容分析法 2.聘任四位編碼員，針對統獨四大報紙統獨相關社論進行編碼	聯合報、中國時報、自由時報、蘋果日報2000、2004、2008、2012、2016年總統選舉日前一年社論（除蘋果日報2000年時未出刊，未分析）	**第一步驟與第二步驟** 第一步驟與第二步驟的關係在於，以第一步驟分析的研究成果作為第二步驟分析的基礎。當我們可確知四大報紙報導統獨立場的方向時，我們才有把握民眾的統獨立場從以第一步驟的結果論證十六年來五次橫斷面總統選舉中媒體的影響過程。若不進行內容分析，貿然分析第二、三層次的調查資訊的「媒體施為性」，以應用於第二、三、四步驟的統獨議題。
第二步驟	在五次總統選舉中，民眾的報紙選擇對其統獨立場影響如何？	1.媒體施為性論述 2.媒體的建構性 3.議題設定理論	1.二手調查資料分析 2.分析報紙選擇與統獨立場的兩兩關係 3.逐年建構統獨立場受媒體選擇影響的統計模型 4.合併五波資料，建構統獨立場受媒體選擇影響的統計模型	1.陳義彥，2000，「跨世紀總統選舉中選民際投票行為」整合研究，國立政治大學選舉研究中心 2.臺灣選舉與民主化調查2004、2008、2012、2016年總統選舉資料	**第二步驟與第三步驟** 反之，媒體影響統獨立場功能也可能具有反向關係，亦即統獨立場作為民眾的政治預存傾向，也可能影響第二步驟的報紙選擇。本書第三步驟的研究成果將與第二步驟作一比較、回應本書標題「臺灣民眾的報紙選擇與統獨立場」，以「傳播效果」和「態度效果」觀之，媒體與政治已非孰因孰果，而是孰對孰影響較多的問題，因此有必要將第二步驟和第三步驟的研究成果合併觀之。

表2-1　分析步驟「綜合整理」暨「各步驟關聯說明」表（續）

	研究問題	主要理論	研究方法	資料來源	各步驟之間的關係
第三步驟	在五次總統選舉中，民眾的統獨立場對其報紙選擇影響如何？	選擇性暴露理論	1.二手調查資料分析 2.分析統獨立場與報紙選擇的兩兩關係 3.逐年建構受政治選擇預存傾向影響的統計模型 4.合併五波資料，建構受政治選擇預存傾向影響的統計模型	1.陳義彥，2000，「跨世紀總統選舉中選民投票行為科際整合研究」，國立政治大學選舉研究中心。 2.臺灣選舉與民主化調查2004、2012、2008、2016年總統選舉資料	在綜合第二步驟和第三步驟的研究成果中，我們將以「看出」「統獨立場（統獨意識型態）」對政治影響較多，或以上兩者可能分別說明媒體和統獨的主體性，然後釐理其因果成果，本書將奠基於第二、三步驟的研究成果，進一步釐清兩者的因果關係，進一步釐清兩者的因果關係的重要方法。因此本書將以2008年和2012年資料進行定群分析，其中以2012年以上定群追蹤成功樣本為基礎進行定群追蹤研究。在進行以上定群追蹤的分析基礎，皆同時併入第一步驟統獨立場的分析結果，以釐清民眾統獨立場是否因報紙選擇而來。
第四步驟	在五次總統選舉中，民眾的報紙選擇與統獨立場如何互相影響？	1.媒體施為性論述 2.媒體的建構性 3.議題設定理論 4.選擇性暴露理論	1.二手調查資料分析 2.建構定群追蹤模型，分析報紙選擇與統獨立場的因果關係	1.陳義彥，2000，「跨世紀總統選舉中選民投票行為科際整合研究」，國立政治大學選舉研究中心。 2.臺灣選舉與民主化調查2004、2012、2008、2016年總統選舉資料	==第三步驟與第四步驟== 至於能否直接進行第四步驟的研究，而不進行第二、三步驟則應該甚為不宜，因為第二、三步驟的分析作為定群追蹤研究，而第一、二、三步驟則為研究橫斷面研究。本書亦將透過第二、三、四步驟的資料分析驗證第一步驟報紙選擇在統獨立場追蹤設定的效果。而第四同步驟因果關聯的分析則為擔負場上讓認報紙選擇與統獨立場因果關聯的責任（劉嘉薇與黃紀 2010；劉嘉薇與黃紀 2012）。本次將定群追蹤資料分析的範圍擴至2008年和2012年兩組定群追蹤資料。

資料來源：作者整理。

本書的核心關懷之一是民眾的報紙選擇如何影響統獨立場，因此當我們分析民眾報紙選擇時，需要先瞭解民眾選擇的媒體是偏向統一、偏向獨立或是無明顯偏向，亦即我們需要將報紙的統獨立場帶入民眾的報紙選擇中，例如：民眾最常看的報紙如果是聯合報，那麼聯合報的統獨立場會影響民眾的統獨立場嗎？顯然我們需要先瞭解報紙的統獨立場，以下將說明爲何社論可以代表報紙的立論觀點，然因民眾不見得閱讀社論，而是閱讀新聞，因此本書除了分析「社論」統獨立場，也分析「新聞」的統獨立場。

第一節　爲何與如何觀察報紙統獨立場

本書選擇的報紙和報紙中的社論爲何可以綜合性地代表媒體的影響力？原因包括以下三大理由：（一）首先，選擇報紙比電視或其他種類媒體更佳之處在於，報紙具有較多的篇幅、版面，對於議題的論述比電視或其他種類媒體深入。報紙充滿了電視上沒有的資訊以及深度報導，且在第一手採訪的基礎上發布新聞，而電視新聞則是從中挑選播出，重複報紙的重要內容。報紙提供最原始的資訊，以便理解發生什麼事，亦即報紙爲其他媒體設定議程，其報導也較爲全面。如果沒有報紙，新聞世界會像沒有引擎的汽車——電視、廣播媒體都需要依賴報紙，亦即研究報紙的內容，便能涵蓋到電視和報紙的內容（黨生翠、金梅與郭青譯　2005），政治傳播界大師McCombs（1998）的研究也顯示電視議題設定效果較報紙差。（二）社論每天在報紙顯要的欄位中出現，

代表報社的言論立場，旨在凝聚社會各界意見，對政府表達利益訴求，或呈現議題和提供解決方案，亦展現某類政策議題的分布和發展（徐振國　1998；2004），亦即社論內容便是代表報紙的立場。（三）選擇了報紙之後，接下來的問題便是，在非所有閱報的民眾都閱讀社論的情況下，爲何要分析社論的統獨立場？原因無它，因爲社論的方向「指導」或「引領」相關新聞的寫作方向，不符合報社立場的新聞或評論將難以刊登。

社論立場反應了經營者的偏好，甚至在社論中爲特定立場背書（Chiang and Knight 2011；Druckman and Parkin 2005）。大多數報紙的運作都由記者和編輯負責每日的新聞，而他們對於媒體的立場或背書反而沒有太多置喙的空間，因爲那是報紙經營的方向（Kahn and Kenney 2002）。理論上，社論與新聞的編輯屬不同部門，內容不會相互影響，然而事實上卻是有所關聯，報導會如同社論傾斜到類似的方向（relative editorial slant），新聞的報導方向會如同社論有意識地抉擇（conscious decisions）新聞的呈現（Druckman and Parkin 2005）。

由於社論影響了該報新聞的立場，Hirschauer（2010）和Druckman以及Parkin（2005）更進一步延伸社論的功能，讀者透過閱讀報紙獲得對議題的印象，在閱讀的過程中與作者進行「虛擬的互動」，並獲取報紙表達的政治態度。同樣有論者認爲，社論通常代表該時期所有新聞中最重要且最迫切解決的事件，因此對大眾有相當大的影響力。而社論不僅代表報紙的言論，更具有解釋新聞事件、反映民意與引導輿論等功能。社論目的在於聲明報社對議題的立場，並勸服讀者採取一致立場（程之行 1984；羅文輝 1989；朱灼文 2003）。社論所報導的內容除了提供資訊，亦教導人們道德規範和價值判斷，也可能因此影響人們對某些事件產生特定看法（廖青海 2002）。

接下來本書將蒐集一手資料，以內容分析法分析報紙統獨立場，包括聯合報、中國時報、自由時報，統獨相關社論標題及內容，由於2000年時蘋果日報未出刊（蘋果日報於2003年5月2日創刊），因此2000年總統選舉期間的蘋果日報資料將無法分析。除了分析社論，本書爲顧及周全，也抽樣分析新聞。

壹、內容分析法的意義

何謂內容分析法？Neuman（2006）認為內容分析是一種蒐集和分析文本內容的技術，包括文字、意義、圖片、符號、想法、或是其他可以溝通的訊息。Manheim與Rich（1995）認為內容分析是對於傳播形式及本質的計算、評估以及判斷。Babbie（2001）則形容內容分析是關於各種人類傳播紀錄的研究，和有關於此的任何成分或集合。

整體而言，內容分析在方法上，注重客觀、系統化及量化；在範圍上，分析傳播內容的訊息和整個傳播過程；在價值上，不僅針對傳播內容作敘述性解說，也在於推論傳播內容對整個傳播內容發生的影響（楊國樞、文崇一、吳聰賢與李亦園　1989）。

有關內容分析法的適用主題，包括涉及大量文本的問題、研究者無法直接介入研究的主題，或是研究一般較難看到的訊息（Neuman 2006）。王石番（1991）也指出：「內容分析是分析訊息的，不管訊息是小說、外交文件、社論、日記或演講詞，所得到的內容是用來推論傳播過程的其他因素。」Lass-well、Lerner和de Sola Pool（1952）提出傳播過程的「誰」、「對誰」、「說什麼」、「怎麼說」、「有什麼效果」，以及「為什麼」皆適合以內容分析法進行研究。在抽樣對於內容分析法的適用性上，隨機、系統、分層等抽樣方法都可用於內容分析。

Babbie（2001）認為內容分析法的優點包括經濟、安全、超越時空，以及非親身訪查或非介入式。加上一再編碼可以增加資料的信度。然而，內容分析法的分析內容僅止於已經發生在已經記錄好的內容，研究者無法親身訪問或調查。

在內容分析法執行方式上，Neuman（2006）認為內容分析法應依照研究的程序首先形成問題、進行研究設計、決定分析單位、抽樣、建構變數、概念以及操作化定義，進一步以類別編碼、推論等步驟進行研究，通常以頻率、方向、強度和空間大小為主要分析項目。與前述類似的內容分析法執行方式是綜

合了王石番（1991）、Bowers（1970）、Budd、Thorp與Donohew（1967）、Krippendorff（1980）、Wimmer與Domonick（1983）對於內容分析研究步驟，分別為：形成研究問題或假設、界定母體群（決定分析單位）、抽取樣本、建構類目、界定分析單位、建立量化系統、建立信度、依照定義將內容編碼、分析資料，最後下結論並解釋。

貳、研究對象與時間

　　本書分析中國時報、自由時報、聯合報和蘋果日報四大報的報別、年份、社論標題和內容（分析架構如圖3-1），這也是本書分析的第一步驟（詳見表2-1），先辨別四大報的統獨立場。我們將標題和內容視為一個整體，非僅以標題判斷，避免斷章取義。取樣範圍分別是五次總統選舉日前一年的社論，由於總統選舉為全國性選舉，其布局較一般選舉更早，選民也早在選前一年便能從媒體接受到相關訊息，因此本書選擇投票日前一年的報紙社論（表3-1為報紙社論、新聞選取範圍表）。這段期間的社論代表報社的統獨立場，民眾若閱讀這些報紙，統獨立場將可能受到報紙立場影響，又或者因為自身統獨立場而選擇立場相近的媒體。

　　本書選擇的調查資料，都為選後進行的面訪，而選前的媒體資訊並不會立即發生效果，而是會在選後逐步發酵，對於本書探討報紙選擇與統獨的關聯相當適切。本書選擇所有與統獨有關的社論，不再進行抽樣，以每一社論為分析單位，通篇閱讀後（包括標題和內容）再判斷其統獨立場。本書之所以沒有以社論每一段落為分析單位，原因在於社論寫作經常有起承轉合、正反論述，因此需經通篇閱讀後，方能確知其統獨立場。至於新聞部分，因為篇數較多，本書採用兩天抽取一天的方法，抽樣方法如下說明。

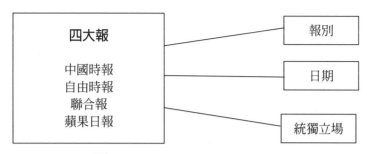

圖3-1　第一步驟分析架構圖

表3-1　四大報社論／新聞選取範圍表

總統選舉年份	總統選舉日	本書選取報紙社論和新聞範圍	四大報與統獨相關的社論則數	四大報與統獨相關的新聞則數（抽樣則數）
2000	2000.3.18	1999.3.18-2000.3.17	262	401
2004	2004.3.20	2003.3.20-2004.3.19	393	514
2008	2008.3.22	2007.3.22-2008.3.21	390	486
2012	2012.1.14	2011.1.14-2012.1.13	312	545
2016	2016.1.16	2015.1.16-2016.1.15	472	512
總和	--	--	1829	2458

說明一：「總統選舉日」資料來源為：中央選舉委員會，無年份。

說明二：聯合報、中國時報、自由時報在以上四段期間皆出刊，是主要的研究報紙。蘋果日報出刊日為2003.5.2，本書從此後開始進行分析。

說明三：蘋果日報自2003年創刊以來，其社論篇幅則數每日不一，經作者觀察歷年的蘋果日報社論發現：該報社論並非每日固定一則，有時候會出現兩則或兩則以上社論。此乃是蘋果日報社論整年超過365則的原因。

　　至於新聞抽樣，四大報新聞報導抽樣來源在四大報中，頭版頭條代表該篇新聞相較於同日其他的新聞，具有極高的重要性。因此，若有與兩岸議題相關的新聞刊載於頭條，將以此新聞作為優先抽取的樣本；若該日頭條並非與兩岸議題相關，則將按照各大報中，兩岸新聞分布於各版面之情況進行抽樣，各大報抽樣來源分述如下：

一、聯合報

分布於「焦點」、「要聞」、「綜合」、「話題」、「兩岸」版，因此以上幾版爲聯合報兩岸新聞的抽樣來源。

二、中國時報

分布於「兩岸新聞版」與「大陸新聞版」，兩岸新聞版中主要刊載兩岸，以及兩岸與其他國家相關之新聞，大陸新聞版則以中國大陸內部之新聞爲主，無涉及兩岸，因此將以「兩岸新聞版」爲抽樣來源。再者，由於兩岸新聞亦散見於「要聞」版、「焦點要聞」版、「政治新聞」版，因此，與本書較爲相關的兩岸新聞將以「要聞」版、「焦點要聞」版、「政治新聞」版和「兩岸新聞」版爲抽樣來源。

三、自由時報

兩岸新聞大多置於「焦點」版之下，「國際」版下的新聞報導中幾乎無兩岸新聞，所以予以捨棄，因此自由時報兩岸新聞將以「焦點」版爲抽樣來源。

四、蘋果日報

「國際新聞」版面下會刊載與中美有關之報導、兩岸新聞，與中國大陸內部新聞，而與兩岸議題相關之新聞亦散見於「要聞」版及「政治」版之下，因此蘋果日報兩岸新聞將以「國際新聞」版、「要聞」版、「政治」版爲抽樣來源。

整體而言，本書主要以與兩岸相關新聞的分布版面爲抽樣母體，聯合報抽樣母體爲頭版頭條、「焦點」、「要聞」、「綜合」、「話題」與「兩岸」版；中國時報則爲頭版頭條、「要聞」版、「焦點要聞」版、「政治新聞」版與「兩岸新聞」版；自由時報則爲頭版頭條與「焦點」版；蘋果日報則爲頭版頭條、「國際新聞」版、「要聞」版與「政治」版，日期與社論選取年份一

致。

　　抽樣日期統一為每月的奇數日，抽樣順序先以頭版頭條為優先抽樣母體，再以四大報中前述所設定之抽樣來源為母體進行抽樣，也就是說，若頭條為兩岸新聞，就不抽取各報其他版面，像是「要聞」、「焦點」或「焦點要聞版」。而在頭條外之各版面中，首先按照版面刊載順序，依序將各篇新聞給予編號，編號順序將以該版中各篇「新聞標題」的位置為基準，若該版新聞配置為直式，先以左右位置判斷該篇新聞之優先順序，右側的新聞編號優先於左側的新聞，再以上下為判斷基準，版面配置於上方的新聞編號優先於下方的新聞。舉例而言，位於「要聞」、「焦點」或「焦點要聞版」中，位在最右上方的新聞標題編為一號，配置於一號左側的新聞將依序編碼至版面最左側；若該版新聞配置為橫式，仍舊先以左右位置判斷該版面新聞的優先順序，但左側的新聞編號優先於右側的新聞，而上下位置判斷基準如同直式新聞；若當天頭條及其他版面皆無涉及兩岸相關內容，則不予以抽取。

參、類目建構

　　本書將統獨立場分為五個等級，分別是非常偏獨立、中立偏獨立、中立、中立偏統一、非常偏統一，表3-2為內容分析編碼表。關於內容分析編碼過程，本書以每一則報紙社論或新聞為分析單位，首先由兩名內容分析編碼員判斷研究所設定的期間內，四大報所刊載之社論或新聞是否與兩岸議題相關，並計算相互同意度與信度，再將兩名編碼員認定為與兩岸議題相關之社論或新聞進行編碼。編碼過程中，使用以下幾個變數，社論刊載年、社論刊載月、社論刊載日、社論排序（當日第幾則社論）、報別、統獨立場，以下將分別說明各個變數與編碼內容之關係：

　　每篇報紙依社論刊載西元年、月、日進行編碼，如2011年1月14日編碼為20110114。由於蘋果日報會不定期於同一天刊載一至兩篇的社論，若為第一則

社論則編碼爲01，第二則社論則編碼爲02；而中國時報、自由時報與聯合報，每日報紙皆只有一篇社論，因此編碼皆爲01；再根據不同的報別加以編碼，聯合報爲01，中國時報爲02，自由時報爲03，蘋果日報爲04。

表3-2　報紙社論／新聞內容分析編碼表

變數	編碼	編碼內容	概念式定義	操作化定義（關鍵字）
刊載年	依西元年份輸入	--	--	--
刊載月	01-12	--	--	--
刊載日	01-31	--	--	--
當日第幾則社論	01-99	--	--	--
報別	01	聯合報	--	--
	02	中國時報	--	--
	03	自由時報	--	--
	04	蘋果日報	--	--
統獨立場	01	非常偏獨立	1. 堅持或強調有關臺灣主權、住民自決。 2. 堅定認爲臺灣爲一主權獨立的國家，並且是受到國際廣泛承認的主權國家，且與中國大陸互不隸屬。 3. 提及更改國號和領土變更的相關內容。 4. 強烈反對一個中國、強烈反對統一。	堅持臺獨、堅持正名制憲、堅持一邊一國、堅持特殊國與國關係、堅持兩國論、堅持臺灣主體性、堅持臺灣前途決議文、拒絕一個中國、拒絕重啟國統會、拒絕一國兩府、拒絕終極統一、拒絕急統、拒絕一國兩制、主張中華民國早已不存在、主張臺灣入聯、主張臺灣國、主張中華民國第二共和憲法草案（在憲法草案中載明中華民國領土僅包含臺澎金馬及其附屬島嶼，已

表3-2　報紙社論／新聞內容分析編碼表（續）

變數	編碼	編碼內容	概念式定義	操作化定義（關鍵字）
統獨立場				原非憲法第四條所述之固有疆域，不得變更之意）、主張正常國家決議文（主張臺灣乃一主權獨立之國家，與中國互不隸屬）
	02	中立偏獨立	1. 雖然有臺灣自主的意識，但沒有特別主張或強調臺灣獨立、臺灣自決與臺灣是主權國家的議題。 2. 以對等的國家地位看待臺灣和中國的經濟關係，強調臺灣與中國經貿交流與談判須對等，且交流不應過度頻繁，不應完全向中國大陸靠攏。 3. 明確稱呼對岸為中國。 4. 主張兩岸交流應該緊縮、反對急統主張。	主張「中國」對臺政策、說明「中國」與臺灣關係、主張戒急用忍（一般用來指中華民國政府對中國大陸投資政策之一）、主張去中國化（一度深受中華文化影響的國家或地區，為蛻除中華文化的正統地位，建立本地獨特自主的國族認同、語言及文化的一種政治及社會運動）、反對西進政策、質疑和平協議、質疑ECFA（Economic Co-operation Framework Agreement，海峽兩岸經濟合作架構協議）、反對九二共識、反對一中各表、反對一中市場
	03	中立／無明顯偏向	1. 客觀論述統獨議題，不特別偏向統一或獨立。 2. 不碰觸、未論及統獨立場。 3. 以目前兩岸的「事實狀態」進行表述，亦即中華人民共和國與中華民國同時存在於世界上，並以中華民國現有的憲法框架作為論述的對象，其中內容亦不涉及變更憲法內容框架。	強調維持現狀（不統、不獨、不武）、主張四不一沒有（不會宣布獨立，不會更改國號，不會推動兩國論入憲，不會推動改變現狀的統獨公投，也沒有廢除國統綱領與國統會的問題）、支持美國主張對臺六項保證（美國主張對臺的六項保證，期望兩岸維持現在的狀態）、主張馬三不（指涉不統、不獨、不武）、強調推動兩岸關係正常化

表3-2　報紙社論／新聞內容分析編碼表（續）

變數	編碼	編碼內容	概念式定義	操作化定義（關鍵字）
統獨立場	04	中立偏統一	1. 對於開放與交流等議題，表達強烈支持。 2. 質疑「臺獨」議題是否存在，反對急獨。 3. 反對更改現有國號，及領土變更相關內容。	質疑臺獨、主張和平協議、主張ECFA、主張三通、主張兩岸直航、主張西進政策、主張臺獨是假議題、質疑戒急用忍、質疑去中國化、主張九二共識、主張一中各表
	05	非常偏統一	1. 強調兩岸不可分割。 2. 強調只有一個中國。 3. 兩岸同文同種，且不管是由中華民國統一「中國」，抑或是由中華人民共和國統一「中國」，臺灣都不應該從「中國」分裂出去。 4. 主張將中華人民共和國和中華民國所各別統治的領域組成一個共同的主權國家，構成一個統一國家的概念。	堅持一個中國、堅持重啟國統會、堅持一國兩府、堅持終極統一、堅持急統、堅持一國兩制、江八點、胡六點、拒絕臺獨、拒絕正名制憲、拒絕一邊一國、拒絕特殊國與國關係、拒絕兩國論、拒絕臺灣主體性、拒絕臺灣前途決議文、堅持反分裂國家法、支持胡四點（1.堅持一個中國原則絕不動搖2.爭取和平統一的努力絕不放棄3.貫徹寄希望於臺灣人民的方針絕不改變4.反對臺獨活動絕不妥協）

資料來源：作者整理。
說明：「--」代表無資料，從略。

　　再者，針對該篇社論內容呈現之統獨立場進行編碼，劃分為五種立場，編碼員將依據按照變數所設定的關鍵字進行判讀，分別是01非常偏獨立、02中立偏獨立、03中立、04中立偏統一、05非常偏統一。以上五種類別都包括概念式定義和操作化定義（亦即所屬的關鍵字），詳見表3-2，以下一一介紹，雖然新聞的目的在報導，但報紙選擇新聞的框架也代表了它的統獨立場，因此可以將新聞的分析與社論統獨立場的分析相互對照，檢視在同一份報紙中是否有類似的統獨立場。

　　首先，「非常偏獨立」的概念式定義包括：1.堅持或強調有關臺灣主權、住民自決。2.堅定認為臺灣為一主權獨立的國家，並且是受到國際廣泛承認的主權國家，且與中國大陸互不隸屬。3.提及更改國號和領土變更的相關內容。4.強烈反對一個中國、強烈反對統一，以上定義符合一項即可，而相對應的操作化定義（亦即所屬的關鍵字）包括：提及「臺獨」、「正名制憲」、「一邊一國」、「特殊國與國關係」、「主張中華民國早已不存在」、「主張臺灣入聯」、「主張臺灣國」、「提出中華民國第二共和憲法草案」以及「主張正常國家決議文」等強調有關臺灣主權、住民自決，以及反對一個中國的概念，皆可將此統獨立場歸類為「非常偏獨立」，表3-3的「即使中國民主化亦不能改變一邊一國的事實」和表3-4的「臺灣正名 讓全球知道」即為此例，相關內容、運用的統獨概念式定義和運用的統獨操作化定義，可參考表3-3和表3-4說明，以下「中立偏獨立」、「中立」、「中立偏統一」以及「非常偏統一」四類的說明也可參可這兩個表格。

　　第二，「中立偏獨立」的概念式定義包括：1.雖然有臺灣自主的意識，但沒有特別主張或強調臺灣獨立、臺灣自決與臺灣是主權國家的議題。2.以對等的國家地位看待臺灣和中國的經濟關係，強調臺灣與中國經貿交流與談判須對等，且交流不應過度頻繁，不應完全向中國大陸靠攏。3.明確稱呼對岸為中國。4.主張兩岸交流應該緊縮、反對急統主張，以上定義符合一項即可，而相對應的操作化定義（亦即所屬的關鍵字）包括：提及「中國對臺政策」、「中國與臺灣關係」、「主張戒急用忍」、「主張去中國化」、「反對九二共識」及「反對一中市場」等雖有臺灣自主意識，但沒有特別強調獨立、自決之議題，或是以平等的地位看待臺灣和中國的經濟關係，甚至是強調兩岸交流應該緊縮等，皆可歸類為「中立偏獨立」，表3-3的「和平協議不能帶來和平」和表3-4的「中國挑釁 導彈鎖定經國號」即為此例，歸類可參考表3-3和表3-4說明。

　　第三，「中立」的概念式定義包括：1.客觀論述統獨議題，不特別偏向統一或獨立。2.不碰觸、未論及統獨立場，歸類在中立。3.以目前兩岸的「事實

狀態」進行表述，亦即中華人民共和國與中華民國同時存在於世界上，並以中華民國現有的憲法框架作爲論述的對象，其中內容亦不涉及變更憲法內容框架，以上定義符合一項即可，而相對應的操作化定義（亦即所屬的關鍵字）包括：提及「支持美國主張對臺六項保證」、「主張馬三不」、「主張兩岸關係正常化」，則歸類在「中立」，表3-3的「臺北香港上海生活大車拚」和表3-4的「陸客團11家庭 不幸遇難 廈門準新郎魂斷異鄉」即爲此例。

　　第四，「中立偏統一」的概念式定義包括：1.對於開放與交流等議題，表達強烈支持。2.質疑「臺獨」議題是否存在，反對急獨。3.反對更改現有國號，及領土變更相關內容，以上定義符合一項即可，而相對應的操作化定義（亦即所屬的關鍵字）包括：提及「反對臺獨」、「主張ECFA」和「強調九二共識」等強調開放與交流，以及反對急獨的立場，皆可歸類在「中立偏統一」，表3-3的「和平協議就是中程方案」和表3-4的「兩岸簽和平協議，近6成支持」即爲此例。

　　最後，「非常偏統一」的概念式定義包括：1.強調兩岸不可分割。2.只有一個中國。3.兩岸同文同種，且不管是由中華民國統一「中國」，抑或是由中華人民共和國統一「中國」，臺灣都不應該從「中國」分裂出去。4.主張將中華人民共和國和中華民國所各別統治的領域組成一個共同的主權國家，構成一個統一國家的概念，以上定義符合一項即可，而相對應的操作化定義（亦即所屬的關鍵字）包括「堅持一個中國」、「堅持一中各表」、「重啟國統會」、「堅持反分裂國家法」及「支持胡四點」等，皆可歸類在「非常偏統一」，表3-3的「一中同表是一中各表的再進化」和表3-4的「國臺辦回應蔡：九二共識核心是兩岸同屬一中」即爲此例。

表3-3　四報社論統獨立場範例

報別	日期	統獨立場	標題	內容	運用的統獨概念式定義	運用的統獨操作化定義（關鍵字）
自由時報	2007/06/15	非常偏獨	即使中國民主化亦不能改變一邊一國的事實	從李登輝前總統執政後期提出兩國論，定位兩岸為特殊國與國關係，到陳水扁總統拋出「一邊一國」，臺灣主體性的發展方向已然確定，不容逆轉。	堅定認為臺灣為一主權獨立的國家，並且是受到國際廣泛承認的主權國家，且與中國大陸互不隸屬。	堅持一邊一國、堅持特殊國與國關係
自由時報	2011/10/22	中立偏獨	和平協議不能帶來和平	除了這些排山倒海而來的質疑，面對六成反對的民意，馬英九還欠人民一個最根本的說明：與中國簽署和平協議，能為臺灣帶來真正的和平嗎？	明確稱呼對岸為中國。	質疑和平協議
蘋果日報	2003/07/09	中立／無明顯偏向	臺北香港上海生活大車拚	臺北人對公司投入的忠誠度、歸屬感、認同感都高於港人，因為臺人有傳統的集體主義思想，工作不以個人身分表現，而以公司整體表現為主。	不碰觸、未論及統獨立場。	無
聯合報	2011/06/23	中立偏統一	和平協議就是中程方案	就大局大勢言，兩岸在雙邊競合關係上，目前可謂皆已面臨了最佳的「停利點」及「停損點」。「和平協議」即是可將此一「特殊情況」穩固化的「中程方案」，以確保「一個分治而不分裂的第三概念的中國」。	對於開放與交流等議題，表達強烈支持。	主張和平協議

表3-3　四報社論統獨立場範例（續）

報別	日期	統獨立場	標題	內容	運用的統獨概念式定義	運用的統獨操作化定義（關鍵字）
中國時報	2015/06/29	非常偏統一	一中同表是一中各表的再進化	「一中同表」清晰合理，是「一中各表」的進化而非異化，它不僅可以讓兩岸關係和平穩定的前進，又可以化解臺灣民眾的認同爭議。	強調兩岸不可分割。	堅持一個中國

資料來源：作者整理。

表3-4　四報新聞統獨立場範例

報別	日期	統獨立場	標題	內容	運用的統獨概念	運用的統獨關鍵字
自由時報	2003/09/07	非常偏獨立	臺灣正名讓全球知道	由五一臺灣正名運動聯盟舉辦的「前進聯合國」臺灣正名遊行活動，昨天在總召集人、前總統李登輝的領軍下，號召了超過十五萬人走上街頭，大家齊聚在總統府前的凱達格蘭大道上高喊「臺灣國！」。	提及更改國號和領土變更的相關內容。	堅持正名制憲
蘋果日報	2015/04/27	中立偏獨立	中國挑釁導彈鎖定經國號	中國解放軍在大陸東南沿岸所部署的S-300PMU2型地對空導彈，對我空軍部署在西部的戰機一直具有威脅性，但從來沒有直接影響我飛行任務。不過國軍將領昨證實，我性能提升後的經國號戰機在去年執行例行巡弋任務時，曾遭中國S-300型的雷達鎖定，當時座艙響起警報聲，飛行員立即以戰術動作進行脫離。	明確稱呼對岸為中國。	說明中國與臺灣關係

表3-4　四報新聞統獨立場範例（續）

報別	日期	統獨立場	標題	內容	運用的統獨概念	運用的統獨關鍵字
蘋果日報	2015/02/05	中立／無明顯偏向	陸客團11家庭 不幸遇難 廈門準新郎魂斷異鄉	復興航空臺北空難乘客中有兩個大陸旅行團共31名團員，迄昨晚多數人仍下落不明。	不碰觸、未論及統獨立場。	無
中國時報	2011/10/19	中立偏統一	兩岸簽和平協議，近6成支持	根據本報最新調查結果顯示，近六成的人贊成兩岸簽訂和平協議。	對於開放與交流等議題，表達強烈支持。	主張和平協議
聯合報	2015/12/31	非常偏統一	國臺辦回應蔡：九二共識核心 是兩岸同屬一中	大陸和臺灣同屬一個中國，兩岸不是國與國關係，從而明確界定兩岸關係的根本性質。	只有一個中國	堅持一個中國、拒絕兩國論

資料來源：作者整理。

　　在編碼過程中所面臨到的困難和解決方式包含幾項：首先，在統獨立場編碼中，因為某些社論所撰寫的內容在這兩方面上不太能輕易明確判別，因此在編碼的過程中，可能會和其他編碼者針對同一則社論有不同的編碼；再者，編碼員自身所抱持的意識型態，對於編碼過程不可避免地產生影響，尤其是統獨立場；最後，編碼員各自對於社論文章有不同的理解，且對於既有文字與詞彙有既定的認知，加上通篇理解後，對於該篇重點選擇有所不同，導致編碼過程產生歧異。上述編碼過程中，編碼員因意識型態、文字認知不同所產生的歧異，都將進一步進行討論與修正。首先，會由兩位編碼員分別論述其對於爭議編碼詞彙的意涵看法，若兩名編碼員仍抱持不同意見與認知，第三名編碼員將加入共同討論，三者亦分別論述對於爭議編碼詞彙的意涵看法，互相溝通與說服彼此，以達成三方均能認同的共識，再依此共識進行編碼。

肆、同意度

在編碼員同意度計算方面，本書引用王石番（1991）對於內容分析同意度與信度的計算方式，內容分析編碼員相互同意度與信度公式說明如下。

相互同意度為 $\dfrac{2M}{N_1+N_2}$

信度為 $\dfrac{n\times(平均相互同意程度)}{1+(n-1)\times(平均相互同意程度)}$

（M：完全同意之數目，N_1：第一位編碼者應有的同意數目，N_2：第二位編碼者應有的同意數目，n：參與編碼人員數目）

為不占篇幅，本書僅舉2007年到2008年、2011年到2012年社論編碼同意度計算為例。表3-5為2007年到2008年社論編碼同意度／信度彙整表，四報統獨立場的編碼涉及判斷，依據統獨概念式定義和操作化定義的標準，計算四報同意度如下，並彙整於表3-5，都超過0.9。

表3-5　2007年到2008年社論編碼同意度／信度彙整表

	聯合報	中國時報	自由時報	蘋果日報
統獨立場	0.953 / 0.976	0.943 / 0.971	0.990 / 0.995	0.938 / 0.968

資料來源：作者整理。
說明：表格中「／」前的數值為同意度，「／」後的數值為信度。

2007年到2008年聯合報統獨立場的相互同意度為 $\dfrac{2M}{N_1+N_2}=\dfrac{61\times2}{64+64}=$

0.953，信度為 $\dfrac{n\times(平均相互同意程度)}{1+(n-1)\times(平均相互同意程度)}=\dfrac{2\times0.953}{1+1\times0.953}=0.976$

2007年到2008年中國時報統獨立場的相互同意度為 $\dfrac{2M}{N_1+N_2}=\dfrac{50\times2}{53+53}=$

0.943，信度為 $\dfrac{n\times(平均相互同意程度)}{1+(n-1)\times(平均相互同意程度)}=\dfrac{2\times0.943}{1+1\times0.943}=0.971$

2007年到2008年自由時報統獨立場的相互同意度為 $\dfrac{2M}{N_1+N_2}=\dfrac{207\times2}{209+209}=$

0.990，信度為 $\dfrac{n\times(平均相互同意程度)}{1+(n-1)\times(平均相互同意程度)}=\dfrac{2\times0.990}{1+1\times0.990}=0.995$

2007年到2008年蘋果日報統獨立場的相互同意度為 $\dfrac{2M}{N_1+N_2}=\dfrac{60\times2}{64+64}=$

0.938，信度為 $\dfrac{n\times(平均相互同意程度)}{1+(n-1)\times(平均相互同意程度)}=\dfrac{2\times0.938}{1+1\times0.938}=0.968$

再者，表3-6為2011年到2012年社論編碼同意度／信度彙整表，四報統獨立場同意度和信度的編碼，彙整於表3-6，皆高於0.9。

表3-6　2011年到2012年社論編碼同意度／信度彙整表

	聯合報	中國時報	自由時報	蘋果日報
統獨立場	0.944 / 0.971	0.973 / 0.986	0.964 / 0.982	1 / 1

資料來源：作者整理。
說明：表格中「／」前的數值為同意度，「／」後的數值為信度。

2011年到2012年聯合報統獨立場的相互同意度為 $\dfrac{2M}{N_1+N_2}=\dfrac{68\times2}{72+72}=$

0.944，信度為 $\dfrac{n\times(平均相互同意程度)}{1+(n-1)\times(平均相互同意程度)}=\dfrac{2\times0.944}{1+1\times0.944}=0.971$

2011年到2012年中國時報統獨立場的相互同意度為 $\dfrac{2M}{N_1+N_2}=\dfrac{36\times2}{37+37}=$

0.973，信度為 $\dfrac{n\times(平均相互同意程度)}{1+(n-1)\times(平均相互同意程度)}=\dfrac{2\times0.973}{1+1\times0.973}=0.986$

2011年到2012年自由時報統獨立場的相互同意度為 $\dfrac{2M}{N_1+N_2}=\dfrac{160\times2}{166+166}=$

0.964，信度為 $\dfrac{n\times(平均相互同意程度)}{1+(n-1)\times(平均相互同意程度)}=\dfrac{2\times0.964}{1+1\times0.964}=0.982$

2011年到2012年蘋果日報統獨立場的相互同意度為 $\dfrac{2M}{N_1+N_2}=\dfrac{37\times2}{37+37}=1$，

信度為 $\dfrac{n\times(平均相互同意程度)}{1+(n-1)\times(平均相互同意程度)}=\dfrac{2\times 1}{1+1\times 1}=1$

　　經過以上的內容分析，得到水準以上的同意度，以下從第二節到第四節，我們將分別分析這些資料，第二節處理四大報的比較，第三節處理五次總統選舉期間的比較，第四節再處理不同報紙、不同時間點報社統獨立場的分析，以上分析都包括社論和新聞。

第二節　報紙統獨立場：四大報比較

　　我們首先分析四大報統獨立場的演變。統獨立場在年度間有所差異，我們從表3-7（社論）和表3-8（新聞）便進一步觀察主要四個報別統獨立場的差異。

　　首先，聯合報社論立場「非常偏獨立」占這個報紙的0.4%，顯著低於全體總和的25.1%；「中立偏獨立」占這個報紙的1.8%，顯著低於全體總和的26.3%；「中立」占這個報紙的44.2%，顯著高於全體總和的28.9%；「中立偏統一」占這個報紙的48.4%，顯著高於全體總和的18.3%；「非常偏統一」占這個報紙的5.3%，顯著高於全體總和的1.4%，因此聯合報在統獨立場比較突出的是「中立」和「中立偏統一」。

　　再者，在中國時報社論方面，立場「非常偏獨立」占這個報紙的1.9%，顯著低於全體總和的25.1%；「中立偏獨立」占這個報紙的8.4%，顯著低於全體總和的26.3%；「中立偏統一」占這個報紙的54.4%，顯著高於全體總和的18.3%；「非常偏統一」占這個報紙的3.1%，顯著高於全體總和的1.4%，因此中國時報在統獨立場比較突出的是「中立偏統一」。

表3-7　報紙報別與「社論」統獨立場（五分類）交叉表

		統獨立場					
		非常偏獨立	中立偏獨立	中立	中立偏統一	非常偏統一	總和
報別	聯合報	1, 0.4% (-10.5)	5, 1.8% (-10.2)	126, 44.2% (6.2)	138, 48.4% (14.3)	15, 5.3% (6.2)	285, 100.0%
	中國時報	6, 1.9% (-10.5)	27, 8.4% (-8.0)	103, 32.2% (1.4)	174, 54.4% (18.4)	10, 3.1% (3.0)	320, 100.0%
	自由時報	450, 46.5% (22.4)	406, 42.0% (16.1)	108, 11.2% (-17.7)	3, 0.3% (-21.1)	0, 0.0% (-5.3)	967, 100.0%
	蘋果日報	2, 0.8% (-9.7)	43, 16.7% (-3.8)	192, 74.7% (17.5)	20, 7.8% (-4.7)	0, 0.0% (-2.0)	257, 100.0%
	總和	459, 25.1%	481, 26.3%	529, 28.9%	335, 18.3%	25, 1.4%	1829, 100.0%

資料來源：劉嘉薇 2014-2016。

說明一：細格（cell）中第一個數字為樣本數，第二個數字為橫列百分比，括號內為調整後標準化殘差，殘差絕對值大於1.96，代表該細格與該欄全體總和有顯著差異，以灰階表示。

說明二：$\chi^2 = 1505.919$, df = 12, $p < .001$。

　　接著，在自由時報社論方面，立場「非常偏獨立」占這個報紙的46.5%，顯著高於全體總和的25.1%；「中立偏獨立」占這個報紙的42.0%，顯著高於全體總和的26.3%；「中立」占這個報紙的11.2%，顯著低於全體總和的28.9%；「中立偏統一」占這個報紙的0.3%，顯著低於全體總和的18.3%；「非常偏統一」占這個報紙的0.0%，顯著低於全體總和的1.4%，因此自由時報在統獨立場比較突出的是「非常偏獨立」和「中立偏獨立」。

　　最後，在蘋果日報社論方面，立場「非常偏獨立」占這個報紙的0.8%，顯著低於全體總和的25.1%；「中立偏獨立」占這個報紙的16.7%，顯著低於全體總和的26.3%；「中立」占這個報紙的74.7%，顯著高於全體總和的28.9%；「中立偏統一」占這個報紙的7.8%，顯著低於全體總和的18.3%；

「非常偏統一」占這個報紙的0.0%，顯著低於全體總和的1.4%，因此蘋果日報在統獨立場比較突出的是「中立」。整體而言，聯合報和中國時報相較全體總和偏中立偏統一，自由時報偏非常偏獨立，而蘋果日報偏中立。

再者，表3-8為「報紙報別與『新聞報導』統獨立場（五分類）交叉表」。從表3-8可以發現，聯合報報導立場「非常偏獨立」占該報紙的4.6%，顯著低於全體總和的6.8%；「中立偏獨立」占該報紙的2.9%，顯著低於全體總和的15.2%；「中立」占這個報紙的67.5%，顯著高於全體總和的61.6%，「中立偏統一」占該報紙的12.0%，顯著高於全體總和的8.3%；「非常偏統一」占該報紙的13.0%，顯著高於全體總和的8.2%，因此聯合報在統獨立場上，以「中立偏統一」和「非常偏統一」較為突出。

表3-8　報紙報別與「新聞報導」統獨立場（五分類）交叉表

		統獨立場					
		非常偏獨立	中立偏獨立	中立	中立偏統一	非常偏統一	總和
報別	聯合報	33, 4.6% (-2.8)	21, 2.9% (-10.9)	484, 67.5% (3.9)	86, 12.0% (4.3)	93, 13.0% (5.6)	717, 100.0%
	中國時報	43, 5.4% (-1.9)	25, 3.2% (-11.5)	578, 73.0% (8.0)	68, 8.6% (0.4)	78, 9.8% (2.1)	792, 100.0%
	自由時報	68, 11.9% (5.5)	273, 47.8% (24.8)	205, 35.9% (-14.4)	20, 3.5% (-4.7)	5, 0.9% (-7.3)	571, 100.0%
	蘋果日報	24, 6.3% (-0.4)	54, 14.3% (-0.5)	246, 65.1% (1.5)	29, 7.7% (-0.5)	25, 6.6% (-1.2)	378, 100.0%
	總和	168, 6.8%	373, 15.2%	1513, 61.6%	203, 8.3%	201, 8.2%	2458, 100.0%

資料來源：劉嘉薇 2014-2016。

說明一：細格中第一個數字為樣本數，第二個數字為橫列百分比，括號內為調整後標準化殘差，殘差絕對值大於1.96，代表該細格與該欄全體總和有顯著差異，以灰階表示。

說明二：$\chi^2 = 748.321$, df = 12, $p < .001$。

　　在中國時報報導方面，立場為「中立偏獨立」占該報紙的3.2%，顯著低於全體總和的15.2%；「中立」占該報紙的73.0%，顯著高於全體總和的61.6%；「非常偏統一」占該報紙的9.8%，顯著高於全體總和的8.2%，因此中國時報在統獨立場上，以「中立」和「非常偏統一」較為突出。

　　而在自由時報報導方面，立場為「非常偏獨立」占該報紙的11.9%，顯著高於全體總和的6.8%；「中立偏獨立」占該報紙的47.8%，顯著高於全體總和的15.2%；「中立」占該報紙的35.9%，顯著低於全體總和的61.6%；「中立偏統一」占該報紙的3.5%，顯著低於全體總和的8.3%；「非常偏統一」則占該報紙的0.9%，顯著低於全體總和的8.2%，因此自由時報在統獨立場上，以「中立偏獨立」較為突出。

　　最後，在蘋果日報報導方面，沒有任何一立場較為突出。整體而言，聯合報偏向中立偏統一和非常偏統一，中國時報偏中立和非常偏統一，自由時報偏向中立偏獨立和非常偏獨立，蘋果日報偏向中立。

　　因為統獨立場五分類時，有立場較為分散的問題，為了解決此問題，本書將統獨立場合併為三類，亦即「非常偏獨立」和「中立偏獨立」合併為「獨立」，「中立偏統一」和「非常偏統一」合併為「統一」，「中立」仍為「中立」，此舉的目的在於減少細格數，便於檢視內涵。表3-9為「報紙報別與『社論』統獨立場（三分類）交叉表」，本書發現，聯合報獨立、中立與統一的社論文章數均與全體總和有顯著差異，獨立占2.1%，顯著低於全體的51.4%；中立占44.2%，顯著高於全體的28.9%；統一占53.7%，顯著高於全體的19.7%。中國時報獨立與統一的社論文章數均與全體總和有顯著差異，獨立占10.3%，顯著低於全體的51.4%；統一占57.5%，顯著高於全體的19.7%。自由時報獨立、中立與統一的社論文章數均與全體總和有顯著差異，獨立占88.5%，顯著高於全體的51.4%；中立占11.2%，顯著低於全體的28.9%；統一占0.3%，顯著低於全體的19.7%。蘋果日報獨立、中立與統一的社論文章數均亦與全體總和有顯著差異，獨立占17.5%，顯著低於全體的51.4%；中立占74.7%，顯著高於全體的28.9%；統一占7.8%，顯著低於全體的19.7%。整體而

表3-9　報紙報別與「社論」統獨立場（三分類）交叉表

		統獨立場			
		獨立	中立	統一	總和
報別	聯合報	6, 2.1% (-18.1)	126, 44.2% (6.2)	153, 53.7% (15.7)	285, 100.0%
	中國時報	33, 10.3% (-16.2)	103, 32.2% (1.4)	184, 57.5% (18.7)	320, 100.0%
	自由時報	856, 88.5% (33.6)	108, 11.2% (-17.7)	3, 0.3% (-22.1)	967, 100.0%
	蘋果日報	45, 17.5% (-11.7)	192, 74.7% (17.5)	20, 7.8% (-5.2)	257, 100.0%
	總和	940, 51.4%	529, 28.9%	360, 19.7%	1829, 100.0%

資料來源：劉嘉薇　2014-2016。

說明一：細格中第一個數字為樣本數，第二個數字為橫列百分比，括號內為調整後標準化殘差，殘差絕對值大於1.96，代表該細格與該欄全體總和有顯著差異，以灰階表示。

說明二：$\chi^2 = 1475.215$, df = 6, $p < .001$。

言，聯合報和中國時報相較全體總和偏統一，自由時報偏獨立，而蘋果日報偏中立。

　　在新聞方面，表3-10為「報紙報別與『新聞報導』統獨立場（三分類）交叉表」，以上述方法進行後，不適合卡方檢定的問題皆得以解決。本研究發現，聯合報獨立、中立與統一的新聞報導文章數均與全體總和有顯著差異，獨立占7.5%，顯著低於全體總和的22.0%；中立占67.5%，顯著高於全體總和的61.6%；統一占25.0%，顯著高於全體總和的16.4%。中國時報獨立與中立的新聞報導文章數均與全體總和有顯著的差異，獨立占8.6%，顯著低於全體總和的22.0%；中立占73.0%，顯著高於全體總和的61.6%。自由時報獨立、中立與統一的新聞報導文章數均與全體總和有顯著差異，獨立占59.7%，顯著高於全體總和的22.0%；中立占35.9%，顯著低於61.6%；統一則占4.4%，顯著低於全體總和的16.4%。蘋果日報獨立、中立與統一的新聞報導文章數均與全體總和

表3-10　報紙報別與「新聞報導」統獨立場（三分類）交叉表

		統獨立場			
		獨立	中立	統一	總和
報別	聯合報	54, 7.5% (-11.1)	484, 67.5% (3.9)	179, 25.0% (7.3)	717, 100.0%
	中國時報	68, 8.6% (-11.1)	578, 73.0% (8.0)	146, 18.4% (1.8)	792, 100.0%
	自由時報	341, 59.7% (24.8)	205, 35.9% (-14.4)	25, 4.4% (-8.9)	571, 100.0%
	蘋果日報	78, 20.6% (-0.7)	246, 65.1% (1.5)	54, 14.3% (-1.2)	378, 100.0%
	總和	541, 22.0%	1513, 61.6%	404, 16.4%	2458, 100.0%

資料來源：劉嘉薇 2014-2016。

說明一：細格中第一個數字為樣本數，第二個數字為橫列百分比，括號內為調整後標準化殘差，殘差絕對值大於1.96，代表該細格與該欄全體總和有顯著差異，以灰階表示。

說明二：$\chi^2 = 670.334$, df = 6, $p < .001$。

無顯著差異。整體而言，聯合報偏向統一，中國時報偏向中立，自由時報偏向獨立，蘋果日報無明顯偏向。

　　整體而言，第三章第二節探討報紙的統獨立場，僅比較四大報的統獨立場，在比較時不分時間點，以綜觀四大報統獨立場的異同，分成五類和三類觀之，其中三類更適合往後的分析，可減少統計分析細格數過小的問題。

第三節　報紙統獨立場：五次總統選舉期間走向

　　除了報別的差異，以下分析臺灣報紙在2000年到2012年間統獨立場的變化。表3-11說明了2000年社論立場「非常偏獨立」占這個時期的14.5%，顯著低於全體總和的25.1%；「中立偏獨立」占這個時期的49.2%，顯著高於全體總和的26.3%；「中立」占這個時期的21.4%，顯著低於全體總和的28.9%；

「中立偏統一」占這個時期的8.4%，顯著低於全體總和的18.3%；「非常偏統一」占這個時期的6.5%，顯著高於全體總和的1.4%，因此2000年在統獨立場比較突出的是「中立偏獨立」和「非常偏統一」。

其次，2004年社論立場「非常偏獨立」占這個時期的37.9%，顯著高於全體總和的25.1%；「中立偏獨立」占這個時期的15.8%，顯著低於全體總和的26.3%；「中立偏統一」占這個時期的13.5%，顯著低於全體總和的18.3%；「非常偏統一」占這個時期的0.0%，顯著低於全體總和的1.4%，因此2004年在統獨立場比較突出的是「非常偏獨立」。

表3-11　總統大選年份與「社論」統獨立場（五分類）交叉表

		統獨立場					
		非常偏獨立	中立偏獨立	中立	中立偏統一	非常偏統一	總和
年份	2000	38, 14.5% (-4.3)	129, 49.2% (9.1)	56, 21.4% (-2.9)	22, 8.4% (-4.5)	17, 6.5% (7.7)	262, 100.0%
	2004	149, 37.9% (6.6)	62, 15.8% (-5.3)	129, 32.8% (1.9)	53, 13.5% (-2.8)	0, 0.0% (-2.6)	393, 100.0%
	2008	124, 31.8% (3.4)	95, 24.4% (-1.0)	100, 25.6% (-1.6)	69, 17.7% (-0.4)	2, 0.5% (-1.6)	390, 100.0%
	2012	96, 30.8% (2.5)	73, 23.4% (-1.3)	61, 19.6% (-4.0)	81, 26.0% (3.8)	1, 0.3% (-1.7)	312, 100.0%
	2016	52, 11.0% (-8.2)	122, 25.8% (-0.3)	183, 38.8% (5.5)	110, 23.3% (3.3)	5, 1.1% (-0.7)	472, 100.0%
總和		459, 25.1%	481, 26.3%	529, 28.9%	335, 18.3%	25, 1.4%	1829, 100.0%

資料來源：劉嘉薇 2014-2016。

說明一：表格中2000年實際期間為1999.3.18～2000.3.17，2004實際期間為2003.3.20～2004.3.19，2008年實際期間為2007.3.22～2008.3.21，2012年實際期間為2011.1.14～2012.1.13，2016年實際期間為2015.1.16～2016.1.15。

說明二：細格中第一個數字為樣本數，第二個數字為橫列百分比，括號內為調整後標準化殘差，殘差絕對值大於1.96，代表該細格與該欄全體總和有顯著差異，以灰階表示。

說明三：$\chi^2 = 286.332$, df = 16, $p < .001$。

　　有趣的是，2008年的社論立場「非常偏獨立」占這個時期的31.8%，顯著高於全體總和的25.1%，其他與整體相比幾乎沒有差異。再者，2012年社論立場「非常偏獨立」占這個時期的30.8%，顯著高於全體總和的25.1%；「中立」占這個時期的19.6%，顯著低於全體總和的28.9%；「中立偏統一」占這個時期的26.0%，顯著高於全體總和的18.3%，因此2012年在統獨立場比較突出的是「非常偏獨立」和「中立偏統一」。

　　最後，2016年社論立場「非常偏獨立」占這個時期的11.0%，顯著低於全體總和的25.1%；「中立」占這個時期的38.8%，顯著高於全體總和的28.9%；「中立偏統一」占這個時期的23.3%，顯著高於全體總和的18.3%，因此2016年在統獨立場比較突出的是「中立」和「中立偏統一」。

　　整體而言，相較全體總和，2000年社論偏向中立偏獨立和非常偏統一，2004年偏向中立和非常偏獨立，2008年無明顯偏向，2012年偏向中立偏統一。最後，2016年在統獨立場比較突出的是「中立」和「中立偏統一」。

　　再者，我們進一步分析臺灣四大報報紙自1999年到2012年間新聞報導的統獨立場變化，以及四大報對於兩岸議題新聞報導立場的差異。首先，由表3-12可以得知，2000年新聞報導立場為「非常偏獨立」占該時期的13.5%，顯著高於全體總和的6.8%；「中立偏獨立」占該時期的6.7%，顯著低於全體總和的15.2%；「中立」占該時期的54.1%，顯著低於全體總和的61.6%；「中立偏統一」占該時期的4.2%，顯著低於全體的8.3%；「非常偏統一」占該時期的21.4%，顯著高於全體總和的8.2%，因此2000年在統獨立場上，以「非常偏獨立」和「非常偏統一」較為突出。本表沒有期望次數小於5的細格大於20%的情況，可適用卡方檢定。

　　其次，2004年新聞報導立場為「非常偏獨立」占該時期的12.8%，顯著高於全體總和的6.8%；「中立偏獨立」占該時期的11.9%，顯著低於全體總和的15.2%；「中立偏統一」占該時期的4.7%，顯著低於全體總和的8.3%；「非常偏統一」占該時期的11.1%，顯著高於全體總和的8.2%。因此2004年在統獨立場上，以「非常偏獨立」較為突出。

表3-12　總統大選年份與「新聞報導」統獨立場（五分類）交叉表

		非常偏獨立	中立偏獨立	中立	中立偏統一	非常偏統一	總和
		\multicolumn{6}{c}{統獨立場}					
年份	2000	54, 13.5% (5.8)	27, 6.7% (-5.2)	217, 54.1% (-3.3)	17, 4.2% (-3.2)	86, 21.4% (10.6)	401, 100.0%
	2004	66, 12.8% (6.1)	61, 11.9% (-2.3)	306, 59.5% (-1.1)	24, 4.7% (-3.3)	57, 11.1% (2.7)	514,100.0%
	2008	29, 6.0% (-0.8)	61, 12.6% (-1.8)	333, 68.5% (3.5)	27, 5.6% (-2.4)	36, 7.4% (-0.7)	486,100.0%
	2012	6, 1.1% (-6.0)	98, 18.0% (2.1)	381, 69.9% (4.5)	55, 10.1% (1.8)	5, 0.9% (-7.0)	545, 100.0%
	2016	13, 2.5% (-4.3)	126, 24.6% (6.7)	276, 53.9% (-4.0)	80, 15.6% (6.8)	17, 3.3% (-4.5)	512, 100.0%
	總和	168, 6.8%	373, 15.2%	1513, 61.6%	203, 8.3%	201, 8.2%	2458, 100.0%

資料來源：劉嘉薇 2014-2016。

說明一：表格中2000年實際期間為1999.3.18～2000.3.17，2004實際期間為2003.3.20～2004.3.19，2008年實際期間為2007.3.22～2008.3.21，2012年實際期間為2011.1.14～2012.1.13，2016年實際期間為2015.1.16～2016.1.15。

說明二：細格中第一個數字為樣本數，第二個數字為橫列百分比，括號內為調整後標準化殘差，殘差絕對值大於1.96，代表該細格與該欄全體總和有顯著差異，以灰階表示。

說明三：$\chi^2 = 367.862$, df = 16, $p < .001$。

　　再者，2008年的新聞報導立場在「中立」此一選項上，占該時期的68.5%，顯著高於全體總和的61.6%；「中立偏統一」此一選項上，占該時期的5.6%，顯著低於全體總和的8.3%，其餘立場大致上與整體相較則無顯著的差異，因此2008年在統獨立場上，以「中立」較為突出。

　　2012年的新聞報導立場為「非常偏獨立」占該時期的1.1%，顯著低於全體總和的6.8%；「中立偏獨立」占該時期的18.0%，顯著高於全體總和的15.2%；「中立」占該時期的69.9%，顯著高於全體總和的61.6%；「非常偏統

一」則占該時期的0.9%，顯著低於全體總和的8.2%，因此2012年在統獨立場上，以「中立偏獨立」和「中立」較爲突出。

最後，2016年的新聞報導立場爲「非常偏獨立」占該時期的2.5%，顯著低於全體總和的6.8%；「中立偏獨立」占該時期的24.6%，顯著高於全體總和的15.2%；「中立」占該時期的53.9%，顯著低於全體總和的61.6%；「中立偏統一」則占該時期的15.6%，顯著高於全體總和的8.3%，「非常偏統一」則占該時期的3.3%，顯著低於全體總和的8.2%，因此2016年在統獨立場上，以「中立偏獨立」和「中立偏統一」較爲突出。

整體而言，相較全體總和，2000年新聞偏向非常偏統一和非常偏獨立，2004年偏向非常偏獨立，2008年無明顯偏向，最後，2012年同時偏向中立偏獨立以及中立偏統一。2016年以「中立偏獨立」和「中立偏統一」較爲突出。

雖然上述表格未有不適合卡方分析的問題，爲求統一，亦將統獨立場合併爲三類，亦即「非常偏獨立」和「中立偏獨立」合併爲「獨立」，「中立偏統一」和「非常偏統一」合併爲「統一」，「中立」仍爲「中立」。表3-13爲「總統大選年份與『社論』統獨立場（三分類）交叉表」，本書發現，2000年獨立的社論文章數與全體總和有顯著差異，獨立占63.7%，顯著高於全體的51.4%；中立占21.4%，顯著低於全體的28.9%；統一占14.9%，顯著低於全體的19.7%。2004年統一的社論文章數均與全體總和具顯著差異，統一占13.5%，顯著低於全體的19.7%。2008年獨立占56.2%，顯著高於全體的51.4%。2012年中立與統一的社論文章數均與全體總和具顯著差異，中立占19.6%，顯著低於全體的28.9%；統一占26.3%，顯著高於全體的19.7%。2016年獨立占36.9%，顯著低於全體的51.4%，中立占38.8%，顯著高於全體的28.9%；統一占24.4%，顯著高於全體的19.7%。整體而言，相較全體總和，2000年社論偏獨立，2004年無明顯偏向，2008年偏獨立，2012年偏統一，最後，2016年偏中立和統一。

表3-13　總統大選年份與「社論」統獨立場（三分類）交叉表

		統獨立場			
		獨立	中立	統一	總和
年份	2000	167, 63.7% (4.3)	56, 21.4% (-2.9)	39, 14.9% (-2.1)	262, 100.0%
	2004	211, 53.7% (1.0)	129, 32.8% (1.9)	53, 13.5% (-3.5)	393, 100.0%
	2008	219, 56.2% (2.1)	100, 25.6% (-1.6)	71, 18.2% (-0.8)	390, 100.0%
	2012	169, 54.2% (1.1)	61, 19.6% (-4.0)	82, 26.3% (3.2)	312, 100.0%
	2016	174, 36.9% (-7.3)	183, 38.8% (5.5)	115, 24.4% (3.0)	472, 100.0%
	總和	940, 51.4%	529, 28.9%	360, 19.7%	1829, 100.0%

資料來源：劉嘉薇 2014-2016。

說明一：表格中2000年實際期間爲1999.3.18～2000.3.17，2004實際期間爲2003.3.20～2004.3.19，2008年實際期間爲2007.3.22～2008.3.21，2012年實際期間爲2011.1.14～2012.1.13，2016年實際期間爲2015.1.16～2016.1.15。

說明二：細格中第一個數字爲樣本數，第二個數字爲橫列百分比，括號內爲調整後標準化殘差，殘差絕對值大於1.96，代表該細格與該欄全體總和有顯著差異，以灰階表示。

說明三：$\chi^2 = 87.055$, df = 8, $p < .001$。

　　再者，表3-14爲「總統大選年份與『新聞報導』統獨立場（三分類）交叉表」。本研究發現，2000年中立和統一的新聞報導文章數均與全體總和有顯著差異，中立占54.1%，顯著低於全體總和的61.6%；統一占25.7%，顯著高於全體總和的16.4%。2004年各種立場的新聞報導文章數均與全體總和無顯著差異。2008年獨立、中立與統一的新聞報導文章數均與全體總和有顯著差異，獨立占18.5%，顯著低於全體總和的22.0%；中立占68.5%，顯著高於全體總和的61.6%；統一占13.0%，顯著低於全體總和的16.4%。2012年中立與統一的新聞報導文章數均與全體總和有顯著差異，中立占69.9%，顯著高於全體總和的

表3-14　總統大選年份與「新聞報導」統獨立場（三分類）交叉表

		統獨立場			
		獨立	中立	統一	總和
年份	2000	81, 20.2% (-1.0)	217, 54.1% (-3.3)	103, 25.7% (5.5)	401, 100.0%
	2004	127, 24.7% (1.7)	306, 59.5% (-1.1)	81, 15.8% (-0.5)	514, 100.0%
	2008	90, 18.5% (-2.1)	333, 68.5% (3.5)	63, 13.0% (-2.3)	486, 100.0%
	2012	104, 19.1% (-1.9)	381, 69.9% (4.5)	60, 11.0% (-3.9)	545, 100.0%
	2016	139, 27.1% (3.2)	276, 53.9% (-4.0)	97, 18.9% (1.7)	512, 100.0%
	總和	541, 22.0%	1513, 61.6%	404, 16.4%	2458, 100.0%

資料來源：劉嘉薇 2014-2016。

說明一：表格中2000年實際期間為1999.3.18～2000.3.17，2004實際期間為2003.3.20～2004.3.19，2008年實際期間為2007.3.22～2008.3.21，2012年實際期間為2011.1.14～2012.1.13，2016年實際期間為2015.1.16～2016.1.15。

說明二：細格中第一個數字為樣本數，第二個數字為橫列百分比，括號內為調整後標準化殘差，殘差絕對值大於1.96，代表該細格與該欄全體總和有顯著差異，以灰階表示。

說明三：$\chi^2 = 68.385$, df = 8, $p < .001$。

61.6%；統一占11.0%，顯著低於全體總和的16.4%。最後，2016年獨立與中立的新聞報導文章數均與全體總和有顯著差異，獨立占27.1%，顯著高於全體總和的22.0%；中立占53.9%，顯著低於全體總和的61.6%。整體而言，相較全體總和，2000年新聞偏統一，2004年無明顯偏向，2008年偏向中立，最後，2012年偏中立，2016年偏向獨立。

　　整體而言，第三章第三節探討報紙的統獨立場，僅比較五次總統選舉的統獨立場，在比較時不分報別，以綜觀四段時間點統獨立場的異同，五類的資料較詳盡，然三類更適合往後的統計模型分析，同樣可減少細格數過小的問題。

第四節　穿梭在不同報紙與時間的統獨立場

　　上述的分析包括統獨立場在年度間的變化，以及報別間的變化。我們若欲瞭解穿梭在不同報紙與不同時間的統獨立場變化，以及不同年份中，不同報紙統獨立場的變化，三層的交叉表將是較佳的分析方式。表3-15為「報紙報別、總統大選年份與『社論』統獨立場（五分類）交叉表」，為控制報別，分析年份與統獨立場關聯的交叉表，因為表3-15中四個交叉表皆有期望次數小於5的細格大於20%的情況，不適用卡方檢定，因此本書推論時將格外小心。由於以上限制，本書以下詮釋將不列出交叉列聯表相關統計量，僅針對細格內數值大小詮釋，也不特別強調顯著性。本書發現，聯合報2000年非常偏獨立、中立、中立偏統一與非常偏統一的社論文章數均與全體總和具差異，非常偏獨立占2.5%，顯著高於全體的0.4%；中立占67.5%，顯著高於全體的44.2%；中立偏統一占0.0%，顯著低於全體的48.4%；非常偏統一占25.0%，顯著高於全體的5.3%。聯合報2004年中立與中立偏統一的社論文章數與全體總和具差異，中立占78.7%，顯著高於全體的44.2%；中立偏統一占19.1%，顯著低於全體的48.4%。聯合報2008年各統獨立場的社論文章數均不與全體總和具差異。聯合報2012年中立、中立偏統一與非常偏統一的社論文章數均與全體總和具差異，中立占23.6%，顯著低於全體的44.2%；中立偏統一占75.0%，顯著高於全體的48.4%；非常偏統一占0.0%，顯著低於全體的5.3%。最後，聯合報2016年中立和中立偏統一的社論文章數均與全體總和具差異，中立占24.2%，顯著低於全體的44.2%；中立偏統一占71.0%，顯著高於全體的48.4%。整體而言，相較全體總和，聯合報自2000年到2016年從非常偏統一到中立，再到無明顯偏向，最後兩年是中立偏統一。

　　再者，中國時報2000年非常偏獨立、中立偏統一與非常偏統一的社論文章數均與全體總和具差異，非常偏獨立占10.2%，高於全體的1.9%；中立偏統一占32.2%，低於全體的54.4%；非常偏統一占11.9%，高於全體的3.1%。中國時報2004年各立場的社論文章數均與全體總和不具顯著差異。中國時報2008年中

表3-15　報紙報別、總統大選年份與「社論」統獨立場（五分類）交叉表

		統獨立場					
		非常偏獨立	中立偏獨立	中立	中立偏統一	非常偏統一	總和
聯合報	2000年	1, 2.5% (2.5)	2, 5.0% (1.7)	27, 67.5% (3.2)	0, 0.0% (-6.6)	10, 25.0% (6.0)	40, 100.0%
	2004年	0, 0.0% (-0.4)	1, 2.1% (0.2)	37, 78.7% (5.2)	9, 19.1% (-4.4)	0, 0.0% (-1.8)	47, 100.0%
	2008年	0, 0.0% (-0.5)	1, 1.6% (-0.1)	30, 46.9% (0.5)	31, 48.4% (0.0)	2, 3.1% (-0.9)	64, 100.0%
	2012年	0, 0.0% (-0.6)	1, 1.4% (-0.3)	17, 23.6% (-5.4)	54, 75.0% (6.9)	0, 0.0% (-2.3)	72, 100.0%
	2016年	0, 0.0% (-0.5)	0, 0.0% (-1.2)	15, 24.2% (-3.6)	44, 71.0% (4.0)	3, 4.8% (-0.2)	62, 100.0%
	總和	1, 0.4%	5, 1.8%	126, 44.2%	138, 48.4%	15, 5.3%	285, 100.0%
中國時報	2000年	6, 10.2% (5.2)	9, 15.3% (2.1)	18, 30.5% (-0.3)	19, 32.2% (-3.8)	7, 11.9% (4.3)	59, 100.0%
	2004年	0, 0.0% (-1.3)	4, 5.6% (-1.0)	25, 34.7% (0.5)	43, 59.7% (1.0)	0, 0.0% (-1.7)	72, 100.0%
	2008年	0, 0.0% (-1.1)	10, 18.9% (3.0)	19, 35.8% (0.6)	24, 45.3% (-1.5)	0, 0.0% (-1.4)	53, 100.0%
	2012年	0, 0.0% (-0.9)	4, 10.8% (0.6)	7, 18.9% (-1.8)	25, 67.6% (1.7)	1, 2.7% (-0.2)	37, 100.0%
	2016年	0, 0.0% (-1.7)	1, 0.0% (-3.6)	34, 34.3% (0.6)	63, 63.6% (2.2)	2, 2.0% (-0.8)	99, 100.0%
	總和	6, 1.9%	27, 8.4%	103, 32.2%	174, 54.4%	10, 3.1%	320, 100.0%
自由時報	2000年	31, 19.0% (-7.7)	118, 72.4% (8.6)	11, 6.7% (-2.0)	3, 1.8% (3.9)		163, 100.0%
	2004年	148, 65.5% (6.5)	52, 23.0% (-6.6)	26, 11.5% (0.2)	0, 0.0% (-1.0)		226, 100.0%

表3-15　報紙報別、總統大選年份與「社論」統獨立場（五分類）交叉表（續）

		統獨立場					
		非常偏獨立	中立偏獨立	中立	中立偏統一	非常偏統一	總和
自由時報	2008年	124, 59.3% (4.2)	78, 37.3% (-1.5)	7, 3.3% (-4.1)	0, 0.0% (-0.9)		209, 100.0%
	2012年	95, 57.2% (3.0)	59, 35.5% (-1.8)	12, 7.2% (-1.8)	0, 0.0% (-0.8)		166, 100.0%
	2016年	52, 25.6% (-6.7)	99, 48.8% (2.2)	52, 25.6% (7.4)	0, 0.0% (-0.9)		72, 100.0%
	總和	450, 46.5%	406, 42.0%	108, 11.2%	3, 0.3%		967, 100.0%
蘋果日報	2004年	1, 2.1% (1.1)	5, 10.4% (-1.3)	41, 85.4% (1.9)	1, 2.1% (-1.6)		48, 100.0%
	2008年	0, 0.0% (-0.8)	6, 9.4% (-1.8)	44, 68.8% (-1.3)	14, 21.9% (4.9)		64, 100.0%
	2012年	1, 2.7% (1.4)	9, 24.3% (1.3)	25, 67.6% (-1.1)	2, 5.4% (-0.6)		37, 100.0%
	2016年	0, 0.0% (-1.2)	23, 21.3% (1.7)	82, 75.9% (0.4)	3, 2.8% (-2.5)		108, 100.0%
	總和	2, 0.8%	43, 16.7%	192, 74.4%	20, 7.8%		257, 100.0%

資料來源：劉嘉薇 2014-2016。

說明一：表格中2000年實際期間為1999.3.18～2000.3.17，2004實際期間為2003.3.20～2004.3.19，2008年實際期間為2007.3.22～2008.3.21，2012年實際期間為2011.1.14～2012.1.13，2016年實際期間為2015.1.16～2016.1.15。

說明二：細格中第一個數字為樣本數，第二個數字為橫列百分比，括號內為調整後標準化殘差，殘差絕對值大於1.96，代表該細格與該欄全體總和有顯著差異，以灰階表示。

說明三：自由時報和蘋果日報空白細格為無「非常偏統一」資料。

說明四：2000年時蘋果日報未出刊，因此無資料。

說明五：聯合報：χ^2 = 121.068, df = 16, p < .001，其他交叉表有期望次數小於5的細格（cell）大於20%的情況，不適用卡方檢定，因此不列統計量，推論時亦將格外小心。

立偏獨立的社論文章數占18.9%，高於全體的8.4%。中國時報2012年各統獨立場的社論文章數與全體總和不具顯著差異。中國時報2016年中立偏獨立的社論文章數占0.0%，低於全體的8.4%；中立偏統一的社論文章數占63.6%，高於全體的54.4%。整體而言，相較全體總和，中國時報自2000年到2016年從非常偏統一和非常偏獨立到無明顯偏向，再到中立偏統一，再到無明顯偏向，最後是中立偏統一。

接著，自由時報2000年非常偏獨立、中立偏獨立與中立偏統一的社論文章數均與全體總和具差異，非常偏獨立占19.0%，低於全體的46.5%；中立偏獨立占72.4%，高於全體的42.0%；中立占6.7%，低於全體的11.2%；中立偏統一占1.8%，高於全體的0.3%。自由時報2004年非常偏獨立與中立偏獨立的社論文章數均與全體總和具顯著差異，非常偏獨立占65.5%，高於全體的46.5%；中立偏獨立占23.0%，低於全體的42.0%。自由時報2008年非常偏獨立與中立的社論文章數均與全體總和具差異，非常偏獨立占59.3%，高於全體的46.5%；中立占3.3%，低於全體的11.2%。自由時報2012年非常偏獨立占57.2%，高於全體的46.5%。自由時報2016年非常偏獨立占25.6%，低於全體的46.5%；中立偏獨立占48.8%，高於全體的42.0%；中立占25.6%，高於全體的11.2%。整體而言，相較全體總和，自由時報自2000年到2016年從中立偏獨立到非常偏獨立，接續兩年非常偏獨立，最後是中立居多。

最後，蘋果日報2004年各統獨立場的社論文章數與全體總和不具差異。蘋果日報2008年中立偏統一的社論文章數與全體總和具差異，中立偏統一占21.9%，高於全體的7.8%。蘋果日報2012年各統獨立場的社論文章數與全體總和不具差異。蘋果日報2016年中立偏統一的社論文章數與全體總和具差異，中立偏統一占2.8%，低於全體的7.8%。整體而言，相較全體總和，蘋果日報自2004年到2012年從中立到中立偏統一，再到中立偏獨立。

表3-16為「報紙報別、總統大選年份與『新聞報導』統獨立場（五分類）交叉表」，為控制報別，分析年份與統獨立場（五分類）關聯的交叉表，因為表3-16中四個交叉表有一個（自由時報）期望值次數小於5的細格大於20%

表3-16　報紙報別、總統大選年份與「新聞報導」統獨立場（五分類）交叉表

		統獨立場					
		非常偏獨立	中立偏獨立	中立	中立偏統一	非常偏統一	總和
聯合報	2000年	15, 9.3% (3.2)	4, 2.5% (-0.4)	98, 60.5% (-2.2)	5, 3.1% (-4.0)	40, 24.7% (5.0)	162, 100.0%
	2004年	8, 6.1% (0.9)	2, 1.5% (-1.1)	87, 66.4% (-0.3)	10, 7.6% (-1.7)	24, 18.3% (2.0)	131, 100.0%
	2008年	8, 6.2% (1.0)	4, 3.1% (0.1)	81, 62.8% (-1.3)	11, 8.5% (-1.3)	25, 19.4% (2.4)	129, 100.0%
	2012年	1, 0.6% (-2.7)	10, 6.3% (2.9)	113, 71.5% (1.2)	34, 21.5% (4.2)	0, 0.0% (-5.5)	158, 100.0%
	2016年	1, 0.7% (-2.4)	1, 0.7% (-1.7)	105, 76.6% (2.5)	26, 19.0% (2.8)	4, 2.9% (-3.9)	137, 100.0%
	總和	33, 4.6%	1, 2.9%	484, 67.5%	86, 12.0%	93, 13.0%	717, 100.0%
中國時報	2000年	27, 15.8% (6.8)	0, 0.0% (-2.7)	90, 52.6% (-6.8)	11, 6.4% (-1.1)	43, 25.1% (7.6)	171, 100.0%
	2004年	12, 8.5% (1.8)	3, 2.1% (-0.8)	104, 73.2% (0.1)	8, 5.6% (-1.4)	15, 10.6% (0.3)	142, 100.0%
	2008年	1, 0.6% (-3.0)	20, 12.7% (7.6)	126, 79.7% (2.1)	6, 3.8% (-2.4)	5, 3.2% (-3.2)	158, 100.0%
	2012年	1, 0.6% (-3.2)	1, 0.6% (-2.2)	153, 86.4% (4.6)	17, 9.6% (0.5)	5, 2.8% (-3.6)	177, 100.0%
	2016年	2, 1.4% (-2.4)	1, 0.7% (-1.9)	105, 72.9% (0.0)	26, 18.1% (4.5)	10, 6.9% (-1.3)	144, 100.0%
	總和	43, 5.4%	25, 3.2%	578, 73.0%	68, 8.6%	78, 9.8%	792, 100.0%
自由時報	2000年	12, 17.6% (1.6)	23, 33.8% (-2.5)	29, 42.6% (1.2)	1, 1.5% (-1.0)	3, 4.4% (3.3)	68, 100.0%
	2004年	35, 25.5% (5.7)	56, 40.9% (-1.9)	45, 32.8% (-0.9)	0, 0.0% (-2.6)	1, 0.7% (-0.2)	137, 100.0%
	2008年	12, 11.1% (-0.3)	30, 27.8% (-4.6)	65, 60.2% (5.8)	1, 0.9% (-1.6)	0, 0.0% (-1.1)	108, 100.0%

表3-16　報紙報別、總統大選年份與「新聞報導」統獨立場（五分類）交叉表（續）

<table>
<tr><td colspan="2" rowspan="2"></td><td colspan="6">統獨立場</td></tr>
<tr><td>非常偏獨立</td><td>中立偏獨立</td><td>中立</td><td>中立偏統一</td><td>非常偏統一</td><td>總和</td></tr>
<tr><td rowspan="3">自由時報</td><td>2012年</td><td>0, 0.0%
(-4.4)</td><td>78, 67.2%
(4.7)</td><td>38, 32.8%
(-0.8)</td><td>0, 0.0%
(-2.3)</td><td>0,0.0%
(-1.1)</td><td>116, 100.0%</td></tr>
<tr><td>2016年</td><td>9, 6.3%
(-2.4)</td><td>86, 60.6%
(3.5)</td><td>28, 19.7%
(-4.6)</td><td>18,12.7%
(6.9)</td><td>1, 0.7%
(-0.3)</td><td>142, 100.0%</td></tr>
<tr><td>總和</td><td>68, 11.9%</td><td>273, 47.8%</td><td>205, 35.9%</td><td>20, 3.5%</td><td>5, 0.9%</td><td>571, 100.0%</td></tr>
<tr><td rowspan="5">蘋果日報</td><td>2004年</td><td>11, 10.6%
(2.1)</td><td>0, 0.0%
(-4.9)</td><td>70, 67.3%
(0.6)</td><td>6, 5.8%
(-0.9)</td><td>17, 16.3%
(4.7)</td><td>104, 100.0%</td></tr>
<tr><td>2008年</td><td>8, 8.8%
(1.1)</td><td>7, 7.7%
(-2.1)</td><td>61, 67.0%
(0.4)</td><td>9, 9.9%
(0.9)</td><td>6, 6.6%
(0.0)</td><td>91, 100.0%</td></tr>
<tr><td>2012年</td><td>4, 4.3%
(-1.0)</td><td>9, 9.6%
(-1.5)</td><td>77, 81.9%
(4.0)</td><td>4, 4.3%
(-1.4)</td><td>0, 0.0%
(-3.0)</td><td>94, 100.0%</td></tr>
<tr><td>2016年</td><td>1, 1.1%
(-2.3)</td><td>38, 42.7%
(8.8)</td><td>38, 42.7%
(-5.1)</td><td>10, 11.2%
(1.4)</td><td>2, 2.2%
(-1.9)</td><td>89, 100.0%</td></tr>
<tr><td>總和</td><td>24, 6.3%</td><td>54, 14.3%</td><td>246, 65.1%</td><td>29, 7.7%</td><td>25, 6.6%</td><td>378, 100.0%</td></tr>
</table>

資料來源：劉嘉薇 2014-2016。

說明一：表格中2000年實際期間為1999.3.18～2000.3.17，2004實際期間為2003.3.20～2004.3.19，2008年實際期間為2007.3.22～2008.3.21，2012年實際期間為2011.1.14～2012.1.13，2016年實際期間為2015.1.16～2016.1.15。

說明二：細格中第一個數字為樣本數，第二個數字為橫列百分比，括號內為調整後標準化殘差，殘差絕對值大於1.96，代表該細格與該欄全體總和有顯著差異，以灰階表示。

說明三：2000年時蘋果日報未出刊，因此無資料。

說明四：聯合報：$\chi^2 = 118.980$, df = 16, $p < .001$；中國時報：$\chi^2 = 207.441$, df = 16, $p <.001$；自由時報：$\chi^2 = 155.281$, df = 16, $p < .001$。

的情況，不適用卡方檢定，因此本研究推論時將格外小心。由於以上限制，本研究以下詮釋將不列出交叉列聯表相關統計量，僅針對細格內數值大小詮釋，也不特別強調顯著性。本研究發現，聯合報2000年非常偏獨立、中立、中立偏統一與非常偏統一的新聞報導文章數均與全體總和具有差異，非常偏

獨立占9.3%，顯著高於全體的4.6%；中立占60.5%，顯著低於全體的67.5%；中立偏統一占3.1%，顯著低於全體的12.0%；非常偏統一占24.7%，顯著高於全體的13.0%。聯合報2004年非常偏統一占18.3%，顯著高於全體的13.0%；2008年非常偏統一占19.4%，顯著高於全體的13.0%。聯合報2012年非常偏獨立、中立偏獨立、中立偏統一與非常偏統一的新聞報導文章數均與全體總和具有差異，非常偏獨立占0.6%，顯著低於全體的4.6%；中立偏獨立占6.3%，顯著高於全體的2.9%；中立偏統一占21.5%，顯著高於全體的12.0%；非常偏統一占0.0%，顯著低於全體的13.0%。聯合報2016年非常偏獨立、中立、中立偏統一與非常偏統一的新聞報導文章數均與全體總和具有差異，非常偏獨立占0.7%，顯著低於全體的4.6%；中立占76.6%，顯著高於全體的67.5%；中立偏統一占19.0%，顯著高於全體的12.0%；非常偏統一占2.9%，顯著低於全體的13.0%。整體而言，相較全體總和，聯合報新聞自2000年到2016年之間，從2000年到2008年的非常偏統一到2012年中立偏統一，再到2016年中立和中立偏統一。

中國時報2000年非常偏獨立、中間偏獨立、中立與非常偏統一的新聞報導文章數均與全體總和具有差異，非常偏獨立占15.8%，顯著高於全體的5.4%；中立偏獨立占0.0%，顯著低於全體的3.2%；中立占52.6%，顯著低於全體的73.0%；非常偏統一占25.1%，顯著高於全體的9.8%。中國時報2004年各統獨立場的新聞報導文章數均不與全體總和具有差異。中國時報2008年非常偏獨立、中間偏獨立、中立、中立偏統一、與非常偏統一的新聞報導文章數均與全體總和具有差異，非常偏獨立占0.6%，顯著低於全體的5.4%；中間偏獨立占12.7%，顯著高於全體的3.2%；中立占79.7%，顯著高於全體的73.0%；中立偏統一占3.8%，顯著低於全體的8.6%；非常偏統一占3.2%，顯著低於全體的9.8%。中國時報2012年非常偏獨立、中間偏獨立、中立、與非常偏統一的新聞報導文章數均與全體總和具有差異，非常偏獨立占0.6%，顯著低於全體的5.4%；中間偏獨立占0.6%，顯著低於全體的3.2%；中立占86.4%，顯著高於全體的73.0%；非常偏統一占2.8%，顯著低於全體的9.8%。中國時報2016年非常

偏獨立與中立偏統一的新聞報導文章數均與全體總和具有差異，非常偏獨立占1.4%，顯著低於全體的5.4%；中立偏統一占18.1%，顯著高於全體的8.6%。整體而言，相較全體總和，中國時報新聞自2000年到2016年，從2000年的非常偏統一和非常偏獨立併呈，到2004年的無明顯偏向，再到2008年的中立偏獨立，2012年的中立，最後是2016年的中立偏統一。

自由時報2000年中立偏獨立和非常偏統一的新聞報導文章數與全體總和具有差異，中立偏獨立占33.8%，顯著低於全體的47.8%；非常偏統一占4.4%，顯著高於全體的0.9%。自由時報2004年非常偏獨立與中立偏統一的新聞報導文章數與全體總和具有差異，非常偏獨立占25.5%，顯著高於全體的11.9%；中立偏統一占0.0%，顯著低於全體的3.5%。自由時報2008年中立偏獨立與中立的新聞報導文章數均與全體總和具有差異，中立偏獨立占27.8%，顯著低於全體的47.8%；中立占60.2%，顯著高於全體的35.9%。自由時報2012年非常偏獨立、中立偏獨立與中立偏統一的新聞報導文章數均與全體總和具有差異，非常偏獨立占0.0%，顯著低於全體的11.9%；中立偏獨立占67.2%，顯著高於全體的47.8%；中立偏統一占0.0%，低於全體的3.5%。自由時報2016年非常偏獨立、中立偏獨立、中立與中立偏統一的新聞報導文章數均與全體總和具有差異，非常偏獨立占6.3%，顯著低於全體的11.9%；中立偏獨立占60.0%，顯著高於全體的47.8%；中立占19.7%，顯著低於全體的35.9%；中立偏統一占12.7%，顯著高於全體的3.5%。整體而言，相較全體總和，自由時報新聞自2000年到2016年，從非常偏統一到非常偏獨立，接續中立、中立偏獨立，最後是中立偏統一和中立偏獨立。

蘋果日報2004年非常偏獨立、中立偏獨立與非常偏統一的新聞報導文章數均與全體總和具有差異，非常偏獨立占10.6%，高於全體的6.3%；中立偏獨立占0.0%，低於全體的14.3%；非常偏統一占16.3%，高於全體的6.6%。蘋果日報2008年中立偏獨立占7.7%，低於全體的14.3%。蘋果日報2012年中立與非常偏統一的新聞報導文章數均與全體總和具有差異，中立占81.9%，高於全體的65.1%；非常偏統一占0.0%，低於全體的6.6%。蘋果日報2016年非常偏獨立、

中立偏獨立和中立的新聞報導文章數均與全體總和具有差異，非常偏獨立占1.1%，顯著低於全體的6.3%；中立偏獨立占42.7%，顯著高於全體的14.3%；中立占42.7%，顯著低於全體的65.1%。整體而言，相較全體總和，蘋果日報新聞自2004年到2016年，從非常偏統一，再回到中立，2016年則是中立偏獨立。

我們進一步以另一種形式的三層交叉表呈現報紙的統獨立場。表3-17為「總統大選年份、報紙報別與『社論』統獨立場（五分類）交叉表」，為控制年份，分析報別與統獨立場關聯的交叉表，因為表3-17中四個交叉表皆有期望次數小於5的細格大於20%的情況，不適用卡方檢定，因此本書推論時將格外小心。由於以上限制，本書以下詮釋將不列出交叉列聯表相關統計量，僅針對細格內數值大小詮釋，也不特別強調顯著性。

本書發現，2000年聯合報非常偏獨立、中立偏獨立、中立、中立偏統一與非常偏統一的社論文章數均與全體總和具差異，非常偏獨立占2.5%，顯著低於全體的14.5%；中立偏獨立占5.0%，顯著低於全體的49.2%；中立占67.5%，顯著高於全體的21.4%；中立偏統一占0.0%，顯著低於全體的8.4%；非常偏統一占25.0%，顯著高於全體的6.5%。2000年中國時報中立偏獨立與中立偏統一的社論文章數與全體總和具差異，中立偏獨立占15.3%，顯著低於全體的49.2%；中立偏統一占32.2%，顯著高於全體的8.4%。2000年自由時報非常偏獨立、中立偏獨立、中立、中立偏統一與非常偏統一的社論文章數均與全體總和具差異，非常偏獨立占19.0%，顯著高於全體的14.5%；中立偏獨立占72.4%，顯著高於全體的49.2%；中立占6.7%，顯著低於全體的21.4%；中立偏統一占1.8%，顯著低於全體的8.4%；非常偏統一占0.0%，顯著低於全體的6.5%。整體而言，相較全體總和，在2000年時，聯合報偏向中立，中國時報偏向中立偏統一，自由時報偏向中立偏獨立。

再者，2004年聯合報非常偏獨立、中立偏獨立與中立的社論文章數均與全體總和具差異，非常偏獨立占0.0%，顯著低於全體的37.9%；中立偏獨立占2.1%，顯著低於全體的15.8%；中立占78.7%，顯著高於全體的32.8%。2004年

表3-17　總統大選年份、報紙報別與「社論」統獨立場（五分類）交叉表

| | | 統獨立場 | | | | |
		非常偏獨立	中立偏獨立	中立	中立偏統一	非常偏統一	總和
2000年	聯合報	1, 2.5% (-2.3)	2, 5.0% (-6.1)	27, 67.5% (7.7)	0, 0.0% (-2.1)	10, 25.0% (5.2)	40, 100.0%
	中國時報	6, 10.2% (-1.1)	9, 15.3% (-5.9)	18, 30.5% (1.9)	19, 32.2% (7.5)	7, 11.9% (1.9)	59, 100.0%
	自由時報	31, 19.0% (2.7)	118, 72.4% (9.6)	11, 6.7% (-7.4)	3, 1.8% (-4.9)	0, 0.0% (-5.5)	163, 100.0%
	總和	38, 14.5%	129, 49.2%	56, 21.4%	22, 8.4%	17, 6.5%	262, 100.0%
2004年	聯合報	0, 0.0% (-5.7)	1, 2.1% (-2.7)	37, 78.7% (7.1)	9, 19.1% (1.2)		47, 100.0%
	中國時報	0, 0.0% (-7.3)	4, 5.6% (-2.6)	25, 34.7% (0.4)	43, 59.7% (12.7)		72, 100.0%
	自由時報	148, 65.5% (13.1)	52, 23.0% (4.6)	26, 11.5% (-10.5)	0, 0.0% (-9.1)		226, 100.0%
	蘋果日報	1, 2.1% (-5.5)	5, 10.4% (-1.1)	41, 85.4% (8.3)	1, 2.1% (-2.5)		48, 100.0%
	總和	149, 37.9%	62, 15.8%	129, 32.8%	53, 13.5%		393, 100.0%
2008年	聯合報	0, 0.0% (-6.0)	1, 1.6% (-4.6)	30, 46.9% (4.3)	31, 48.4% (7.0)	2, 3.1% (4.2)	64, 100.0%
	中國時報	0, 0.0% (-5.3)	10, 18.9% (-1.0)	19, 35.8% (1.8)	24, 45.3% (5.7)	0, 0.0% (-0.6)	53, 100.0%
	自由時報	124, 59.3% (12.5)	78, 37.3% (6.4)	7, 3.3% (-10.8)	0, 0.0% (-9.8)	0, 0.0% (-1.5)	209, 100.0%
	蘋果日報	0, 0.0% (-6.0)	6, 9.4% (-3.1)	44, 68.8% (8.6)	14, 21.9% (1.0)	0, 0.0% (-0.6)	64, 100.0%
	總和	124, 31.8%	95, 24.4%	100, 25.6%	69, 17.7%	2, 0.5%	390, 100.0%

表3-17　總統大選年份、報紙報別與「社論」統獨立場（五分類）交叉表（續）

		統獨立場					
		非常偏獨立	中立偏獨立	中立	中立偏統一	非常偏統一	總和
2012年	聯合報	0, 0.0% (-6.4)	1, 1.4% (-5.0)	17, 23.6% (1.0)	54, 75.0% (10.8)	0, 0.0% (-0.5)	72, 100.0%
	中國時報	0, 0.0% (-4.3)	4, 10.8% (-1.9)	7, 18.9% (-0.1)	25, 67.6% (6.1)	1, 2.7% (2.7)	37, 100.0%
	自由時報	95, 57.2% (10.8)	59, 35.5% (5.4)	12, 7.2% (-5.9)	0, 0.0% (-11.2)	0, 0.0% (-1.1)	166, 100.0%
	蘋果日報	1, 2.7% (-3.9)	9, 24.3% (0.1)	25, 67.6% (7.8)	2, 5.4% (-3.0)	0, 0.0% (-0.4)	37, 100.0%
	總和	96, 30.8%	73, 23.4%	61, 19.6%	81, 26.0%	1, 0.3%	312, 100.0%
2016年	聯合報	0, 0.0% (-3.0)	1, 0.0% (-5.0)	15, 24.2% (-2.5)	44, 71.0% (9.5)	3, 4.8% (3.1)	62, 100.0%
	中國時報	0, 0.0% (-3.9)	0, 0.0% (-6.6)	34, 34.3% (-1.0)	63, 63.6% (10.7)	2, 2.0% (1.1)	99, 100.0%
	自由時報	52, 25.6% (8.8)	99, 48.8% (9.9)	52, 25.6% (-5.1)	0, 0.0% (-10.4)	0, 0.0% (-2.0)	203, 100.0%
	蘋果日報	1, 2.7% (-4.2)	23, 21.3% (-1.2)	82, 75.9% (9.0)	3, 2.8% (-5.7)	0, 0.0% (-1.2)	108, 100.0%
	總和	52, 11.0%	122, 25.8%	183, 38.8%	110, 23.3%	5, 1.1%	472, 100.0%

資料來源：劉嘉薇 2014-2016。

說明一：表格中2000年實際期間爲1999.3.18～2000.3.17，2004實際期間爲2003.3.20～2004.3.19，2008年實際期間爲2007.3.22～2008.3.21，2012年實際期間爲2011.1.14～2012.1.13，2016年實際期間爲2015.1.16～2016.1.15。

說明二：細格中第一個數字爲樣本數，第二個數字爲橫列百分比，括號內爲調整後標準化殘差，殘差絕對值大於1.96，代表該細格與該欄全體總和有顯著差異，以灰階表示。

說明三：2004年空白細格爲無「非常偏統一」資料。

說明四：2000年時蘋果日報未出刊，因此無資料。

說明五：2000年：χ^2 = 198.802, df = 8, $p < .001$；2004年：χ^2 = 377.720, df = 8, $p < .001$；2008年：χ^2 = 347.104, df = 12, $p < .001$；2012年：χ^2 = 313.723, df = 12, $p < .001$；2016年：χ^2 = 412.951, df = 12, $p < .001$。

中國時報非常偏獨立、中立偏獨立與中立偏統一的社論文章數均與全體總和具差異，非常偏獨立占0.0%，顯著低於全體的37.9%；中立偏獨立占5.6%，顯著低於全體的15.8%；中立偏統一占59.7%，顯著高於全體的13.5%。2004年自由時報非常偏獨立、中立偏獨立、中立與中立偏統一的社論文章數均與全體總和具差異，非常偏獨立占65.5%，顯著高於全體的37.9%；中立偏獨立占23.0%，顯著高於全體的15.8%；中立占11.5%，顯著低於全體的32.8%；中立偏統一占0.0%，顯著低於全體的13.5%。2004年蘋果日報非常偏獨立、中立與中立偏統一的社論文章數均與全體總和具差異，非常偏獨立占2.1%，顯著低於全體的37.9%；中立占85.4%，顯著高於全體的32.8%；中立偏統一占2.1%，顯著低於全體的13.5%。整體而言，相較全體總和，在2004年中，聯合報偏向中立，中國時報偏向中立偏統一，自由時報偏向非常偏獨立，蘋果日報偏向中立。

接著，2008年聯合報非常偏獨立、中立偏獨立、中立、中立偏統一與非常偏統一的社論文章數均與全體總和具差異，非常偏獨立占0.0%，顯著低於全體的31.8%；中立偏獨立占1.6%，顯著低於全體的24.4%；中立占46.9%，高於全體的25.6%；中立偏統一占48.4%，顯著高於全體的17.7%；非常偏統一占3.1%，顯著高於全體的0.5%。2008年中國時報非常偏獨立與中立偏統一的社論文章數均與全體總和具差異，非常偏獨立占0.0%，顯著低於全體的31.8%；中立偏統一占45.3%，顯著高於全體的17.7%。2008年自由時報非常偏獨立、中立偏獨立、中立與中立偏統一的社論文章數均與全體總和具差異，非常偏獨立占59.3%，顯著高於全體的31.8%；中立偏獨立占37.3%，顯著高於全體的24.4%；中立占3.3%，顯著低於全體的25.6%；中立偏統一占0.0%，顯著低於全體的17.7%。2008年蘋果日報非常偏獨立、中立偏獨立與中立的社論文章數均與全體總和具差異，非常偏獨立占0.0%，顯著低於全體的31.8%；中立偏獨立占9.4%，顯著低於全體的24.4%；中立占68.8%，顯著高於全體的25.6%。整體而言，相較全體總和，在2008年中，聯合報偏向中立偏統一，中國時報偏向中立偏統一，自由時報偏向非常偏獨立，蘋果日報偏向中立。

再者，2012年聯合報非常偏獨立、中立偏獨立與中立偏統一的社論文章

數均與全體總和具差異，非常偏獨立占0.0%，顯著低於全體的30.8%；中立偏獨立占1.4%，顯著低於全體的23.4%；中立偏統一占75.0%，顯著高於全體的26.0%。2012年中國時報非常偏獨立、中立偏統一與非常偏統一的社論文章數均與全體總和具差異，非常偏獨立占0.0%，顯著低於全體的30.8%；中立偏統一占67.6%，顯著高於全體的26.0%；非常偏統一占2.7%，顯著高於全體的0.3%。2012年自由時報非常偏獨立、中立偏獨立、中立與中立偏統一的社論文章數均與全體總和具差異，非常偏獨立占57.2%，顯著高於全體的30.8%；中立偏獨立占35.5%，顯著高於全體的23.4%；中立占7.2%，顯著低於全體的19.6%；中立偏統一占0.0%，顯著低於全體的26.0%。2012年蘋果日報非常偏獨立、中立與中立偏統一的社論文章數均與全體總和具差異，非常偏獨立占2.7%，顯著低於全體的30.8%；中立占67.6%，顯著高於全體的19.6%；中立偏統一占5.4%，顯著低於全體的26.0%。整體而言，相較全體總和，在2012年中，聯合報相較其他報紙中立偏統一，中國時報亦爲偏中立偏統一，自由時報偏非常偏獨立，蘋果日報偏中立。

最後，2016年聯合報非常偏獨立、中立偏獨立、中立、中立偏統一與非常偏統一的社論文章數均與全體總和具差異，非常偏獨立占0.0%，顯著低於全體的11.0%；中立偏獨立占0.0%，顯著低於全體的25.8%；中立占24.2%，顯著低於全體的38.8%；中立偏統一占71.0%，顯著高於全體的23.3%；非常偏統一占4.8%，顯著高於全體的1.1%。2016年中國時報非常偏獨立、中立偏獨立與中立偏統一的社論文章數均與全體總和具差異，非常偏獨立占0.0%，顯著低於全體的11.0%；中立偏獨立占0.0%，顯著低於全體的25.8%；中立偏統一占63.6%，顯著高於全體的23.3%。2016年自由時報非常偏獨立、中立偏獨立、中立、中立偏統一與非常偏統一的社論文章數均與全體總和具差異，非常偏獨立占25.6%，顯著高於全體的11.0%；中立偏獨立占48.8%，顯著高於全體的25.8%；中立占25.6%，顯著低於全體的38.8%；中立偏統一占0.0%，顯著低於全體的23.3%；非常偏統一占0.0%，顯著低於全體的1.1%。2016年蘋果日報非常偏獨立、中立與中立偏統一的社論文章數均與全體總和具差異，非常偏獨立

占2.7%，顯著低於全體的11.0%；中立占75.9%，顯著高於全體的38.8%；中立偏統一占2.8%，顯著低於全體的23.3%。

表3-18為「總統大選年份、報紙報別與『新聞報導』統獨立場（五分類）交叉表」，為控制年份，分析報紙報別與統獨立場關聯的交叉表，因為表3-18中四個交叉表有一個（2012年）期望值次數小於5的細格大於20%的情況，不適用卡方檢定，因此本研究推論此一表格時將格外小心。由於以上限制，本研究以下詮釋將不列出交叉列聯表相關統計量，僅針對細格內數值大小詮釋，也不特別強調顯著性。本研究發現，2000年聯合報非常偏獨立、中立偏獨立與中立的新聞報導文章數均與全體總和具有差異，非常偏獨立占9.3%，顯著低於全體總和的13.5%；中立偏獨立占2.5%，顯著低於全體的6.7%；中立占60.5%，顯著高於全體的54.1%。2000年中國時報僅有中立偏獨立的新聞報導文章數與全體總和具有差異，中立偏獨立占0.0%，顯著低於全體的6.7%。2000年自由時報中立偏獨立、中立與非常偏統一的新聞報導文章數均與全體總和具有差異，中立偏獨立占33.8%，顯著高於全體的6.7%；中立占42.6%，顯著低於全體的54.1%；非常偏統一占4.4%，顯著低於全體的21.4%。整體而言，相較全體總和，在2000年中，聯合報新聞偏中立，中國時報無明顯偏向，自由時報偏中立偏獨立。

2004年的聯合報非常偏獨立、中立偏獨立與非常偏統一的新聞報導文章數均與全體總和具有差異，非常偏獨立占6.1%，低於全體的12.8%；中立偏獨立占1.5%，顯著低於全體的11.9%；非常偏統一占18.3%，顯著高於全體的11.1%。2004年中國時報中立偏獨立與中立的新聞報導文章數均與全體總和具有差異，中立偏獨立占2.1%，顯著低於全體的11.9%；中立占73.2%，顯著高於全體的59.5%。2004年自由時報非常偏獨立、中立偏獨立、中立、中立偏統一與非常偏統一的新聞報導文章數均與全體總和具有差異，非常偏獨立占25.5%，顯著高於全體的12.8%；中立偏獨立占40.9%，顯著高於全體的11.9%；中立占32.8%，顯著低於全體的59.5%；中立偏統一占0.0%，顯著低於全體的4.7%；非常偏統一占0.7%，顯著低於全體的11.1%。2004年蘋果日報僅

表3-18　總統大選年份、報紙報別與「新聞報導」統獨立場（五分類）交叉表

		統獨立場					
		非常偏獨立	中立偏獨立	中立	中立偏統一	非常偏統一	總和
2000年	聯合報	15, 9.3% (-2.0)	4, 2.5% (-2.8)	98, 60.5% (2.1)	5, 3.1% (-0.9)	40, 24.7% (1.3)	162, 100.0%
	中國時報	27, 15.8% (1.2)	0, 0.0% (-4.6)	90, 52.6% (-0.5)	11, 6.4% (1.9)	43, 25.1% (1.6)	171, 100.0%
	自由時報	12, 17.6% (1.1)	23, 33.8% (9.8)	29, 42.6% (-2.1)	1, 1.5% (-1.2)	3, 4.4% (-3.8)	68, 100.0%
	總和	54, 13.5%	27, 6.7%	217, 54.1%	17, 4.2%	86, 21.4%	401, 100.0%
2004年	聯合報	8, 6.1% (-2.7)	2, 1.5% (-4.2)	87, 66.4% (1.9)	10, 7.6% (1.9)	24, 18.3% (3.1)	131, 100.0%
	中國時報	12, 8.5% (-1.8)	3, 2.1% (-4.2)	104, 73.2% (3.9)	8, 5.6% (0.6)	15, 10.6% (-0.2.)	142, 100.0%
	自由時報	35, 25.5% (5.2)	56, 40.9% (12.3)	45, 32.8% (-7.4)	0, 0.0% (-3.0)	1, 0.7% (-4.5)	137, 100.0%
	蘋果日報	11, 10.6% (-0.8)	0, 0.0% (-4.2)	70, 67.3% (1.8)	6, 5.8% (0.6)	17, 16.3% (1.9)	104, 100.0%
	總和	66, 12.8%	61, 11.9%	306, 59.5%	24, 4.7%	57, 11.1%	514, 100.0%
2008年	聯合報	8, 6.2% (0.1)	4, 3.1% (-3.8)	81, 62.8% (-1.6)	11, 8.5% (1.7)	25, 19.4% (6.1)	129, 100.0%
	中國時報	1, 0.6% (-3.4)	20, 12.7% (0.0)	126, 79.7% (3.7)	6, 3.8% (-1.2)	5, 3.2% (-2.5)	158, 100.0%
	自由時報	12, 11.1% (2.6)	30, 27.8% (5.4)	65, 60.2% (-2.1)	1, 0.9% (-2.4)	0, 0.0% (-3.3)	108, 100.0%
	蘋果日報	8, 8.8% (1.3)	7, 7.7% (-1.6)	61, 60.7% (-0.3)	9, 9.9% (2.0)	6, 6.6% (-0.3)	91, 100.0%
	總和	29, 6.0%	61, 12.6%	333, 68.5%	27, 5.6%	36, 7.4%	486, 100.0%

表3-18　總統大選年份、報紙報別與「新聞報導」統獨立場（五分類）交叉表（續）

		統獨立場					
		非常偏獨立	中立偏獨立	中立	中立偏統一	非常偏統一	總和
2012年	聯合報	1, 0.6% (-0.7)	10, 6.3% (-4.5)	113, 71.5% (0.5)	34, 21.5% (5.7)	0, 0.0% (-1.4)	158, 100.0%
	中國時報	1, 0.6% (-0.8)	1, 0.6% (-7.3)	153, 86.4% (5.8)	17, 9.6% (-0.3)	5, 2.8% (3.2)	177, 100.0%
	自由時報	0, 0.0% (-1.3)	78, 67.2% (15.6)	38, 32.8% (-9.8)	0, 0.0% (-4.1)	0, 0.0% (-1.2)	116, 100.0%
	蘋果日報	4, 4.3% (3.2)	9, 9.6% (-2.3)	77, 81.9% (2.8)	4, 4.3% (-2.1)	0, 0.0% (-1.0)	94, 100.0%
	總和	6, 1.1%	98, 18.0%	381, 69.9%	55, 10.1%	5, 0.9%	545, 100.0%
2016年	聯合報	1, 0.7% (-1.6)	1, 0.7% (-7.6)	105, 76.6% (6.2)	26, 19.0% (1.3)	4, 2.9% (-0.3)	137, 100.0%
	中國時報	2, 1.4% (-1.0)	1, 0.7% (-7.9)	105, 72.9% (5.4)	26, 18.1% (0.9)	10, 6.9% (2.9)	144, 100.0%
	自由時報	9, 6.3% (3.4)	86, 60.6% (11.7)	28, 19.7% (-9.6)	18, 12.7% (-1.1)	1, 0.7% (-2.0)	142, 100.0%
	蘋果日報	1, 1.1% (-0.9)	38, 42.7% (4.4)	38, 42.7% (-2.3)	10, 11.2% (-1.3)	2, 2.2% (-0.6)	89, 100.0%
	總和	13, 2.5%	126, 24.6%	276, 53.9%	80, 15.6%	17, 3.3%	512, 100.0%

資料來源：劉嘉薇 2014-2016。

說明一：表格中2000年實際期間為1999.3.18～2000.3.17，2004實際期間為2003.3.20～2004.3.19，2008年實際期間為2007.3.22～2008.3.21，2012年實際期間為2011.1.14～2012.1.13，2016年實際期間為2015.1.16～2016.1.15。

說明二：細格中第一個數字為樣本數，第二個數字為橫列百分比，括號內為調整後標準化殘差，殘差絕對值大於1.96，代表該細格與該欄全體總和有顯著差異，以灰階表示。

說明三：2000年時蘋果日報未出刊，因此無資料。

說明四：2000年：$\chi^2 = 111.409$, df = 8, $p < .001$；2004年：$\chi^2 = 211.515$, df = 12, $p < .001$；2008年：$\chi^2 = 96.100$, df = 12, $p < .001$；2012年：$\chi^2 = 290.147$, df = 12, $p < .001$；2016年：$\chi^2 = 230.993$, df = 12, $p < .001$。

有中立偏獨立的新聞報導文章數與全體總和具有差異，中立偏獨立占0.0%，顯著低於全體的11.9%。整體而言，相較全體總和，在2004年中，聯合報新聞偏向非常偏統一，中國時報偏向中立，自由時報偏向中立偏獨立，蘋果日報則無明顯偏向。

　　2008年的聯合報中立偏獨立與非常偏統一的新聞報導文章數均與全體總和具有差異，中立偏獨立占3.1%，顯著低於全體的12.6%；非常偏統一占19.4%，顯著高於全體的7.4%。2008年中國時報非常偏獨立、中立與非常偏統一的新聞報導文章數均與全體總和具有差異，非常偏獨立占0.6%，顯著低於全體的6.0%；中立占79.7%，顯著高於全體的68.5%；非常偏統一占3.2%，顯著低於全體的7.4%。2008年自由時報非常偏獨立、中立偏獨立、中立、中立偏統一與非常偏統一的新聞報導文章數均與全體總和具有差異，非常偏獨立占11.1，顯著高於全體的6.0%；中立偏獨立占27.8%，顯著高於全體的12.6%；中立占60.2%，顯著低於全體的68.5%；中立偏統一占0.9%，顯著低於全體的5.6%；非常偏統一占0.0%，顯著低於全體的7.4%。2008年蘋果日報僅有中立偏統一的新聞報導文章數與全體總和具有差異，中立偏統一占9.9%，顯著高於全體的5.6%。整體而言，相較全體總和，在2008年中，聯合報新聞偏向非常偏統一，中國時報偏中立，自由時報偏向中立偏獨立，蘋果日報偏向中立偏統一。

　　2012年的聯合報中立偏獨立與中立偏統一的新聞報導文章數均與全體總和具有差異，中立偏獨立占6.3%，顯著低於全體的18.0%；中立偏統一占21.5%，顯著高於全體的10.1%。2012年中國時報中立偏獨立、中立與非常偏統一的新聞報導文章數均與全體總和具有差異，中立偏獨立占0.6%，顯著低於全體的18.0%；中立占86.4%，顯著高於全體的69.9%；非常偏統一占2.8%，顯著高於全體的0.9%。2012年自由時報中立偏獨立、中立與中立偏統一的新聞報導文章數均與全體總和具有差異，中立偏獨立占67.2%，顯著高於全體的18.0%；中立占32.8%，顯著低於全體的69.9%；中立偏統一占0.0%，顯著低於全體的10.1%。2012年蘋果日報非常偏獨立、中立偏獨立、中立與中立偏統一

的新聞報導文章數與全體總和具有差異，非常偏獨立占4.3%，顯著高於全體的1.1%；中立偏獨立占9.6%，顯著低於全體的18.0%；中立占81.9%，顯著高於全體的69.9%；中立偏統一占4.3%，顯著低於全體的10.1%。整體而言，相較全體總和，在2012年中，聯合報相較其他報紙偏向中立偏統一，中國時報偏向中立，自由時報偏中立偏獨立，蘋果日報偏中立。

最後，2016年的聯合報中立偏獨立與中立的新聞報導文章數均與全體總和具有差異，中立偏獨立占0.7%，顯著低於全體的24.6%；中立占76.6%，顯著高於全體的53.9%。2016年中國時報中立偏獨立、中立與非常偏統一的新聞報導文章數均與全體總和具有差異，中立偏獨立占0.7%，顯著低於全體的24.6%；中立占72.9%，顯著低於全體的53.9%；非常偏統一占6.9%，顯著高於全體的3.3%。2016年自由時報非常偏獨立、中立偏獨立、中立與非常偏統一的新聞報導文章數均與全體總和具有差異，非常偏獨立占6.3%，顯著高於全體的2.5%；中立偏獨立占60.6%，顯著高於全體的24.6%；中立占19.7%，顯著低於全體的53.9%；非常偏統一占0.7%，顯著低於全體的3.3%。2016年蘋果日報中立偏獨立和中立的新聞報導文章數與全體總和具有差異，中立偏獨立占42.7%，顯著高於全體的24.6%；中立占42.7%，顯著低於全體的53.9%。整體而言，相較全體總和，在2016年中，蘋果日報相較其他報紙偏向中立，中國時報偏向中立和非常偏統一，自由時報偏非常偏獨立和中立偏獨立，蘋果日報偏中立偏獨立。

本書進一步將統獨立場合併為三類，使其立場較為集中，亦即「非常偏獨立」和「中立偏獨立」合併為「獨立」，「中立偏統一」和「非常偏統一」合併為「統一」，「中立」仍為「中立」。表3-19為「報紙報別、總統大選年份與『社論』統獨立場（三分類）交叉表」，為控制報別，分析年份與統獨立場關聯的交叉表。本書發現，聯合報2000年獨立、中立與統一的社論文章數均與全體總和有差異，獨立占7.5%，顯著高於全體的2.1%；中立占67.5%，顯著高於全體的44.2%；統一占25.0%，顯著低於全體的53.7%。聯合報2004年中立與統一的社論文章數均與全體總和具差異，中立占78.7%，顯著高於全體

表3-19 報紙報別、總統大選年份與「社論」統獨立場（三分類）交叉表

		統獨立場			
		獨立	中立	統一	總和
聯合報	2000	3, 7.5% (2.6)	27, 67.5% (3.2)	10, 25.0% (-3.9)	40, 100.0%
	2004	1, 2.1% (0.0)	37, 78.7% (5.2)	9, 19.1% (-5.2)	47, 100.0%
	2008	1, 1.6% (-0.3)	30, 46.9% (0.5)	33, 51.6% (-0.4)	64, 100.0%
	2012	1, 1.4% (-0.5)	17, 23.6% (-4.1)	54, 75.0% (4.2)	72, 100.0%
	2016	0, 0.0% (-1.3)	15, 24.2% (-3.6)	47, 75.8% (3.9)	72, 100.0%
	總和	6, 2.1%	126, 44.2%	153, 53.7%	285, 100.0%
中國時報	2000	15, 25.4% (4.2)	18, 30.5% (-0.3)	26, 44.1% (-2.3)	59, 100.0%
	2004	4, 5.6% (-1.5)	25, 34.7% (0.5)	43, 59.7% (0.4)	72, 100.0%
	2008	10, 18.9% (2.2)	19, 35.8% (0.6)	24, 45.3% (-2.0)	53, 100.0%
	2012	4, 10.8% (0.1)	7, 18.9% (-1.8)	26, 70.3% (1.7)	37, 100.0%
	2016	0, 0.0% (-4.1)	34, 34.3% (0.6)	65, 65.7% (2.0)	99, 100.0%
	總和	33, 10.3%	103, 32.2%	184, 57.5%	320, 100.0%
自由時報	2000	149, 91.4% (1.3)	11, 6.7% (-2.0)	3, 1.8% (3.9)	163, 100.0%
	2004	200, 88.5% (0.0)	26, 11.5% (0.2)	0, 0.0% (-1.0)	226, 100.0%
	2008	202, 96.7% (4.2)	7, 3.3% (-4.1)	0, 0.0% (-0.9)	209, 100.0%

表3-19　報紙報別、總統大選年份與「社論」統獨立場（三分類）交叉表（續）

		統獨立場			
		獨立	中立	統一	總和
自由時報	2012	154, 92.8% (1.9)	12, 7.2% (-1.8)	0, 0.0% (-0.8)	166, 100.0%
	2016	151, 74.4% (-7.1)	52, 25.6% (7.4)	0, 0.0% (-0.9)	203, 100.0%
	總和	856, 88.5%	108, 11.2%	3, 0.3%	967, 100.0%
蘋果日報	2004	6, 12.5% (-1.0)	41, 85.4% (1.9)	1, 2.1% (-1.6)	48, 100.0%
	2008	6, 9.4% (-2.0)	44, 68.8% (-1.3)	14, 21.9% (4.9)	64, 100.0%
	2012	10, 27.0% (1.6)	25, 67.6% (-1.1)	2, 5.4% (-0.6)	37, 100.0%
	2016	23, 21.3% (1.4)	82, 75.9% (0.4)	3, 2.8% (-2.5)	108, 100.0%
	總和	45, 17.5%	192, 74.7%	20, 7.8%	257, 100.0%

資料來源：劉嘉薇 2014-2016。

說明一：表格中2000年實際期間為1999.3.18～2000.3.17，2004實際期間為2003.3.20～2004.3.19，2008年實際期間為2007.3.22～2008.3.21，2012年實際期間為2011.1.14～2012.1.13，2016年實際期間為2015.1.16～2016.1.15。

說明二：細格中第一個數字為樣本數，第二個數字為橫列百分比，括號內為調整後標準化殘差，殘差絕對值大於1.96，代表該細格與該欄全體總和有顯著差異，以灰階表示。

說明三：聯合報：χ^2 = 65.675, df = 8, p < .001；自由時報：χ^2 = 75.993, df = 8, p < .001。其他交叉表有期望次數小於5的細格（cell）大於20%的情況，不適用卡方檢定，因此不列統計量，推論時亦將格外小心。

說明四：2000年時蘋果日報未出刊，因此無資料。

的44.2%；統一占19.1%，顯著低於全體的53.7%。聯合報2008年獨立、中立與統一的社論文章數均不與全體總和具差異。聯合報2012年中立與統一的社論文章數均與全體總和具差異，中立占23.6%，顯著低於全體的44.2%；統一占75.0%，顯著高於全體的53.7%。聯合報2016年中立與統一的社論文章數均與

全體總和具差異，中立占24.2%，顯著低於全體的44.2%；統一占75.8%，顯著高於全體的53.7%。整體而言，相較全體總和，聯合報自2000到2016年從中立，再持續維持中立，再到無明顯偏向，最後兩年是偏統一。

　　再者，中國時報2000年獨立的社論文章數與全體總和具差異，占25.4%，高於全體的10.3%；統一占44.1%，低於全體的57.5%。中國時報2004年各統獨立場與全體總和不具差異。2008年獨立與統一的社論文章數與全體總和具差異，獨立占18.9%，高於全體的10.3%；統一占45.3%，低於全體的57.5%。中國時報2012年各統獨立場與全體總和不具差異。2016年獨立與統一的社論文章數與全體總和具差異，獨立占0.0%，低於全體的10.3%；統一占65.7%，高於全體的57.5%。整體而言，相較全體總和，中國時報自2000年到2016年從偏獨立到無明顯偏向，再到獨立，再到維持無明顯偏向，最後是偏統一。

　　接著，自由時報2000年中立與統一的社論文章數與全體總和具差異，中立占6.7%，顯著低於全體的11.2%；統一占1.8%，顯著高於全體的0.3%。自由時報2004年各統獨立場的社論文章數均與全體總和不具差異。自由時報2008年獨立與中立與全體總和具差異，獨立占96.7%，顯著高於全體的88.5%；中立占3.3%，顯著低於全體的11.2%。2012年各統獨立場的社論文章數均與全體總和不具差異。自由時報2016年獨立與中立與全體總和具差異，獨立占74.4%，顯著低於全體的88.5%；中立占25.6%，顯著高於全體的11.2%。整體而言，相較全體總和，自由時報自2000年到2016年從偏統一，接續無明顯偏向，再者是偏獨立，接續是無明顯偏向，最後是中立。

　　最後，蘋果日報2004年各統獨立場的社論文章數均與全體總和不具差異。蘋果日報2008年獨立與統一的社論文章數與全體總和具差異，獨立占9.4%，低於全體的17.5%；統一占21.9%，高於全體的7.8%。蘋果日報2012年各統獨立場的社論文章數均與全體總和不具差異。2016年統一占2.8%，低於全體的7.8%。整體而言，相較全體總和，蘋果日報自2004年到2016年，從無明顯偏向到偏統一，再到無明顯偏向。

　　再者，表3-20為「報紙報別、總統大選年份與『新聞報導』統獨立場（三

分類）交叉表」，為控制年份，分析報紙報別與統獨立場關聯的交叉表。本書將統獨立場合併為三類，亦即「非常偏獨立」和「中立偏獨立」合併為「獨立」，「中立偏統一」和「非常偏統一」合併為「統一」，「中立」仍為「中立」，此舉的目的在於減少細格數，避免不適用卡方檢定的問題。本研究發現，聯合報2000年獨立與中立的新聞報導文章數均與全體總和有差異，獨立

表3-20　報紙報別、總統大選年份與「新聞報導」統獨立場（三分類）交叉表

		統獨立場			
		獨立	中立	統一	總和
聯合報	2000	19, 11.7% (2.3)	98, 60.5% (-2.2)	45, 27.8% (0.9)	162, 100.0%
	2004	10, 7.6% (0.0)	87, 66.4% (-0.3)	34, 26.0% (0.3)	131, 100.0%
	2008	12, 9.3% (0.8)	81, 62.8% (-1.3)	36, 27.9% (0.9)	129, 100.0%
	2012	11, 7.0% (-0.3)	113, 71.5% (1.2)	34, 21.5% (-1.1)	158, 100.0%
	2016	2, 1.5% (-3.0)	105, 76.6% (2.5)	30, 21.9% (-0.9)	137, 100.0%
	總和	54, 7.5%	484, 67.5%	179, 25.0%	717, 100.0%
中國時報	2000	27, 15.8% (3.8)	90, 52.6% (-6.8)	54, 31.6% (5.0)	171, 100.0%
	2004	15, 10.6% (0.9)	104, 73.2% (0.1)	23, 16.2% (-0.8)	142, 100.0%
	2008	21, 13.3% (2.4)	126, 79.7% (2.1)	11, 7.0% (-4.2)	158, 100.0%
	2012	2, 1.1% (-4.0)	153, 86.4% (4.6)	22, 12.4% (-2.3)	177, 100.0%
	2016	3, 2.1% (-3.1)	105, 72.9% (0.0)	36, 25.0% (2.2)	144, 100.0%
	總和	68, 8.6%	578, 73.0%	146, 18.4%	792, 100.0%

表3-20 報紙報別、總統大選年份與「新聞報導」統獨立場（三分類）交叉表（續）

		統獨立場			
		獨立	中立	統一	總和
自由時報	2000	35, 51.5% (-1.5)	29, 42.6% (1.2)	4, 5.9% (0.6)	68, 100.0%
	2004	91, 66.4% (1.8)	45, 32.8% (-0.9)	1, 0.7% (-2.4)	137, 100.0%
	2008	42, 38.9% (-4.9)	65, 60.2% (5.8)	1, 0.9% (-1.9)	108, 100.0%
自由時報	2012	78, 67.2% (1.9)	38, 32.8% (-0.8)	0, 0.0% (-2.6)	116, 100.0%
	2016	95, 66.9% (2.0)	28, 19.7% (-4.6)	19, 13.4% (6.0)	142, 100.0%
	總和	341, 59.7%	205, 35.9%	25, 4.4%	571, 100.0%
蘋果日報	2004	11, 10.6% (-3.0)	70, 67.3% (0.6)	23, 22.1% (2.7)	104, 100.0%
	2008	15, 16.5% (-1.1)	61, 67.0% (0.4)	15, 16.5% (0.7)	91, 100.0%
	2012	13, 13.8% (-1.9)	77, 81.9% (4.0)	4, 4.3% (-3.1)	94, 100.0%
	2016	39, 43.8% (6.2)	38, 42.7% (-5.1)	12, 13.5% (-0.2)	89, 100.0%
	總和	78, 20.6%	246, 65.1%	54, 14.3%	378, 100.0%

資料來源：劉嘉薇 2014-2016。

說明一：表格中2000年實際期間為1999.3.18～2000.3.17，2004實際期間為2003.3.20～2004.3.19，2008年實際期間為2007.3.22～2008.3.21，2012年實際期間為2011.1.14～2012.1.13，2016年實際期間為2015.1.16～2016.1.15。

說明二：細格中第一個數字為樣本數，第二個數字為橫列百分比，括號內為調整後標準化殘差，殘差絕對值大於1.96，代表該細格與該欄全體總和有顯著差異，以灰階表示。

說明三：聯合報：$\chi^2 = 17.081$, df = 8, $p < .05$；中國時報：$\chi^2 = 83.220$, df = 8, $p < .001$；自由時報：$\chi^2 = 80.431$, df = 8, $p < .001$；蘋果日報：$\chi^2 = 53.662$, df = 6, $p < .001$。

說明四：2000年時蘋果日報未出刊，因此無資料。

占11.7%，顯著高於全體的7.5%；中立占60.5%，顯著低於全體的67.5%。聯合報2004年、2008年和2012年各統獨立場的新聞報導文章數均與全體總和無差異。聯合報2016年獨立與中立的新聞報導文章數均與全體總和有差異，獨立占1.5%，顯著低於全體的7.5%；中立占76.6%，顯著高於全體的67.5%。整體而言，相較全體總和，聯合報新聞自2000年到2016年從偏獨立到無明顯偏向，最後是中立。

中國時報2000年獨立、中立與統一的新聞報導文章數均與全體總和有差異，獨立占15.8%，顯著高於全體的8.6%；中立占52.6%，顯著低於全體的73.0%；統一占31.6%，顯著高於全體的18.4%。中國時報2004年各統獨立場的新聞報導文章數均與全體總和無差異。中國時報2008年獨立、中立與統一的新聞報導文章數均與全體總和有差異，獨立占13.3%，顯著高於全體的8.6%；中立占79.7%，顯著高於全體的73.0%；統一占7.0%，顯著低於全體的18.4%。中國時報2012年獨立、中立與統一的新聞報導文章數均與全體總和有差異，獨立占1.1%，顯著低於全體的8.6%；中立占86.4%，顯著高於全體的73.0%；統一占12.4%，顯著低於全體的18.4%。中國時報2016年獨立與統一的新聞報導文章數均與全體總和有差異，獨立占2.1%，顯著低於全體的8.6%；統一占25.0%，顯著高於全體的18.4%。整體而言，相較全體總和，中國時報新聞自2000年到2016年從偏統一到無明顯偏向，再到中立，最後是偏統一。

自由時報2000年所有統獨立場的新聞報導文章數與全體總和具有差異。2004年統一的新聞報導文章數與全體總和具有差異，統一占0.7%，顯著低於全體的4.4%。自由時報2008年獨立與中立的新聞報導文章數均與全體總和具有差異，獨立占38.9%，顯著低於全體的59.7%；中立占60.2%，顯著高於全體的35.9%。自由時報2012年統一的新聞報導文章數與全體總和具有差異，統一占0.0%，顯著低於全體的4.4%。2016年所有統獨立場的新聞報導文章數與全體總和具有差異，獨立占66.9%，顯著高於全體的59.7%；中立占19.7%，顯著低於全體的35.9%；統一占13.4%，顯著高於全體的4.4%；整體而言，相較全體總和，自由時報自2000年到2016年，從無明顯傾向再到中立，最後是獨立。

　　蘋果日報2004年獨立與統一的新聞報導文章數均與全體總和有差異，獨立占10.6%，顯著低於全體的20.6%；統一占22.1%，顯著高於全體的14.3%。蘋果日報2008年各統獨立場的新聞報導文章數均與全體總和無差異。蘋果日報2012年中立與統一的新聞報導文章數均與全體總和有差異，中立占81.9%，顯著高於全體的65.1%；統一占4.3%，顯著低於全體的14.3%。蘋果日報2016年獨立與中立的新聞報導文章數均與全體總和有差異，獨立占43.8%，顯著高於全體的20.6%；中立占42.7%，顯著低於全體的65.1%。整體而言，相較全體總和，蘋果日報自2004年到2016年，從統一到無明顯偏向，再到中立，最後是偏獨立。

　　再者，本書將統獨立場合併為三類，亦即「非常偏獨立」和「中立偏獨立」合併為「獨立」，「中立偏統一」和「非常偏統一」合併為「統一」，「中立」仍為「中立」。表3-21為「總統大選年份、報紙報別與『社論』統獨立場（三分類）交叉表」，本書發現，2000年聯合報獨立、中立與統一的社論文章數均與全體總和有顯著差異，獨立占7.5%，顯著低於全體的63.7%；中立占67.5%，顯著高於全體的21.4%；統一占25.0%，顯著高於全體的14.9%。2000年中國時報獨立與統一的社論文章數與全體總和有顯著差異，獨立占25.4%，顯著低於全體的63.7%；統一占44.1%，顯著高於全體的14.9%。2000年自由時報獨立、中立與統一的社論文章數均與全體總和有顯著差異，獨立占91.4%，顯著高於全體的63.7%；中立占6.7%，顯著低於全體的21.4%；統一占1.8%，顯著低於全體的14.9%。整體而言，相較全體總和，在2000年中，聯合報偏統一，中國時報偏統一，自由時報偏獨立。

　　再者，2004年聯合報獨立與中立的社論文章數均與全體總和有顯著差異，獨立占2.1%，顯著低於全體的53.7%；中立占78.7%，顯著高於全體的32.8%。2004年中國時報獨立與統一的社論文章數均與全體總和有顯著差異，獨立占5.6%，顯著低於全體的53.7%；統一占59.7%，顯著高於全體的13.5%。2004年自由時報獨立、中立與統一的社論文章數均與全體總和有顯著差異，獨立占88.5%，顯著高於全體的53.7%；中立占11.5%，顯著低於全體的32.8%；統一

表3-21　總統大選年份、報紙報別與「社論」統獨立場（三分類）交叉表

| | | 統獨立場 | | | |
		獨立	中立	統一	總和
2000	聯合報	3, 7.5% (-8.0)	27, 67.5% (-7.7)	10, 25.0% (2.0)	40, 100.0%
	中國時報	15, 25.4% (-7.0)	18, 30.5% (1.9)	26, 44.1% (7.2)	59, 100.0%
	自由時報	149, 91.4% (12.0)	11, 6.7% (-7.4)	3, 1.8% (-7.6)	163, 100.0%
	總和	167, 63.7%	56, 21.4%	39, 14.9%	262, 100.0%
2004	聯合報	1, 2.1% (-7.6)	37, 78.7% (7.1)	9, 19.1% (1.2)	47, 100.0%
	中國時報	4, 5.6% (-9.1)	25, 34.7% (0.4)	43, 59.7% (12.7)	72, 100.0%
	自由時報	200, 88.5% (16.1)	26, 11.5% (-10.5)	0, 0.0% (-9.1)	226, 100.0%
	蘋果日報	6, 12.5% (-6.1)	41, 85.4% (8.3)	1, 2.1% (-2.5)	48, 100.0%
	總和	211, 53.7%	129, 32.8%	53, 13.5%	393, 100.0%
2008	聯合報	1, 1.6% (-9.6)	30, 46.9% (4.3)	33, 51.6% (7.6)	64, 100.0%
	中國時報	10, 18.9% (-5.9)	19, 35.8% (1.8)	24, 45.3% (5.5)	53, 100.0%
	自由時報	202, 96.7% (17.3)	7, 3.3% (-10.8)	0, 0.0% (-10.0)	209, 100.0%
	蘋果日報	6, 9.4% (-8.2)	44, 68.8% (8.6)	14, 21.9% (0.8)	64, 100.0%
	總和	219, 56.2%	100, 25.6%	71, 18.2%	390, 100.0%

表3-21　總統大選年份、報紙報別與「社論」統獨立場（三分類）交叉表（續）

		統獨立場			
		獨立	中立	統一	總和
2012	聯合報	1, 1.4% (-10.2)	17, 23.6% (1.0)	54, 75.0% (10.7)	72, 100.0%
	中國時報	4, 10.8% (-5.6)	7, 18.9% (-0.1)	26, 70.3% (6.5)	37, 100.0%
	自由時報	154, 92.8% (14.6)	12, 7.2% (-5.9)	0, 0.0% (-11.2)	166, 100.0%
	蘋果日報	10, 27.0% (-3.5)	25, 67.6% (7.8)	2, 5.4% (-3.1)	37, 100.0%
	總和	169, 54.2%	61, 19.6%	82, 26.3%	312, 100.0%
2016	聯合報	0, 0.0% (-6.5)	15, 24.2% (-2.5)	47, 75.8% (10.1)	62, 100.0%
	中國時報	0, 0.0% (-8.6)	34, 34.3% (-1.0)	65, 65.7% (10.8)	99, 100.0%
	自由時報	151, 74.4% (14.7)	52, 25.6% (-5.1)	0, 0.0% (-10.7)	203, 100.0%
	蘋果日報	23, 21.3% (-3.8)	82, 75.9% (9.0)	3, 2.8% (-6.0)	108, 100.0%
	總和	174, 36.9%	183, 38.8%	115, 24.4%	472, 100.0%

資料來源：劉嘉薇 2014-2016。

說明一：表格中2000年實際期間為1999.3.18～2000.3.17，2004實際期間為2003.3.20～2004.3.19，2008年實際期間為2007.3.22～2008.3.21，2012年實際期間為2011.1.14～2012.1.13，2016年實際期間為2015.1.16～2016.1.15。

說明二：細格中第一個數字為樣本數，第二個數字為橫列百分比，括號內為調整後標準化殘差，殘差絕對值大於1.96，代表該細格與該欄全體總和有顯著差異，以灰階表示。

說明三：2000年：$\chi^2 = 166.589$, df = 4, $p < .001$；2004年：$\chi^2 = 372.851$, df = 6, $p < .001$；2008年：$\chi^2 = 332.350$, df = 6, $p < .001$；2012年：$\chi^2 = 299.732$, df = 6, $p < .001$；2016年：$\chi^2 = 402.122$, df = 6, $p < .001$。

說明四：2000年時蘋果日報未出刊，因此無資料。

占0.0%，顯著低於全體的13.5%。2004年蘋果日報獨立、中立與統一的社論文章數均與全體總和有顯著差異，獨立占12.5%，顯著低於全體的53.7%；中立占85.4%，顯著高於全體的32.8%；統一占2.1%，顯著低於全體的13.5%。整體而言，相較全體總和，在2004年中，聯合報偏中立，中國時報偏統一，自由時報偏獨立，蘋果日報偏中立。

　　接著，2008年聯合報獨立、中立與統一的社論文章數均與全體總和有顯著差異，獨立占1.6%，顯著低於全體的56.2%；中立占46.9%，顯著高於全體的25.6%；統一占51.6%，顯著高於全體的18.2%。2008年中國時報獨立與統一的社論文章數均與全體總和有顯著差異，獨立占18.9%，顯著低於全體的56.2%；統一占45.3%，顯著高於全體的18.2%。2008年自由時報獨立、中立與統一的社論文章數均與全體總和有顯著差異，獨立占96.7%，顯著高於全體的56.2%；中立占3.3%，顯著低於全體的25.6%；統一占0.0%，顯著低於全體的18.2%。2008年蘋果日報獨立與中立的社論文章數均與全體總和有顯著差異，獨立占9.4%，顯著低於全體的56.2%；中立占68.8%，顯著高於全體的25.6%。整體而言，相較全體總和，在2008年中，聯合報偏統一，中國時報偏統一，自由時報偏獨立，蘋果日報偏中立。

　　再者，2012年聯合報獨立與統一的社論文章數均與全體總和有顯著差異，獨立占1.4%，顯著低於全體的54.2%；統一占75.0%，顯著高於全體的26.3%。2012年中國時報獨立與統一的社論文章數均與全體總和有顯著差異，獨立占10.8%，顯著低於全體的54.2%；統一占70.3%，顯著高於全體的26.3%。2012年自由時報獨立、中立與統一的社論文章數均與全體總和有顯著差異，獨立占92.8%，顯著高於全體的54.2%；中立占7.2%，顯著低於全體的19.6%；統一占0.0%，顯著低於全體的26.3%。2012年蘋果日報獨立、中立與統一的社論文章數均與全體總和有顯著差異，獨立占27.0%，顯著低於全體的54.2%；中立占67.6%，顯著高於全體的19.6%；統一占5.4%，顯著低於全體的26.3%。整體而言，相較全體總和，在2012年中，聯合報偏統一，中國時報亦偏統一，自由時報偏獨立，蘋果日報偏中立。

　　最後，2016年聯合報獨立、中立與統一的社論文章數均與全體總和有顯著差異，獨立占0.0%，顯著低於全體的36.9%；中立占24.2%，顯著低於全體的38.8%；統一占75.8%，顯著高於全體的24.4%。2016年中國時報獨立與統一的社論文章數均與全體總和有顯著差異，獨立占0.0%，顯著低於全體的36.9%；統一占65.7%，顯著高於全體的24.4%。2016年自由時報獨立、中立與統一的社論文章數均與全體總和有顯著差異，獨立占74.4%，顯著高於全體的36.9%；中立占25.6%，顯著低於全體的38.8%；統一占0.0%，顯著低於全體的24.4%。2016年蘋果日報獨立、中立與統一的社論文章數均與全體總和有顯著差異，獨立占21.3%，顯著低於全體的36.9%；中立占75.9%，顯著高於全體的38.8%；統一占2.8%，顯著低於全體的24.4%。

　　表3-22為「總統大選年份、報紙報別與『新聞報導』統獨立場（三分類）交叉表」，本研究將統獨立場合併為三類，亦即「非常偏獨立」和「中立偏獨立」合併為「獨立」，「中立偏統一」和「非常偏統一」合併為「統一」，「中立」仍為「中立」。以上述方法進行後，不適合卡方檢定的問題皆已解決。本研究發現，2000年聯合報獨立與中立的新聞報導文章數均與全體總和有顯著差異，獨立占11.7%，顯著低於全體的20.2%；中立占60.5%，顯著高於全體的54.1%。2000年中國時報僅有統一的新聞報導文章數與全體總和有顯著差異，統一占31.6%，顯著高於全體的25.7%。2000年自由時報獨立、中立與統一的新聞報導文章數均與全體總和有顯著差異，獨立占51.5%，顯著高於全體的20.2%；中立占42.6%，顯著低於全體的54.1%；統一占5.9%，顯著低於全體的25.7%。整體而言，相較全體總和，在2000年中，聯合報偏中立，中國時報偏統一，自由時報偏獨立。

　　2004年聯合報獨立與統一的新聞報導文章數均與全體總和有顯著差異，獨立占7.6%，顯著低於全體的24.7%；統一占26.0%，顯著高於全體的15.8%。2004年中國時報獨立與中立的新聞報導文章數均與全體總和有顯著差異，獨立占10.6%，顯著低於全體的24.7%；中立占73.2%，顯著高於全體的59.5%。2004年自由時報獨立、中立與統一的新聞報導文章數均與全體總和有顯著差

表3-22　總統大選年份、報紙報別與「新聞報導」統獨立場（三分類）交叉表

		統獨立場			
		獨立	中立	統一	總和
2000	聯合報	19, 11.7% (-3.5)	98, 60.5% (2.1)	45, 27.8% (0.8)	162,100.0%
	中國時報	27, 15.8% (-1.9)	90, 52.6% (-0.5)	54, 31.6% (2.3)	171,100.0%
	自由時報	35, 51.5% (7.0)	29, 42.6% (-2.1)	4, 5.9% (-4.1)	68, 100.0%
	總和	81, 20.2%	217, 54.1%	103, 25.7%	401, 100.0%
2004	聯合報	10, 7.6% (-5.2)	87, 66.4% (1.9)	34, 26.0% (3.7)	131, 100.0%
	中國時報	15, 10.6% (-4.6)	104, 73.2% (3.9)	23, 16.2% (0.2)	142, 100.0%
	自由時報	91, 66.4% (13.2)	45, 32.8% (-7.4)	1, 0.7% (-5.6)	137, 100.0%
	蘋果日報	11, 10.6% (-3.7)	70, 67.3% (1.8)	23, 22.1% (2.0)	104, 100.0%
	總和	127, 24.7%	306, 59.5%	81, 15.8%	514, 100.0%
2008	聯合報	12, 9.3% (-3.1)	81, 62.8% (-1.6)	36, 27.9% (5.9)	129, 100.0%
	中國時報	21, 13.3% (-2.1)	126, 79.7% (3.7)	11, 7.0% (-2.7)	158, 100.0%
	自由時報	42, 38.9% (6.2)	65, 60.2% (-2.1)	1, 0.9% (-4.2)	108, 100.0%
	蘋果日報	15, 16.5% (-0.6)	61, 67.0% (-0.3)	15, 16.5% (1.1)	91, 100.0%
	總和	90, 18.5%	333, 68.5%	63, 13.0%	486, 100.0%
2012	聯合報	11, 7.0% (-4.6)	113, 71.5% (0.5)	34, 21.5% (5.0)	158, 100.0%
	中國時報	2, 1.1% (-7.4)	153, 86.4% (5.8)	22, 12.4% (0.7)	177,100.0%

表3-22　總統大選年份、報紙報別與「新聞報導」統獨立場（三分類）交叉表（續）

		統獨立場			
		獨立	中立	統一	總和
2012	自由時報	78, 67.2% (14.9)	38, 32.8% (-9.8)	0, 0.0% (-4.3)	116, 100.0%
	蘋果日報	13, 13.8% (-1.4)	77, 81.9% (2.8)	4, 4.3% (-2.3)	94, 100.0%
	總和	104, 19.1%	381, 69.9%	60, 11.0%	545, 100.0%
2016	聯合報	2, 1.5% (-7.9)	105, 76.6% (6.2)	30, 21.9% (1.0)	137, 100.0%
	中國時報	3, 2.1% (-8.0)	105, 72.9% (5.4)	36, 25.0% (2.2)	144, 100.0%
	自由時報	95, 66.9% (12.5)	28, 19.7% (-9.6)	19, 13.4% (-2.0)	142, 100.0%
	蘋果日報	39, 43.8% (3.9)	38, 42.7% (-2.3)	12, 13.5% (-1.4)	89, 100.0%
	總和	139, 27.1%	276, 53.9%	97, 18.9%	512, 100.0%

資料來源：劉嘉薇 2014-2016。

說明一：表格中2000年實際期間為1999.3.18～2000.3.17，2004實際期間為2003.3.20～2004.3.19，2008年實際期間為2007.3.22～2008.3.21，2012年實際期間為2011.1.14～2012.1.13，2016年實際期間為2015.1.16～2016.1.15。

說明二：細格中第一個數字為樣本數，第二個數字為橫列百分比，括號內為調整後標準化殘差，殘差絕對值大於1.96，代表該細格與該欄全體總和有顯著差異，以灰階表示。

說明三：2000年：$\chi^2 = 56.232$, df = 4, $p < .001$；2004年：$\chi^2 = 185.775$, df = 6, $p < .001$；2008年：$\chi^2 = 76.855$, df = 6, $p < .001$；2012年：$\chi^2 = 249.062$, df = 6, $p < .001$；2016年：$\chi^2 = 221.189$, df = 6, $p < .001$。

說明四：2000年時蘋果日報未出刊，因此無資料。

異，獨立占66.4%，顯著高於全體的24.7%；中立占32.8%，顯著低於全體的59.5%；統一占0.7%，顯著低於全體的15.8%。2004年蘋果日報獨立與統一的新聞報導文章數均與全體總和有顯著差異，獨立占10.6%，顯著低於全體的24.7%；統一占22.1%，顯著高於全體的15.8%。整體而言，相較全體總和，在

2004年中，聯合報偏統一，中國時報偏中立，自由時報偏獨立，蘋果日報偏統一。

　　2008年聯合報獨立與統一的新聞報導文章數均與全體總和有顯著差異，獨立占9.3%，顯著低於全體的18.5%；統一占27.9%，顯著高於全體的13.0%。2008年中國時報獨立、中立與統一的新聞報導文章數均與全體總和有顯著差異，獨立占13.3%，顯著低於全體的18.5%；中立占79.7%，顯著高於全體的68.5%；統一占7.0%，顯著低於全體的13.0%。2008年自由時報獨立、中立與統一的新聞報導文章數均與全體總和有顯著差異，獨立占38.9%，顯著高於全體的18.5%；中立占60.2%，顯著低於全體的68.5%；統一占0.9%，顯著低於全體的13.0%。2008年蘋果日報各統獨立場的新聞報導文章數均與全體總和無顯著差異。整體而言，相較全體總和，在2008年中，聯合報偏統一，中國時報偏中立，自由時報偏獨立，蘋果日報無明顯偏向。

　　2012年聯合報獨立與統一的新聞報導文章數均與全體總和有顯著差異，獨立占7.0%，顯著低於全體的19.1%；統一占21.5%，顯著高於全體的11.0%。2012年中國時報獨立與中立的新聞報導文章數均與全體總和有顯著差異，獨立占1.1%，顯著低於全體的19.1%；中立占86.4%，顯著高於全體的69.9%。2012年自由時報獨立、中立與統一的新聞報導文章數均與全體總和有顯著差異，獨立占67.2%，顯著高於全體的19.1%；中立占32.8%，顯著低於全體的69.9%；統一占0.0%，顯著低於全體的11.0%。2012年蘋果日報中立與統一的新聞報導文章數均與全體總和有顯著差異，中立占81.9%，顯著高於全體的69.9%；統一占4.3%，顯著低於全體的11.0%。整體而言，相較全體總和，在2012年中，聯合報偏統一，中國時報偏中立，自由時報偏獨立，蘋果日報偏中立。

　　最後，2016年聯合報獨立與中立的新聞報導文章數均與全體總和有顯著差異，獨立占1.5%，顯著低於全體的27.1%；中立占76.6%，顯著高於全體的53.9%。2016年中國時報獨立、中立和統一的新聞報導文章數均與全體總和有顯著差異，獨立占2.1%，顯著低於全體的27.1%；中立占72.9%，顯著高於全體的53.9%；統一占25.0%，顯著高於全體的18.9%。2016年自由時報獨立、中

立與統一的新聞報導文章數均與全體總和有顯著差異，獨立占66.9%，顯著高於全體的27.1%；中立占19.7%，顯著低於全體的53.9%；統一占13.4%，顯著低於全體的18.9%。2016年蘋果日報獨立與中立的新聞報導文章數均與全體總和有顯著差異，獨立占43.8%，顯著高於全體的27.1%；中立占42.7%，顯著低於全體的53.9%。整體而言，相較全體總和，在2016年中，聯合報偏中立，中國時報偏中立，自由時報偏獨立，蘋果日報偏獨立。

　　第三章第四節探討穿梭在不同時間和報別的報紙統獨立場，之所以使用「穿梭」此一字眼，乃因爲不同報紙在不同時間點的確可能有不同的立場，不過本書發現，即使有不同的立場，同一報紙歷年總在偏統一、偏獨立或中立的範疇，以下小結中的表3-23更顯而易見。

第五節　小結

　　整體而言，報社經營者決定報社言論的方向，進而決定了社論方向，新聞採訪和新聞編輯能發揮的空間被限制。報紙社論會因立場不同而有不同的社論論述偏好，且報紙社論立場會對民眾的政治立場產生影響力。雖然民眾不見得每日閱讀社論，但其閱讀報紙的統獨立場與社論立場息息相關，社論立場亦爲其他統獨相關新聞報導的依歸，因此本書首先選擇報紙社論作爲分析對象。再者，本書也進一步分析新聞的統獨屬性，因爲民眾閱讀更多的新聞。整體而言，社論決定報社立場的大方向，因此我們分析社論。新聞方針根據報社大方向而來，因此不至於太偏離社論，然新聞爲求客觀中立，預期其立場方向性較不如社論，但其實未必，本書同時分析社論和新聞，儘量趨近報社的統獨觀點。

　　我們要得知的是民眾的媒體（報紙）選擇是偏向統一、偏向獨立或中立的報紙，分析社論和新聞便可以幫助我們瞭解該報的統獨立場。不論民眾閱讀的是社論或新聞，在社論代表報社立場的前提下，統獨新聞可能中立或帶有觀點，然卻幾乎不可能脫離社論立場，反而可能「支持」社論立場，因此分析社

表3-23　歷年社論統獨立場平均數

2000年					
	社論			新聞		
	N	平均數	標準差	N	平均數	標準差
聯合報	40	3.40	1.008	162	3.31	1.150
中國時報	59	3.20	1.156	171	3.25	1.284
自由時報	163	1.91	.571	68	2.41	.950
2004年						
	社論			新聞		
	N	平均數	標準差	N	平均數	標準差
聯合報	47	3.17	.433	131	3.31	.991
中國時報	72	3.54	.604	142	3.08	.915
自由時報	226	1.46	.693	137	2.09	.803
蘋果日報	48	2.88	.444	104	3.17	1.056
2008年						
	社論			新聞		
	N	平均數	標準差	N	平均數	標準差
聯合報	64	3.53	.590	129	3.32	1.023
中國時報	53	3.26	.763	158	2.96	.563
自由時報	209	1.44	.561	108	2.51	.704
蘋果日報	64	3.13	.549	91	2.98	.894
2012年						
	社論			新聞		
	N	平均數	標準差	N	平均數	標準差
聯合報	72	3.74	.475	158	3.14	.535
中國時報	37	3.62	.721	177	3.14	.469
自由時報	166	1.50	.630	116	2.33	.471
蘋果日報	37	2.76	.597	94	2.86	.541

表3-23　歷年社論統獨立場平均數（續）

	2016年					
	社論			新聞		
	N	平均數	標準差	N	平均數	標準差
聯合報	62	3.81	.507	137	3.23	.542
中國時報	99	3.68	.512	144	3.28	.665
自由時報	203	2.00	.718	142	2.41	.818
蘋果日報	108	2.81	.456	89	2.71	.772

說明：在計算統獨立場平均數時，非常偏獨立爲1、中立偏獨立爲2、中立爲3、中立偏統
一爲4、非常偏統一爲5。分數愈低，愈偏向獨立，分數愈高，愈偏向統一。

論和新聞是觀察報紙統獨立場不錯的選擇。

　　本書進行臺灣四大報統獨立場的分析，以社論而言發現2000年在統獨立場
比較突出的是「中間偏獨立」，2004年和2008年在統獨立場比較突出的是「非
常偏獨立」。有趣的是，2012年在統獨立場比較突出的是「非常偏獨立」和「中
立偏統一」。2016年在統獨立場比較突出的則是「中立」和「中立偏統一」。

　　以社論而言，若將年度和報別合併觀看，聯合報2000年偏中立和非常偏
統一，2004年偏中立，然於2008年無明顯偏向，2012年偏中立偏統一，2016年
是中立偏統一。中國時報2000年非常偏獨立，也非常偏統一，2004年轉向無
明顯傾向，然於2008年中立偏獨立，2012年是無明顯偏向，2016年則轉向中立
偏統一。自由時報2000年中立偏獨立，2004年非常偏獨立，2008年同樣非常偏
獨立，2012年狀況相同，2016年偏向中立。最後，蘋果日報2004年偏無明顯偏
向，然於2008年中立偏統一，2012年無明顯偏向，2016年同樣無明顯偏向。

　　經過上述林林總總的分析，我們進一步以統獨分數分析報紙在不同年份、
不同報別之間分別具有不同的統獨立場（表3-23），本書在計算統獨立場平均
數時，非常偏獨立爲1，中立偏獨立爲2、中立爲3、中立偏統一爲4、非常偏統
一爲5。分數愈低，愈偏向獨立，分數愈高，愈偏向統一，勉強將統獨立場視
爲連續變數。歷年來，聯合報在統獨立場偏向「統一」，中國時報在統獨立場

比較偏向「統一」，自由時報在統獨立場比較偏向「獨立」，最後，蘋果日報在統獨立場比較突出的是「無明顯偏向」。綜合而言，若我們欲將報紙統獨立場帶入下一章報紙選擇的分析，受訪者的報紙選擇偏統一、偏獨立或無明顯偏向，則需由第三章的分析帶入，在報別方面，若不分年度，綜合表3-9、表3-10和表3-23，聯合報在統獨立場比較突出的「統一」，中國時報在統獨立場比較突出的是「統一」，自由時報在統獨立場比較突出的是「獨立」，最後，蘋果日報在統獨立場比較突出的是「無明顯偏向」，雖其分數偶爾超過3「無明顯偏向」，但未達4「中立偏統一」。以上這項結論將應用於接下來報紙選擇的分析中，當民眾選擇不同的報別時，這些報別將分別代表不同的統獨立場，對民眾的統獨立場將藉著想像的共同體、報紙作為施為性論述的媒介，以及媒體的建構性而影響著民眾的統獨立場。

　　研究報紙社論就是研究當時的人們如何想像自己認同的過程，並且經由社論反映出來，從社論統獨立場分析則欲瞭解報紙的施為性論述以及建構是否有自我的獨特性？報紙具有即時性，每一天的報紙都可以反映出即時的民意以及剛發生的重要事件；以宏觀來看，跨時的報紙分析所呈現之文本脈絡，可以瞭解長期的民意走向與定向，尤其是認同政治的發展需要跨時性的觀察，始能窺得較為完整的全貌。

　　第三章進行的分析證實了報紙的統獨立場的確有所分殊，這樣的分殊表現在不同的時間點和不同的報別，然第三章的分析結果有想當然耳的問題嗎？亦即讓讀者認為這是不證自明的結果。其實不然，因為這些分析若非依照系統性的、嚴謹的內容分析法進行研究，定義統一、獨立、維持現狀的關鍵字，實難以得出或貿然宣稱報紙統獨立場的屬性，難以昭公信。這也是第三章大舉分析五年份、橫跨十六年、含括社論和新聞統獨立場的目的和價值。倘若未經分析就宣稱報紙的統獨立場，對報社亦未盡公平。

　　當認同發生在多數與少數的身上，就形成了認同的差異，媒體資訊對民眾認同的差異無疑扮演了論述的角色。反之，民眾認同的差異也將使其選擇與自身偏好類似的媒體。當我國媒體的統獨立場內部有許多分歧，且民眾統獨立場各自帶有許多差異色彩，媒體與統獨又如何相互影響，以下將逐步分析之。

第一節　如何觀察民眾統獨立場

　　承接第三章（第一步驟）的研究成果，以下為第二步驟到第四步驟的分析架構示意圖，調查研究資料來源如表4-1，包括各年度計畫名稱、資料來源單位、樣本數、執行期間以及計畫主持人，因為2000年時未有「臺灣選舉與民主化調查」，因此以政治大學選舉研究中心資料進行分析，同樣為面訪資料。本書第二步驟（如圖4-1）研究報紙選擇對統獨立場的影響，主要在於（一）報紙選擇（偏統一報紙、無明顯偏向報紙或偏獨立報紙）對民眾統獨立場（偏統一、維持現狀或偏獨立）的影響，分析資料時包括十六年來五次橫斷面研究，加上十六年來五次橫斷面資料合併（pooled data），並將時間因素當作一個解釋統獨的因素。而第三步驟（如圖4-2）則是針對第二步驟的研究方向，反向檢視民眾統獨立場對其報紙選擇（偏統一報紙、無明顯偏向報紙或偏獨立報紙）的影響，反向檢視的意義在於理解政治預存傾向造成選擇性暴露的情況。以上分析資料同樣包括十六年來五次橫斷面研究，加上十六年來五次橫斷面資料合併。第四步驟（如圖4-3）的分析欲以定群追蹤資料釐清報紙選擇與統獨立場的因果關聯。

　　需要特別說明的是，定群追蹤資料存在於2008年到2012年之間，兩兩年度

之間皆成功者為1,510份。其中2012年定群追蹤樣本以2008年獨立樣本為母體進行訪問時，包括總統選舉的獨立樣本和總統選舉的定群追蹤樣本（追蹤2008年立委選舉的獨立樣本），兩筆資料同樣完成於2008年。「臺灣選舉與民主化調查」全面追蹤2008年總統選舉面訪案完成的2,660個成功樣本，其中包括2008年總統選舉的獨立樣本1,905份和追蹤樣本755份。將追蹤與獨立樣本合併計算，TEDS 2012面訪案在全臺315個不同的村里進行面訪，其中包含5個重複的村里，而涵蓋的選區更高達60個，占全臺73選區的82%，以期全面地掌握臺灣選民在此次選舉中各面向的行為與態度等各種資料。最後，本計畫共計完成1,826份獨立樣本，以及1,510份追蹤樣本（朱雲漢　2012）。五次總統選舉報紙選擇與統獨立場問卷題目如附錄一，變數重新編碼表如附錄二。

表4-1　調查研究資料來源

總統選舉年度	計畫名稱	資料來源單位	樣本數	執行期間	計畫主持人
2000	跨世紀總統選舉中選民投票行為科際整合研究	政治大學選舉研究中心	1,396	1999/08-2000/07	陳義彥
2004	臺灣選舉與民主化調查（TEDS2004P）2004年總統選舉	臺灣選舉與民主化調查規劃與推動委員會	1,823	2004/06-2004/09	黃秀端
2008	臺灣選舉與民主化調查（TEDS2008P）2008年總統選舉	臺灣選舉與民主化調查規劃與推動委員會	1,905	2008/06-2008/08	游清鑫
2012	臺灣選舉與民主化調查（TEDS2012P）2012年總統選舉	臺灣選舉與民主化調查規劃與推動委員會	1,826	2012/01-2012/03	朱雲漢
2016	臺灣選舉與民主化調查（TEDS2016P）2016年總統選舉	臺灣選舉與民主化調查規劃與推動委員會	1,690	2016/01-2016/04	黃紀

資料來源：作者整理。
說明：作者感謝上述機構及人員提供資料協助，惟本書之內容概由作者自行負責。

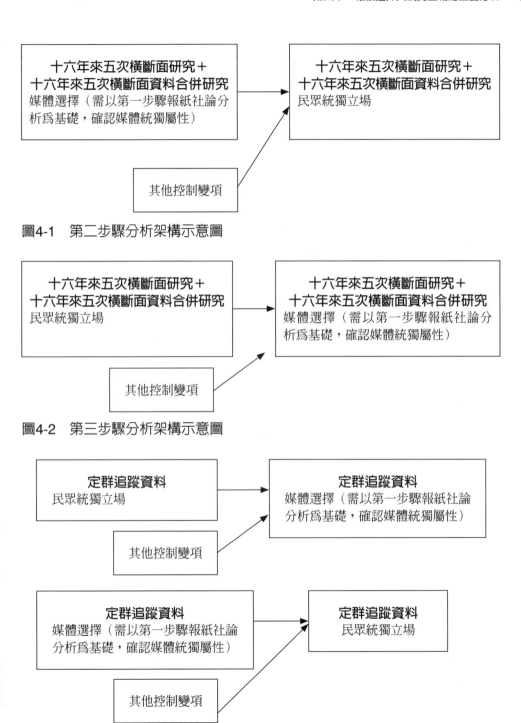

圖4-1　第二步驟分析架構示意圖

圖4-2　第三步驟分析架構示意圖

圖4-3　第四步驟分析架構示意圖

　　為使訪問成功之獨立樣本符合母體結構，「臺灣選舉與民主化調查」以母體的性別、年齡、教育程度與地區等資料進行檢定與加權，加權方式採用「多變數反覆加權法」（ranking）。

第二節　民眾報紙選擇與統獨立場的持續與變遷

　　當外在環境或資訊刺激改變時，個人或團體原有的政治認同也將隨著改變（Chandra and Laitin 2002；Davis 1999；Thompson, Day, and Adamson 1999）。認同這個觀念從來都不是靜止不變的，相反地，它不但是可能改變的，而且事實上也經常在改變中（許維德　2013）。本書第二章文獻已充分說明媒體與國家認同的因果互動，本書將進行五次總統選舉中報紙選擇與國家認同（統獨立場）的因果關聯分析。此外，由於加入了「時間」因素，因此我們也需要瞭解過去對於態度長期穩定與變遷的研究。

　　關於態度的形成或改變，有兩種不同的說法。Converse（1962；1964）在態度穩定上的研究指出，態度的分布幾乎沒有一致的模式，個體在政策議題上態度的改變，是因為這些回答都是隨機的。對大多數人而言，對政策的態度都不是態度（non-attitudes）。民眾態度的改變是因為政治知識、興趣和意識型態的缺乏，進而導致民眾在回答問題時的隨機性（randomness）。相對來說，研究態度改變的另一種觀點是基於「理性的公眾」（rational public），他們的意見之所以變動是因為資訊的影響，資訊在政策偏好和價值間展現了理性的一致性（rational consistency）（Page and Shapiro 1992）。基於以上時間因素對政治態度影響的兩種論戰，本書將觀察民眾報紙選擇（資訊）對統獨立場是否有所影響，若有影響，影響情況為何？再者，態度若有所變動，是否如選擇性暴露所言，反過來影響報紙選擇？這些都在報紙選擇與統獨立場關聯的討論之列。此外，根據Iyengar（2001）的見解，橫斷面研究對於研究政治傳播的過程有所侷限，定群追蹤研究的設計將可對概念間的關係作更精準的分析。本書除分析五年間報紙選擇和統獨立場總體層次的變動，並利用定群追蹤資料分析，

關注個體層次在不同年間報紙選擇和統獨立場的變動。

在討論這些態度的穩定或變遷中，我們將先瞭解歷年來民眾統獨立場與報紙選擇的穩定與變遷。表4-2為「統獨立場六分類次數分配表」（另有一類無反應），圖4-4為相對應的統獨立場六分類趨勢圖。在「儘快統一」中，以2000年的比例最高，占3.1%，2004年占2.7%，2008年占2.6%，2012年占1.6%，2016年占1.5%，整體呈現逐年下降趨勢。在「維持現狀，以後走向統一」中，以2000年的比例最高，占19.6%，2004年占13.6%，2008年占10.5%，2012年占10.5%，2016年占10.1%，整體呈現下降趨勢。在「維持現狀，看情形再決定獨立或統一」中，以2008年的比例最高，占39.5%，2000年占

表4-2　統獨立場六分類次數分配表

統獨立場	2000		2004		2008		2012		2016	
	次數	百分比	次數	百分比	次數	百分比	次數	百分比	次數	百分比
儘快統一	37	3.1%	49	2.7%	49	2.6%	29	1.6%	26	1.5%
維持現狀，以後走向統一	231	19.6%	248	13.6%	200	10.5%	191	10.5%	170	10.1%
維持現狀，看情形再決定獨立或統一	449	38.0%	640	35.1%	753	39.5%	678	37.1%	560	33.2%
永遠維持現狀	132	11.2%	292	16.0%	344	18.0%	403	22.1%	326	19.3%
維持現狀，以後走向獨立	130	11.0%	320	17.6%	308	16.2%	311	17.1%	390	23.1%
儘快獨立	32	2.7%	128	7.0%	130	6.8%	115	6.3%	110	6.5%
無反應	171	14.5%	145	7.9%	121	6.4%	98	5.4%	107	6.3%
總和	1,181	100.0%	1,823	100.0%	1,905	100.0%	1,826	100.0%	1,690	100.0%

資料來源：陳義彥 2000；黃秀端 2004；游清鑫 2008；朱雲漢 2012；黃紀 2016。
說明：無反應包括拒答、很難說、無意見及不知道。

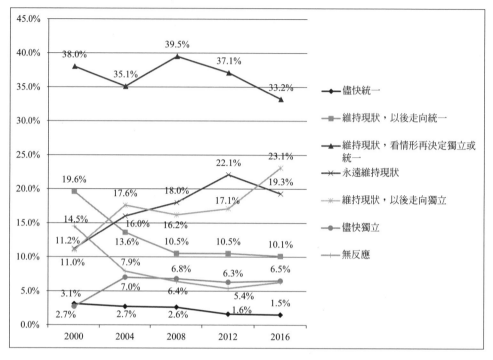

圖4-4　統獨立場六分類趨勢圖

38.0%，2004年占35.1%，2008年占39.5%，2012年占37.1%，2016年占33.2%，比例穩定維持在35.0到40.0%。在「永遠維持現狀」中，以2000年的比例最低，占11.2%，2004年占16.0%，2008年占18.0%，2012年占22.1%，2016年占19.3%，呈現逐年上升趨勢，但2016年卻下降。在「維持現狀，以後走向獨立」中，以2000年的比例最低，占11.0%，2004年占17.6%，2008年占16.2%，2012年占17.1%，2016年上升至23.1%。在「儘快獨立」中，以2000年的比例最低，占2.7%，2004年占7.0%，2008年占6.8%，2012年占6.3%，2016年占6.5%，除了2000年的比例較低外，其餘年份均維持在6.0%到7.0%之間。在「無反應」中，以2000年的比例最高，占14.5%，2004年占7.9%，2008年占6.4%，2012年占5.4%，2016年占6.3%，大體呈現逐年下降趨勢。

　　除了上述統獨六分類詳細的資訊，我們亦將統獨立場合併為三大類（另

有一類無反應），其中第一類「統一」包括六分類中的「儘快統一」和「維持現狀，以後走向統一」，第二類「維持現狀」包括六分類中的「維持現狀，看情形再決定獨立或統一」和「永遠維持現狀」，最後，「獨立」包括六分類中的「維持現狀，以後走向獨立」和「儘快獨立」，分成三類更能精要掌握統獨的穩定和變遷，往後的分析將以統獨立場三分類為主要分類依據。表4-3為「統獨立場三分類次數分配表」，圖4-5為相對應的統獨立場三分類趨勢圖。在「統一」中，以2000年的比例最高，占22.7%，2004年占16.3%，2008年占13.1%，2012年占12.1%，2016年占11.6%，呈現逐年下降趨勢。在「維持現狀」中，以2000年的比例最低，占49.2%，2004年占51.2%，2008年占57.6%，2012年占59.2%，2016年占52.5%，呈現逐年上升趨勢，但至2016年下降。在「獨立」中，以2000年的比例最低，占13.7%，2004年占24.6%，2008年占23.0%，2012年占23.4%，2016年占29.6%，除了2000年的比例較低外，其餘年份均維持在22.0%到30.0%之間。在「無反應」中，以2000年的比例最高，占14.5%，2004年占7.9%，2008年占6.4%，2012年占5.4%，2016年占6.3%，呈現逐年下降趨勢。

　　除了上述統獨立場穩定或變遷此一態度，民眾對報紙選擇此一行為的穩定或變遷情況如何？我們已在第三章第一節說明本書選擇分析報紙的原因，在

表4-3　統獨立場三分類次數分配表

統獨立場	2000		2004		2008		2012		2016	
	次數	百分比	次數	百分比	次數	百分比	次數	百分比	次數	百分比
統一	268	22.7%	297	16.3%	249	13.1%	220	12.1%	196	11.6%
維持現狀	581	49.2%	933	51.2%	1,097	57.6%	1,081	59.2%	887	52.5%
獨立	161	13.7%	448	24.6%	438	23.0%	427	23.4%	500	29.6%
無反應	171	14.5%	145	7.9%	121	6.4%	98	5.4%	107	6.3%
總和	1,181	100.0%	1,823	100.0%	1,905	100.0%	1,826	100.0%	1,690	100.0%

資料來源：陳義彥 2000；黃秀端 2004；游清鑫 2008；朱雲漢 2012；黃紀 2016。
說明：無反應包括拒答、很難說、無意見及不知道。

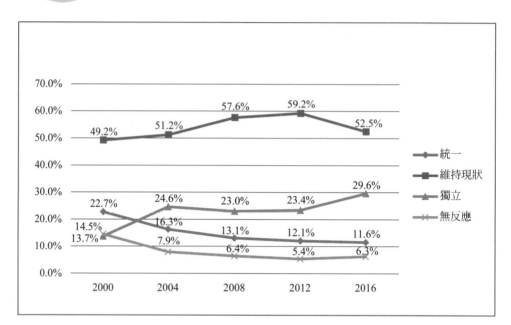

圖4-5　統獨立場三分類趨勢圖

這些分析中，如何將報紙分類是重要的課題。我們援引第三章第五節報紙內容分析的結論，將四大報的統獨屬性分類作爲媒體選擇的統獨屬性，其他報紙的統獨屬性分類依據附錄二「報紙選擇」的重新編碼方式。除本研究的四大報外，學界尚無大規模針對報紙統獨屬性內容分析的研究。本研究即以蕭怡靖（2006）和劉嘉薇（2014）對於報紙政治屬性的認定作爲輔助，進行分類，其餘無明顯屬性者都歸爲「無明顯偏向」報紙。

　　在此需要特別說明的是，由於多數民衆閱讀的是四大報（包括該報報紙本身、電子報和APP皆屬之），因此當本書選擇分析四大報的報紙統獨立場屬性時，已涵蓋多數民衆選擇報紙的統獨立場屬性分析，其中聯合晚報、經濟日報、民生報屬於聯合報系，它們的統獨立場與聯合報應較接近。工商時報、旺報、中時晚報屬於中時報系，它們的統獨立場與中國時報應較接近。其餘零星的報紙除非能明顯判斷統獨立場屬性（例如：中央日報爲國民黨黨報，屬性偏統一等），其他都歸爲無明顯偏向，以免因爲沒有證據而貿然歸爲偏統一或偏

獨立，詳細請參考附錄二「報紙選擇」。

　　從表4-4和圖4-6得知，報紙選擇在五年度中有些變化，選擇偏統一報紙者從2000年的45.4%，到2004年的31.5%，再到2008年的21.7%和2012年的24.9%，2016年降至15.4%，選擇偏統一報紙的比例有下降的趨勢。選擇偏獨立報紙者從2000年的26.5%，到2004年的20.2%，再到2008年的19.3%、2012年的20.2%和2016年的20.3%，選擇偏獨立報紙的比例同樣有下降的趨勢。至於報紙選擇「無明顯偏向」的民眾從2000年的28.1%，到2004年的48.2%，再到2008年的59.0%、2012年的54.9%和2016年的64.2%，報紙選擇「無明顯偏向」的比例有上升的趨勢，其中與蘋果日報在臺發行可能有關。

表4-4　報紙選擇次數分配表

報紙選擇	2000		2004		2008		2012		2016	
	次數	百分比	次數	百分比	次數	百分比	次數	百分比	次數	百分比
偏統一報紙	536	45.4%	575	31.5%	413	21.7%	454	24.9%	261	15.4%
偏獨立報紙	313	26.5%	369	20.2%	367	19.3%	369	20.2%	344	20.3%
無明顯偏向報紙	332	28.1%	879	48.2%	1,124	59.0%	1,003	54.9%	1,086	64.2%
總和	1,181	100.0%	1,823	100.0%	1,905	100.0%	1,826	100.0%	1,690	100.0%

資料來源：陳義彥 2000；黃秀端 2004；游清鑫 2008；朱雲漢 2012；黃紀 2016。
說明：偏統一報紙、偏獨立報紙和無明顯偏向報紙歸類請參考附錄二「報紙選擇」重新
　　　編碼。

　　整體而言，民眾統獨立場維持現狀和獨立者逐年緩升，偏向統一者緩降。而民眾報紙選擇偏向統一者逐年降低，無明顯偏向者增加，此一趨勢在2008年幾乎定型，2008年和2016年之間變化不大。

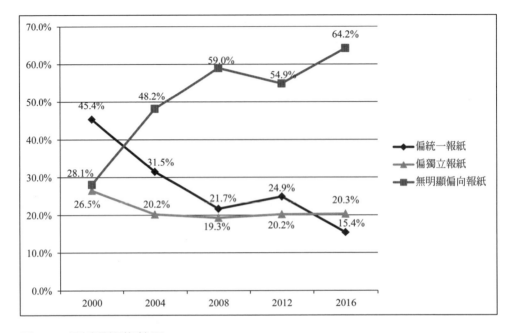

圖4-6　報紙選擇趨勢圖

第三節　報紙選擇與統獨立場的相互影響—橫斷面視角

經過第二章的討論，我們對於民眾報紙選擇和統獨立場的因果關係，事實上是無法確知的，因為探討媒體施為性論述和媒體建構性的理論所在多有，然以政治預存傾向探討媒體選擇的說法亦不容忽視，因此本章將分析民眾報紙選擇與統獨立場是否有相互影響的狀況。為了呈現精準的分析，也因為本書不像期刊論文篇幅有限，以下將細部分析和詮釋表中的數值，至於這些統計分析的意義，將與於第四章第五節的小結中討論，並於第五章與理論進行更深入的對話。

壹、報紙選擇對統獨立場的影響—兩兩相關

首先，歷年來民眾報紙選擇對其統獨立場影響的狀況如何呢？我們先分析報紙選擇與統獨立場的兩兩關係，再依照圖4-1「第二步驟分析架構示意圖」建立歷年報紙選擇對統獨立場影響的模型（控制其他變數），再合併五波資料，建構統獨立場受媒體選擇影響的統計模型。反之，我們先分析統獨立場與報紙選擇的兩兩關係，再依照圖4-2「第三步驟分析架構示意圖」建立歷年統獨立場對報紙選擇影響的模型（控制其他變數），再合併五波資料，建構報紙選擇受政治預存傾向影響的統計模型。

表4-5為控制年份下「報紙選擇與統獨立場交叉表」。因為統獨立場五分類時，皆有未適合卡方檢定的問題，為解決此問題，本書將統獨立場合併為三類（加上一類無反應），重新編碼方式詳見附錄二編碼表，此舉目的在於減少細格數，避免不適用卡方檢定的問題。以上述方法進行後，不適合卡方檢定的問題皆已解決。本書發現，2000年經常看偏統一報紙的民眾在統一、獨立、無反應的偏向均與全體總和有顯著差異，統一占29.7%，顯著高於全體的22.7%；獨立占11.0%，顯著低於全體的13.5%；無反應占7.1%，顯著低於全體的14.5%。經常看偏獨立報紙的民眾在獨立和無反應的偏向均與全體總和有顯著差異，獨立占22.7%，顯著高於全體的13.5%；無反應占6.4%，顯著低於全體的14.5%。報紙選擇「無明顯偏向」的民眾在統一、獨立、維持現狀和無反應的偏向均與全體總和有顯著差異，統一占13.9%，顯著低於全體的22.7%；獨立占9.0%，顯著低於全體的13.5%；維持現狀占43.1%，顯著低於全體的49.3%；無反應占34.0%，顯著高於全體的14.5%。

2004年經常看偏統一報紙的民眾在統一、獨立、維持現狀和無反應的偏向均與全體總和有顯著差異，統一占24.5%，顯著高於全體的16.3%；獨立占16.7%，顯著低於全體的24.6%；維持現狀占56.6%，顯著高於全體的51.1%；無反應占2.3%，顯著低於全體的8.0%。經常看偏獨立報紙的民眾在統一、獨立、維持現狀和無反應的偏向均與全體總和有顯著差異，統一占10.6%，

表4-5　報紙選擇與統獨立場交叉表

		統獨立場				
		統一	獨立	維持現狀	無反應	總和
2000	偏統一報紙	159, 29.7% (5.2)	59, 11.0% (-2.3)	280, 52.2% (1.9)	38, 7.1% (-6.6)	536, 100.0%
	偏獨立報紙	63, 20.1% (-1.3)	71, 22.7% (5.5)	159, 50.8% (0.6)	20, 6.4% (-4.7)	313, 100.0%
	無明顯偏向	46, 13.9% (-4.5)	30, 9.0% (-2.8)	143, 43.1% (-2.7)	113, 34.0% (11.9)	332, 100.0%
	總和	268, 22.7%	160, 13.5%	582, 49.3%	171, 14.5%	1181, 100.0%
2004	偏統一報紙	141, 24.5% (6.4)	96, 16.7% (-5.3)	326, 56.6% (3.2)	13, 2.3% (-6.1)	576, 100.0%
	偏獨立報紙	39, 10.6% (-3.3)	160, 43.5% (9.4)	161, 43.8% (-3.2)	8, 2.2% (-4.6)	368, 100.0%
	無明顯偏向	118, 13.4% (-3.3)	192, 21.8% (-2.6)	445, 50.6% (-0.4)	124, 14.1% (9.4)	879, 100.0%
	總和	298, 16.3%	448, 24.6%	932, 51.1%	145, 8.0%	1823, 100.0%
2008	偏統一報紙	72, 17.4% (3.0)	53, 12.8% (-5.5)	272, 65.9% (3.9)	16, 3.9% (-2.4)	413, 100.0%
	偏獨立報紙	31, 8.4% (-2.9)	145, 39.5% (8.4)	179, 48.8% (-3.8)	12, 3.3% (-2.7)	367, 100.0%
	無明顯偏向	146, 13.0% (-0.1)	239, 21.3% (-2.1)	645, 57.4% (-0.2)	94, 8.4% (4.2)	1124, 100.0%
	總和	249, 13.1%	437, 23.0%	1096, 57.6%	122, 6.4%	1904, 100.0%
2012	偏統一報紙	78, 17.2% (3.8)	76, 16.7% (-3.8)	294, 64.8% (2.8)	6, 1.3% (-4.4)	454, 100.0%
	偏獨立報紙	25, 6.8% (-3.5)	131, 35.5% (6.2)	202, 54.7% (-2.0)	11, 3.0% (-2.3)	369, 100.0%
	無明顯偏向	118, 11.8% (-0.5)	219, 21.8% (-1.7)	585, 58.3% (-0.8)	81, 8.1% (5.7)	1003, 100.0%
	總和	221, 12.1%	426, 23.3%	1081, 59.2%	98, 5.4%	1826, 100.0%

表4-5　報紙選擇與統獨立場交叉表（續）

		統獨立場				
		統一	獨立	維持現狀	無反應	總和
2016	偏統一報紙	44, 16.9% (2.9)	44, 16.9% (-4.9)	160, 61.5% (3.2)	12, 4.6% (-1.2)	260, 100.0%
	偏獨立報紙	26, 7.6% (-2.6)	143, 41.7% (5.5)	166, 48.4% (-1.7)	8, 2.3% (-3.4)	343, 100.0%
	無明顯偏向	126, 11.6% (0.0)	313, 28.8% (-0.9)	560, 56.1% (-1.0)	87, 8.0% (3.8)	1086, 100.0%
	總和	196, 11.6%	500, 29.6%	886, 52.5%	107, 6.3%	1689, 100.0%

資料來源：陳義彥 2000；黃秀端 2004；游清鑫 2008；朱雲漢 2012；黃紀 2016。

說明一：偏統一報紙、偏獨立報紙和無明顯偏向報紙歸類請參考附錄二「報紙選擇」重新編碼。

說明二：表格中2000年實際期間為1999.3.18～2000.3.17，2004實際期間為2003.3.20～2004.3.19，2008年實際期間為2007.3.22～2008.3.21，2012年實際期間為2011.1.14～2012.1.13，2016年實際期間為2015.1.16～2016.1.15。

說明三：細格中第一個數字為樣本數，第二個數字為橫列百分比，括號內為調整後標準化殘差，殘差絕對值大於1.96，代表該細格與該欄全體總和有顯著差異，以灰階表示。

說明四：2000年χ^2 = 176.392, df = 6, p < .001；2004年χ^2 = 194.306, df = 6, p < .001；2008年χ^2 = 102.029, df = 6, p < .001；2012年χ^2 = 86.472, df = 6, p < .001；2016年χ^2 = 62.434, df = 6, p < .001。

顯著低於全體的16.3%；獨立占43.5%，顯著高於全體的24.6%；維持現狀占43.8%，顯著低於全體的51.1%；無反應占2.2%，顯著低於全體的8.0%。報紙選擇「無明顯偏向」的民眾在統一、獨立和無反應的偏向均與全體總和有顯著差異，統一占13.4%，顯著低於全體的16.3%；獨立占21.8%，顯著低於全體的24.6%；無反應占14.1%，顯著高於全體的8.0%。

　　2008年經常看偏統一報紙的民眾在統一、獨立、維持現狀和無反應的偏向均與全體總和有顯著差異，統一占17.4%，顯著高於全體的13.1%；獨立占12.8%，顯著低於全體的23.0%；維持現狀占65.9%，顯著高於全體的57.6%；

無反應占3.9%，顯著低於全體的6.4%。經常看偏獨立報紙的民眾在統一、獨立、維持現狀和無反應的偏向均與全體總和有顯著差異，統一占8.4%，顯著低於全體的13.1%；獨立占39.5%，顯著高於全體的23.0%；維持現狀占48.8%，顯著低於全體的57.6%；無反應占3.3%，顯著低於全體的6.4%。報紙選擇「無明顯偏向」的民眾在獨立和無反應的偏向均與全體總和有顯著差異，獨立占21.3%，顯著低於全體的23.0%；無反應占8.4%，顯著高於全體的6.4%。

2012年經常看偏統一報紙的民眾在統一、獨立、維持現狀和無反應的偏向均與全體總和有顯著差異，統一占17.2%，顯著高於全體的12.1%；獨立占16.7%，顯著低於全體的23.3%；維持現狀占64.8%，顯著高於全體的59.2%；無反應占1.3%，顯著低於全體的5.4%。經常看偏獨立報紙的民眾在統一、獨立、維持現狀和無反應的偏向均與全體總和有顯著差異，統一占6.8%，顯著低於全體的12.1%；獨立占35.5%，顯著高於全體的23.3%；維持現狀占54.7%，顯著低於全體的59.2%；無反應占3.0%，顯著低於全體的5.4%。報紙選擇「無明顯偏向」的民眾在無反應的偏向均與全體總和有顯著差異，無反應占8.1%，顯著高於全體的5.4%。

最後，2016年經常看偏統一報紙的民眾在統一、獨立和維持現狀的偏向均與全體總和有顯著差異，統一占16.9%，顯著高於全體的11.6%；獨立占16.9%，顯著低於全體的29.6%；維持現狀占61.5%，顯著高於全體的52.5%。經常看偏獨立報紙的民眾在統一、獨立和無反應的偏向均與全體總和有顯著差異，統一占7.6%，顯著低於全體的11.6%；獨立占41.7%，顯著高於全體的29.6%；無反應占2.3%，顯著低於全體的6.3%。報紙選擇「無明顯偏向」的民眾在無反應的偏向均與全體總和有顯著差異，無反應占8.0%，顯著高於全體的6.3%。

貳、統獨立場對媒體選擇的影響─兩兩相關

　　另一方面，歷年來民眾統獨立場對其報紙選擇的影響如何呢？表4-6爲控制年份下的「統獨立場與報紙選擇交叉表」。本書發現，2000年統獨立場偏向統一的民眾在選擇偏統一報紙和「無明顯偏向」報紙方面，與全體總和有顯著差異，偏統一報紙占59.3%，顯著高於全體的45.4%；「無明顯偏向」報紙占17.2%，顯著低於全體的28.1%。統獨立場偏向獨立的民眾在選擇偏統一報紙、偏獨立報紙和「無明顯偏向」報紙方面與全體總和有顯著差異，偏統一報紙占36.9%，顯著低於全體的45.4%；偏獨立報紙占44.4%，顯著高於全體的26.5%；「無明顯偏向」報紙占18.8%，顯著低於全體的28.1%。統獨立場偏向維持現狀的民眾在選擇「無明顯偏向」報紙方面與全體總和有顯著差異，選擇「無明顯偏向」報紙占24.6%，顯著低於全體的28.1%。統獨立場無反應的民眾在選擇偏統一報紙、偏獨立報紙和「無明顯偏向」報紙方面與全體總和有顯著差異，偏統一報紙占22.2%，顯著低於全體的45.4%；偏獨立報紙占11.7%，顯著低於全體的26.5%；「無明顯偏向」報紙占66.1%，顯著高於全體的28.1%。

　　2004年統獨立場偏向統一的民眾在選擇偏統一報紙、偏獨立報紙和「無明顯偏向」報紙方面與全體總和有顯著差異，偏統一報紙占47.3%，顯著高於全體的31.6%；偏獨立報紙占13.1%，顯著低於全體的20.2%；「無明顯偏向」報紙占39.6%，顯著低於全體的48.2%。統獨立場偏向獨立的民眾在選擇偏統一報紙、偏獨立報紙和「無明顯偏向」報紙方面與全體總和有顯著差異，偏統一報紙占21.4%，顯著低於全體的31.6%；偏獨立報紙占35.7%，顯著高於全體的20.2%；「無明顯偏向」報紙占42.9%，顯著低於全體的48.2%。統獨立場偏向維持現狀的民眾在選擇偏統一報紙和偏獨立報紙的媒體方面與全體總和有顯著差異，偏統一報紙占35.0%，顯著高於全體的31.6%；偏獨立報紙占17.3%，顯著低於全體的20.2%。統獨立場無反應的民眾在選擇偏統一報紙、偏獨立報紙和「無明顯偏向」報紙方面與全體總和有顯著差異，偏統一報紙占9.0%，顯

表4-6　統獨立場與報紙選擇交叉表

		報紙選擇			
		偏統一報紙	偏獨立報紙	無明顯偏向	總和
2000	統一	159, 59.3% (5.2)	63, 23.5% (-1.3)	46, 17.2% (-4.5)	268, 100.0%
	獨立	59, 36.9% (-2.3)	71, 44.4% (5.5)	30, 18.8% (-2.8)	160, 100.0%
	維持現狀	280, 48.1% (1.9)	159, 27.3% (0.6)	143, 24.6% (-2.7)	582, 100.0%
	無反應	38, 22.2% (-6.6)	20, 11.7% (-4.7)	113, 66.1% (11.9)	171, 100.0%
	總和	536, 45.4%	313, 26.5%	332, 28.1%	1181, 100.0%
2004	統一	141, 47.3% (6.4)	39, 13.1% (-3.3)	118, 39.6% (-3.3)	298, 100.0%
	獨立	96, 21.4% (-5.3)	160, 35.7% (9.4)	192, 42.9% (-2.6)	448, 100.0%
	維持現狀	326, 35.0% (3.2)	161, 17.3% (-3.2)	445, 47.7% (-0.4)	932, 100.0%
	無反應	13, 9.0% (-6.1)	8, 5.5% (-4.6)	124, 85.5% (9.4)	145, 100.0%
	總和	576, 31.6%	368, 20.2%	879, 48.2%	1823, 100.0%
2008	統一	72, 28.9% (3.0)	31, 12.4% (-2.9)	146, 58.6% (-0.1)	249, 100.0%
	獨立	53, 12.1% (-5.5)	145, 33.2% (8.4)	239, 54.7% (-2.1)	437, 100.0%
	維持現狀	272, 24.8% (3.9)	179, 16.3% (-3.8)	645, 58.9% (-0.2)	1096, 100.0%
	無反應	16, 13.1% (-2.4)	12, 9.8% (-2.7)	94, 77.0% (4.2)	122, 100.0%
	總和	413, 21.7%	367, 19.3%	1124, 59.0%	1904, 100.0%

表4-6　統獨立場與報紙選擇交叉表（續）

		報紙選擇			
		偏統一報紙	偏獨立報紙	無明顯偏向	總和
2012	統一	78, 35.3% (3.8)	25, 11.3% (-3.5)	118, 53.4% (-0.5)	221, 100.0%
	獨立	76, 17.8% (-3.8)	131, 30.8% (6.2)	219, 51.4% (-1.7)	426, 100.0%
	維持現狀	294, 27.2% (2.8)	202, 18.7% (-2.0)	585, 54.1% (-0.8)	1081, 100.0%
	無反應	6, 6.1% (-4.4)	11, 11.2% (-2.3)	81, 82.7% (5.7)	98, 100.0%
	總和	454, 24.9%	369, 20.2%	1003, 54.9%	1826, 100.0%
2016	統一	44, 22.4% (2.9)	26, 13.3% (-2.6)	126, 64.3% (0.0)	196, 100.0%
	獨立	44, 8.8% (-4.9)	143, 28.6% (5.5)	313, 62.6% (-0.9)	500, 100.0%
	維持現狀	160, 18.1% (3.2)	166, 18.7% (-1.7)	560, 63.2% (-1.0)	886, 100.0%
	無反應	12, 11.2% (-1.2)	8, 7.5% (-3.4)	87, 81.3% (3.8)	107, 100.0%
	總和	260, 15.5%	343, 20.3%	1086, 64.3%	1689, 100.0%

資料來源：陳義彥 2000；黃秀端 2004；游清鑫 2008；朱雲漢 2012；黃紀 2016。

說明一：偏統一報紙、偏獨立報紙和無明顯偏向報紙歸類請參考附錄二「報紙選擇」重新編碼。

說明二：表格中2000年實際期間爲1999.3.18～2000.3.17，2004實際期間爲2003.3.20～2004.3.19，2008年實際期間爲2007.3.22～2008.3.21，2012年實際期間爲2011.1.14～2012.1.13，2016年實際期間爲2015.1.16～2016.1.15。

說明三：細格中第一個數字爲樣本數，第二個數字爲橫列百分比，括號內爲調整後標準化殘差，殘差絕對值大於1.96，代表該細格與該欄全體總和有顯著差異，以灰階表示。

說明四：2000年χ^2 = 176.392, df = 6, p < .001；2004年χ^2 = 194.306, df = 6, p < .001；2008年χ^2 = 102.029, df = 6, p < .001；2012年χ^2 = 86.472, df = 6, p < .001；2016年χ^2 = 62.434, df = 6, p < .001。

著低於全體的31.6%；偏獨立報紙占5.5%，顯著低於全體的20.2%；「無明顯偏向」報紙占85.5%，顯著高於全體的48.2%。

　　2008年統獨立場偏向統一的民眾在選擇偏統一報紙、偏獨立報紙方面與全體總和有顯著差異，偏統一報紙占28.9%，顯著高於全體的21.7%；偏獨立報紙占12.4%，顯著低於全體的19.3%。統獨立場偏向獨立的民眾在選擇偏統一報紙、偏獨立報紙和「無明顯偏向」報紙方面與全體總和有顯著差異，偏統一報紙占12.1，顯著低於全體的21.7%；偏獨立報紙占33.2%，顯著高於全體的19.3%；「無明顯偏向」報紙占54.7%，顯著低於全體的59.0%。統獨立場偏向維持現狀的民眾在選擇偏統一報紙和偏獨立報紙方面與全體總和有顯著差異，偏統一報紙占24.8%，顯著高於全體的21.7%；偏獨立報紙占16.3%，顯著低於全體的19.3%。統獨立場無反應的民眾在選擇偏統一報紙、偏獨立報紙和無明顯偏向報紙方面與全體總和有顯著差異，偏統一報紙占13.1%，顯著低於全體的21.7%；偏獨立報紙占9.8%，顯著低於全體的19.3%；無明顯偏向報紙占77.0%，顯著高於全體的59.0%。

　　2012年統獨立場偏向統一的民眾在選擇偏統一報紙和偏獨立報紙方面與全體總和有顯著差異，偏統一報紙占35.3%，顯著高於全體的24.9%；偏獨立報紙占11.3%，顯著低於全體的20.2%。統獨立場偏向獨立的民眾在選擇偏統一報紙和偏獨立報紙方面與全體總和有顯著差異，偏統一報紙占17.8%，顯著低於全體的24.9%；偏獨立報紙占30.8%，顯著高於全體的20.2%。統獨立場偏向維持現狀的民眾在選擇偏統一報紙和偏獨立報紙方面與全體總和有顯著差異，偏統一報紙占27.2%，顯著高於全體的24.9%；偏獨立報紙占18.7%，顯著低於全體的20.2%。統獨立場無反應的民眾在選擇偏統一報紙、偏獨立報紙和「無明顯偏向」報紙方面與全體總和有顯著差異，偏統一報紙占6.1%，顯著低於全體的24.9%；偏獨立報紙占11.2%，顯著低於全體的20.2%；「無明顯偏向」報紙占82.7%，顯著高於全體的54.9%。

　　最後，2016年統獨立場偏向統一的民眾在選擇偏統一報紙和偏獨立報紙方面與全體總和有顯著差異，偏統一報紙占22.4%，選擇偏統一報紙的比例顯著

高於全體的15.5%；偏獨立報紙占13.3%，選擇偏獨立報紙的比例顯著低於全體的20.3%。統獨立場偏向獨立的民眾在選擇偏統一報紙和偏獨立報紙方面與全體總和有顯著差異，偏統一報紙占8.8%，選擇偏統一報紙的比例顯著低於全體的15.5%；偏獨立報紙占28.6%，選擇偏獨立報紙的比例顯著高於全體的20.3%。統獨立場偏向維持現狀的民眾在選擇偏統一報紙與全體總和有顯著差異，偏統一報紙占18.1%，選擇偏統一報紙的比例顯著高於全體的15.5%。統獨立場無反應的民眾在選擇偏獨立報紙和「無明顯偏向」報紙方面與全體總和有顯著差異，偏獨立報紙占7.5%，選擇偏獨立報紙的比例顯著低於全體的20.3%；「無明顯偏向」報紙占81.3%，選擇無明顯偏向報紙的比例顯著高於全體的64.3%。

參、報紙選擇對統獨立場的影響—橫斷面視角

　　是什麼原因影響了2000年民眾的統獨立場？為了整體檢視所有可能影響統獨立場的原因，我們以統計模型的方式回答這個問題，因為統獨立場「無反應」可能干擾分析，因此將其刪除。以下分別說明影響2000年、2004年、2008年和2012年民眾統獨立場的因素。在表4-7「統一相對於獨立」的模型中，報紙選擇的影響並不明顯，而是職業、政黨認同和族群意識的影響。職業為農林漁牧的民眾（相對於藍領的民眾），比較偏向獨立（相對於統一）（B=-1.624），職業為農林漁牧的民眾偏向統一（相對於獨立）的機率只有藍領的0.197倍。政黨認同為泛藍的民眾（相對於泛綠的民眾），較偏向統一（相對於獨立）（B=1.674），泛藍民眾偏向統一（相對於獨立）的機率是泛綠民眾的5.335倍；另一方面，政黨認同中立的民眾（相對於泛綠的民眾），同樣較偏向統一（相對於獨立）（B=1.121），中立民眾偏向統一（相對於獨立）的機率是泛綠民眾的3.069倍。族群意識為中國人的民眾（相對於臺灣人的民眾），較偏向統一（相對於獨立）（B=2.383），族群意識為中國人的民

眾偏向統一（相對於獨立）的機率是臺灣人的10.839倍；族群意識爲臺灣人、
中國人兩者「都是」的民衆（相對於臺灣人的民衆）（B=1.554），較偏向統
一（相對於獨立），族群意識爲臺灣人、中國人兩者「都是」的民眾偏向統一
（相對於獨立）的機率是臺灣人的4.732倍。

表4-7　2000年統獨立場模型

	統一／獨立			維持現狀／獨立		
	B	SE	Exp(B)	B	SE	Exp(B)
報紙選擇（對照：偏獨立報紙）						
偏統一報紙	.464	.265	1.590	.452*	.224	1.571
無明顯偏向報紙	.222	.352	1.249	.627*	.282	1.873
男性（對照：女性）	.178	.234	1.195	-.133	.198	.876
省籍（對照：本省閩南人）						
大陸各省市人	.613	.514	1.845	.387	.500	1.473
本省客家人	.308	.385	1.360	.570	.334	1.768
政治世代（對照：第一世代）						
第二世代	-.032	.378	.968	.486	.325	1.626
第三世代	-.417	.391	.659	.405	.335	1.500
教育程度（對照：低）						
高	-.117	.355	.889	-.649*	.310	.523
中	-.429	.311	.651	-.407	.261	.666
居住地區（對照：南部）						
北部	.402	.272	1.495	.386	.231	1.471
中部	.351	.326	1.421	.145	.271	1.156
東部	-.043	.532	.957	-.306	.443	.737
職業（對照：藍領）						
高、中級白領	.305	.329	1.356	-.303	.274	.738
中低、低級白領	.597	.336	1.817	-.021	.282	.980

表4-7　2000年統獨立場模型（續）

	統一／獨立			維持現狀／獨立		
	B	SE	Exp(B)	B	SE	Exp(B)
農林漁牧	-1.624**	.529	.197	-.804*	.369	.447
其他	1.027	.763	2.793	-.013	.670	.987
政黨認同（對照：泛綠）						
泛藍	1.674***	.329***	5.335	.767**	.287	2.154
中立	1.121***	.286***	3.069	.775**	.225	2.170
族群意識（對照：臺灣人）						
中國人	2.383***	.501	10.839	.975*	.481	2.650
都是	1.554***	.264	4.732	.947***	.222	2.578
截距	-1.803***	.490		.041	.393	
LR χ^2	255.118					
df	40					
p	<.001					
cox & snell R^2	.229					
N	980					
-2LL likelihood	1762.311					

資料來源：陳義彥 2000。

　　在「維持現狀相對於獨立」的模型中，可見報紙選擇的影響；閱讀偏統一報紙（相對於偏獨立報紙）的民眾較偏向維持現狀（相對於獨立）（B=.452），閱讀偏統一報紙的民眾偏向維持現狀（相對於獨立）的機率是閱讀偏獨立報紙民眾的1.571倍。閱讀無明顯偏向報紙（相對於偏獨立報紙）較偏向維持現狀（相對於獨立）（B=.627），閱讀無明顯偏向報紙的民眾偏向維持現狀（相對於獨立）的機率是閱讀偏獨立報紙民眾的1.873倍。其他包括教育程度、職業、政黨認同和族群意識也對統獨立場有所影響。教育程度高（相對於低）的民眾，較偏向獨立（相對於維持現狀）（B=-.649），教育程度高

的民眾偏向維持現狀（相對於獨立）的機率只有教育程度低者的0.523倍。職業為農林漁牧的民眾（相對於藍領的民眾），比較偏向獨立（相對於維持現狀）（B=-.804），職業為農林漁牧的民眾偏向維持現狀（相對於獨立）的機率是藍領的0.447倍。

　　政黨認同為泛藍的民眾（相對於泛綠的民眾）（B=.767），較偏向維持現狀（相對於獨立），泛藍民眾偏向維持現狀（相對於獨立）的機率是泛綠民眾的2.154倍；另一方面，政黨認同中立的民眾（相對於泛綠的民眾），同樣較偏向維持現狀（相對於獨立）（B=.775），中立民眾偏向維持現狀（相對於獨立）的機率是泛綠民眾的2.170倍。族群意識為中國人的民眾（相對於臺灣人的民眾），較偏向維持現狀（相對於獨立）（B=.975），族群意識為中國人的民眾偏向維持現狀（相對於獨立）的機率是臺灣人的2.650倍；族群意識為臺灣人、中國人兩者「都是」的民眾（相對於臺灣人的民眾），較偏向維持現狀（相對於獨立）（B=.947），族群意識為臺灣人、中國人兩者「都是」的民眾偏向維持現狀（相對於獨立）的機率是臺灣人的2.578倍。

　　影響2004年民眾統獨立場的原因為何？在表4-8「統一相對於獨立」的類別中，報紙選擇的影響存在著；閱讀偏統一報紙（相對於偏獨立報紙）的民眾偏向統一（相對於獨立）（B=.805），閱讀偏統一報紙的民眾偏向統一（相對於獨立）的機率是閱讀偏獨立報紙的2.237倍。其他變數如省籍、政黨認同和族群意識對民眾統獨立場也有所影響，省籍為大陸各省市人的民眾（相對於本省閩南人的民眾），比較偏向統一（相對於獨立）（B=.911），大陸各省市人偏向統一（相對於獨立）的機率是本省閩南人的2.487倍。

　　政黨認同為泛藍的民眾（相對於泛綠的民眾），較偏向統一（相對於獨立）（B=2.543），泛藍民眾偏向統一（相對於獨立）的機率是泛綠民眾的12.719倍；另一方面，政黨認同中立的民眾（相對於泛綠的民眾），同樣較偏向統一（相對於獨立）（B=1.633），中立民眾偏向統一（相對於獨立）的機率是泛綠民眾的5.119倍。族群意識為中國人的民眾（相對於臺灣人的民眾），較偏向統一（相對於獨立）（B=2.602），族群意識為中國人的民眾偏

表4-8　2004年統獨立場模型

	統一／獨立			維持現狀／獨立		
	B	SE	Exp(B)	B	SE	Exp(B)
報紙選擇（對照：偏獨立報紙）						
偏統一報紙	.805**	.264	2.237	.576**	.190	1.778
無明顯偏向報紙	.378	.252	1.459	.464**	.169	1.591
男性（對照：女性）	.123	.185	1.131	-.301*	.139	.740
省籍（對照：本省閩南人）						
大陸各省市人	.911**	.326	2.487	.402	.299	1.494
本省客家人	.330	.289	1.391	.290	.225	1.336
政治世代（對照：第一世代）						
第二世代	.339	.313	1.404	.673**	.235	1.960
第三世代	.296	.321	1.344	.356	.242	1.428
教育程度（對照：低）						
高	-.434	.292	.648	-.364	.220	.695
中	.336	.255	1.400	-.097	.194	.908
居住地區（對照：南部）						
北部	.070	.207	1.072	.153	.156	1.165
中部	.154	.261	1.166	.400*	.192	1.492
東部	-.032	.496	.968	-.095	.363	.909
職業（對照：藍領）						
高、中級白領	-.070	.255	.933	-.211	.197	.810
中低、低級白領	-.012	.259	.988	.144	.198	1.155
農林漁牧	-.582	.364	.559	-.288	.247	.749
其他	.200	.500	1.221	-.014	.372	.986
政黨認同（對照：泛綠）						
泛藍	2.543***	.277	12.719	1.803***	.212	6.067
中立	1.633***	.239	5.119	1.237***	.152	3.446

表4-8　2004年統獨立場模型（續）

	統一／獨立			維持現狀／獨立		
	B	SE	Exp(B)	B	SE	Exp(B)
族群意識（對照：臺灣人）						
中國人	2.602***	.441	13.490	1.151**	.421	3.160
都是	1.338***	.212	3.812	1.207***	.154	3.345
截距	-3.344***	.431		-1.212***	.301	
LR χ^2	576.524					
Df	40					
P	<.001					
cox & snell R^2	.300					
N	1619					
-2LL likelihood	2875.431					

資料來源：黃秀端 2004。

向統一（相對於獨立）的機率是臺灣人的13.490倍；族群意識為臺灣人、中國人兩者「都是」的民眾（相對於臺灣人的民眾）（B=1.338），較偏向統一（相對於獨立），族群意識為臺灣人、中國人兩者「都是」的民眾偏向統一（相對於獨立）的機率是臺灣人的3.812倍。

　　在「維持現狀相對於獨立」的類別中，可見報紙選擇的影響：閱讀偏統一報紙（相對於偏獨立報紙）的民眾較偏向維持現狀（相對於獨立）（B=.576），閱讀偏統一報紙的民眾偏向維持現狀（相對於獨立）的機率是閱讀偏獨立報紙民眾的1.778倍。閱讀無明顯偏向報紙（相對於偏獨立報紙）較偏向維持現狀（相對於獨立）（B=.464），閱讀無明顯偏向報紙的民眾偏向維持現狀（相對於獨立）的機率是閱讀偏獨立報紙民眾的1.591倍。其他包括性別、政治世代、居住地區、政黨認同和族群意識也對統獨立場有所影響，性別為男性（相對於女性）的民眾，較偏向獨立（相對於維持現狀）（B=-0.301）。性別為男性的民眾偏向維持現狀（相對於獨立）的機率是女性

的0.740倍。政治世代第二代（相對於第一代）的民眾，較偏向維持現狀（相對於獨立）（B=.673），政治世代第二代的民眾偏向維持現狀（相對於獨立）的機率是第一代民眾的1.960倍。居住地區為中部的民眾（相對於南部的民眾），比較偏向維持現狀（相對於獨立）（B=.400），居住地區為中部的民眾偏向維持現狀（相對於獨立）的機率是南部民眾的1.492倍。

　　政黨認同為泛藍的民眾（相對於泛綠的民眾），較偏向維持現狀（相對於獨立）（B=1.803），泛藍民眾偏向維持現狀（相對於獨立）的機率是泛綠民眾的6.067倍；另一方面，政黨認同中立的民眾（相對於泛綠的民眾），同樣較偏向維持現狀（相對於獨立）（B=1.237），中立民眾偏向維持現狀（相對於獨立）的機率是泛綠民眾的3.446倍。族群意識為中國人的民眾（相對於臺灣人的民眾），較偏向維持現狀（相對於獨立）（B=1.151），族群意識為中國人的民眾偏向維持現狀（相對於獨立）的機率是臺灣人的3.160倍；族群意識為臺灣人、中國人兩者「都是」的民眾（相對於臺灣人的民眾），較偏向維持現狀（相對於獨立）（B=1.207），族群意識為臺灣人、中國人兩者「都是」的民眾偏向維持現狀（相對於獨立）的機率是臺灣人的3.345倍。

　　同樣地，是什麼原因影響了2008年民眾的統獨立場？在表4-9「統一相對於獨立」的類別中，報紙選擇的影響並不明顯，而是政黨認同和族群意識的影響。政黨認同為泛藍的民眾（相對於泛綠的民眾），較偏向統一（相對於獨立）（B=2.086），泛藍民眾偏向統一（相對於獨立）的機率是泛綠民眾的8.051倍；另一方面，政黨認同中立的民眾（相對於泛綠的民眾），同樣較偏向統一（相對於獨立）（B=.856），中立民眾偏向統一（相對於獨立）的機率是泛綠民眾的2.355倍。族群意識為中國人的民眾（相對於臺灣人的民眾），較偏向統一（相對於獨立）（B=3.567），族群意識為中國人的民眾偏向統一（相對於獨立）的機率是臺灣人的35.402倍；族群意識為臺灣人、中國人兩者「都是」的民眾（相對於臺灣人的民眾）（B=2.204），較偏向統一（相對於獨立），族群意識為臺灣人、中國人兩者「都是」的民眾偏向統一（相對於獨立）的機率是臺灣人的9.062倍。

表4-9　2008年統獨立場模型

	統一／獨立			維持現狀／獨立		
	B	SE	Exp(B)	B	SE	Exp(B)
報紙選擇（對照：偏獨立報紙）						
偏統一報紙	.591	.311	1.806	.695**	.213	2.003
無明顯偏向報紙	.412	.257	1.510	.416**	.155	1.516
男性（對照：女性）	.212	.194	1.237	-.275*	.134	.760
省籍（對照：本省閩南人）						
大陸各省市人	.565	.363	1.760	.364	.326	1.438
本省客家人	-.258	.299	.772	-.303	.211	.739
政治世代（對照：第一世代）						
第二世代	.088	.357	1.091	.198	.240	1.219
第三世代	.376	.368	1.456	.416	.252	1.516
教育程度（對照：低）						
高	-.083	.302	.920	-.279	.204	.757
中	.049	.277	1.050	-.087	.184	.917
居住地區（對照：南部）						
北部	.260	.234	1.297	.288	.154	1.334
中部	.353	.277	1.424	.364	.187	1.439
東部	-.114	.437	.892	-.488	.326	.614
職業（對照：藍領）						
高、中級白領	-.094	.272	.910	-.081	.191	.922
中低、低級白領	-.037	.257	.963	-.046	.179	.955
農林漁牧	-.325	.442	.723	.004	.252	1.004
其他	.504	.420	1.656	.158	.290	1.171
政黨認同（對照：泛綠）						
泛藍	2.086***	.283***	8.051	1.576***	.186	4.835
中立	.856**	.281**	2.355	1.181***	.151	3.257

表4-9　2008年統獨立場模型（續）

	統一／獨立			維持現狀／獨立		
	B	SE	Exp(B)	B	SE	Exp(B)
族群意識（對照：臺灣人）						
中國人	3.567***	.673	35.402	1.848**	.643	6.348
都是	2.204***	.231	9.062	1.152***	.163	3.165
截距	-3.591***	.479		-.811**	.291	
LR χ^2	554.678					
df	40					
p	<.001					
cox & snell R^2	.272					
N	1750					
-2LL likelihood	2763.110					

資料來源：游清鑫 2008。

　　在「維持現狀相對於獨立」的類別中，可見報紙選擇的影響；閱讀偏統一報紙（相對於偏獨立報紙）的民眾較偏向維持現狀（相對於獨立）（B=.695），閱讀偏統一報紙的民眾偏向維持現狀（相對於獨立）的機率是閱讀偏獨立報紙民眾的2.003倍。閱讀無明顯偏向報紙（相對於偏獨立報紙）的民眾較偏向維持現狀（相對於獨立）（B=.416），閱讀無明顯偏向報紙的民眾偏向維持現狀（相對於獨立）的機率是閱讀偏獨立報紙民眾的1.516倍。

　　其他包括性別、政黨認同和族群意識也對統獨立場有所影響。男性（相對於女性），較偏向獨立（相對於維持現狀）（B=-.275），男性民眾偏向維持現狀（相對於獨立）的機率只有女性的0.760倍。政黨認同為泛藍的民眾（相對於泛綠的民眾），較偏向維持現狀（相對於獨立）（B=1.576），泛藍民眾偏向維持現狀（相對於獨立）的機率是泛綠民眾的4.835倍；另一方面，政黨認同中立的民眾（相對於泛綠的民眾），同樣較偏向維持現狀（相對於獨立）（B=1.181），中立民眾偏向維持現狀（相對於獨立）的機率是泛綠民

眾的3.257倍。族群意識爲中國人的民眾（相對於臺灣人的民眾），較偏向維
持現狀（相對於獨立）（B=1.848），族群意識爲中國人的民眾偏向維持現狀
（相對於獨立）的機率是臺灣人的6.348倍；族群意識爲臺灣人、中國人兩者
「都是」的民眾（相對於臺灣人的民眾），較偏向維持現狀（相對於獨立）
（B=1.152），族群意識爲臺灣人、中國人兩者「都是」的民眾偏向維持現狀
（相對於獨立）的機率是臺灣人的3.165倍。

　　再者，是什麼原因影響了2012年民眾的統獨立場？在表4-10「統一相對於
獨立」的類別中，報紙選擇的影響並不明顯，而是性別、政黨認同和族群意識
的影響。男性（相對於女性），較偏向統一（相對於獨立）（B=.693），男性
民眾偏向統一（相對於獨立）的機率是女性的1.999倍。政黨認同爲泛藍的民
眾（相對於泛綠的民眾），較偏向統一（相對於獨立）（B=1.962），泛藍民
眾偏向統一（相對於獨立）的機率是泛綠民眾的7.110倍。

　　另一方面，政黨認同中立的民眾（相對於泛綠的民眾），同樣較偏向統

表4-10　2012年統獨立場模型

	統一／獨立			維持現狀／獨立		
	B	SE	Exp(B)	B	SE	Exp(B)
報紙選擇（對照：偏獨立報紙）						
偏統一報紙	.338	.314	1.402	.003	.201	1.003
無明顯偏向報紙	.439	.270	1.551	.096	.155	1.101
男性（對照：女性）	.693***	.192	1.999	.231	.131	1.260
省籍（對照：本省閩南人）						
大陸各省市人	.208	.330	1.232	.104	.277	1.109
本省客家人	.013	.288	1.013	.037	.207	1.038
政治世代（對照：第一世代）						
第二世代	.296	.380	1.345	.263	.274	1.301
第三世代	-.025	.390	.975	.118	.282	1.125

表4-10　2012年統獨立場模型（續）

	統一／獨立			維持現狀／獨立		
	B	SE	Exp(B)	B	SE	Exp(B)
教育程度（對照：低）						
高	-.039	.296	.962	-.027	.212	.974
中	-.271	.270	.763	-.131	.190	.877
居住地區（對照：南部）						
北部	.138	.228	1.147	.041	.153	1.042
中部	.091	.279	1.095	.116	.186	1.123
東部	.181	.442	1.198	.209	.311	1.232
職業（對照：藍領）						
高、中級白領	-.210	.279	.811	.010	.193	1.010
中低、低級白領	-.172	.255	.842	.007	.177	1.007
農林漁牧	-.131	.398	.877	-.360	.263	.698
其他	.274	.370	1.315	-.159	.264	.853
政黨認同（對照：泛綠）						
泛藍	1.962***	.267	7.110	1.514***	.177	4.544
中立	.700*	.280	2.014	1.146***	.155	3.147
族群意識（對照：臺灣人）						
中國人	3.444***	.832	31.320	2.239**	.808	9.387
都是	1.908***	.228	6.738	1.370***	.174	3.935
截距	-3.045***	.483		-.552	.311	
LR χ^2	431.404					
df	40					
p	<.001					
cox & snell R^2	.223					
N	1711					
-2LL likelihood	2644.994					

資料來源：朱雲漢　2012。

一（相對於獨立）（B=.700），中立民眾偏向統一（相對於獨立）的機率是泛綠民眾的2.014倍。族群意識為中國人的民眾（相對於臺灣人的民眾），較偏向統一（相對於獨立）（B=3.444），族群意識為中國人的民眾偏向統一（相對於獨立）的機率是臺灣人的31.320倍；族群意識為臺灣人、中國人兩者「都是」的民眾（相對於臺灣人的民眾），較偏向統一（相對於獨立）（B=1.908），族群意識為臺灣人、中國人兩者「都是」的民眾偏向統一（相對於獨立）的機率是臺灣人的6.738倍。

在「維持現狀相對於獨立」的類別中，僅政黨認同和族群意識對統獨立場有所影響。政黨認同為泛藍的民眾（相對於泛綠的民眾），較偏向維持現狀（相對於獨立）（B=1.514），泛藍民眾偏向維持現狀（相對於獨立）的機率是泛綠民眾的4.544倍；另一方面，政黨認同中立的民眾（相對於泛綠的民眾），同樣較偏向維持現狀（相對於獨立）（B=1.146），中立民眾偏向維持現狀（相對於獨立）的機率是泛綠民眾的3.147倍。族群意識為中國人的民眾（相對於臺灣人的民眾），較偏向維持現狀（相對於獨立）（B=2.239），族群意識為中國人的民眾偏向維持現狀（相對於獨立）的機率是臺灣人的9.387倍；族群意識為臺灣人、中國人兩者「都是」的民眾（相對於臺灣人的民眾），較偏向維持現狀（相對於獨立）（B=1.370），族群意識為臺灣人、中國人兩者「都是」的民眾偏向維持現狀（相對於獨立）的機率是臺灣人的3.935倍。

再者，是什麼原因影響了2016年民眾的統獨立場？在表4-11「統一相對於獨立」的類別中，報紙選擇的影響並不明顯，而是世代、居住地區、政黨認同和族群意識的影響。第三世代（相對於第一世代）較偏向獨立（相對於統一）（B=-1.015），第三世代民眾偏向統一（相對於獨立）的機率是第一世代的0.363倍。中部民眾（相對於南部），較偏向統一（相對於獨立）（B=0.558），中部民眾偏向統一（相對於獨立）的機率是南部民眾的1.748倍。政黨認同為泛藍的民眾（相對於泛綠的民眾），較偏向統一（相對於獨立）（B=2.470），泛藍民眾偏向統一（相對於獨立）的機率是泛綠民眾的

11.821倍。

　　另一方面，政黨認同中立的民眾（相對於泛綠的民眾），同樣較偏向統一（相對於獨立）（B=1.252），中立民眾偏向統一（相對於獨立）的機率是泛綠民眾的3.499倍。族群意識為中國人的民眾（相對於臺灣人的民眾），較偏向統一（相對於獨立）（B=2.884），族群意識為中國人的民眾偏向統一（相對於獨立）的機率是臺灣人的17.886倍；族群意識為臺灣人、中國人兩者「都是」的民眾（相對於臺灣人的民眾），較偏向統一（相對於獨立）（B=2.215），族群意識為臺灣人、中國人兩者「都是」的民眾偏向統一（相對於獨立）的機率是臺灣人的9.158倍。

　　在「維持現狀相對於獨立」的類別中，報紙選擇對民眾統獨立場有所影響，報紙選擇偏統一報紙的民眾（相對於偏獨立報紙的民眾），較偏向維持現狀（相對於獨立）（B=0.483），報紙選擇偏統一報紙的民眾偏向統一（相對於獨立）的機率是閱讀偏獨立報紙民眾的1.620倍。再者，教育程度高的民眾（相對於教育程度低）較偏向獨立（相對於維持現狀）（B=-0.674），教育程度高的民眾偏向維持現狀（相對於獨立）的機率是教育程度低民眾的0.510倍。

　　政黨認同和族群意識對統獨立場亦有所影響。政黨認同為泛藍的民眾（相對於泛綠的民眾），較偏向維持現狀（相對於獨立）（B=1.614），泛藍民眾偏向維持現狀（相對於獨立）的機率是泛綠民眾的5.025倍；另一方面，政黨認同中立的民眾（相對於泛綠的民眾），同樣較偏向維持現狀（相對於獨立）（B=1.083），中立民眾偏向維持現狀（相對於獨立）的機率是泛綠民眾的2.954倍。族群意識為中國人的民眾（相對於臺灣人的民眾），較偏向維持現狀（相對於獨立）（B=1.484），族群意識為中國人的民眾偏向維持現狀（相對於獨立）的機率是臺灣人的4.409倍；族群意識為臺灣人、中國人兩者「都是」的民眾（相對於臺灣人的民眾），較偏向維持現狀（相對於獨立）（B=1.427），族群意識為臺灣人、中國人兩者「都是」的民眾偏向維持現狀（相對於獨立）的機率是臺灣人的4.166倍。

表4-11　2016年統獨立場模型

	統一／獨立			維持現狀／獨立		
	B	SE	Exp(B)	B	SE	Exp(B)
報紙選擇（對照：偏獨立報紙）						
偏統一報紙	.474	.371	1.607	.483*	.239	1.620
無明顯偏向報紙	.386	.284	1.471	.171	.155	1.187
男性（對照：女性）	.276	.215	1.318	-.086	.135	.917
省籍（對照：本省閩南人）						
大陸各省市人	.711	.366	2.035	.378	.304	1.459
本省客家人	.163	.311	1.177	.136	.203	1.146
政治世代（對照：第一世代）						
第二世代	-.062	.436	.940	.611	.344	1.843
第三世代	-1.015*	.460	.363	.426	.351	1.530
教育程度（對照：低）						
高	-.325	.333	.722	-.674**	.214	.510
中	.171	.311	1.187	-.297	.205	.743
居住地區（對照：南部）						
北部	-.307	.246	.735	-.032	.152	.969
中部	.558*	.284	1.748	.198	.182	1.219
東部	.206	.647	1.229	.029	.481	1.029
職業（對照：藍領）	-.449	.285	.638	.012	.186	1.012
高、中級白領						
中低、低級白領	-.448	.294	.639	-.003	.190	.997
農林漁牧	.323	.488	1.381	.379	.352	1.461
其他	-.267	.417	.766	.132	.268	1.141
政黨認同（對照：泛綠）						
泛藍	2.470***	.312	11.821	1.614***	.210	5.025
中立	1.252***	.275	3.499	1.083***	.147	2.954

表4-11　2016年統獨立場模型（續）

	統一／獨立			維持現狀／獨立		
	B	SE	Exp(B)	B	SE	Exp(B)
族群意識（對照：臺灣人）						
中國人	2.884***	.735	17.886	1.484*	.700	4.409
都是	2.215***	.253	9.158	1.427***	.185	4.166
截距	-2.284***	.527		-.650	.372	
LR χ^2	493.463					
df	40					
p	<.001					
cox & snell R^2	.283					
N	1481					
-2LL likelihood	1827.609					

資料來源：黃紀　2016。

肆、統獨立場對報紙選擇的影響—橫斷面視角

　　反之，為了整體檢視所有可能影響民眾報紙選擇的原因，我們同樣以統計模型的方式回答這個問題，以下分別說明影響2000年、2004年、2008年和2012年影響民眾報紙選擇的因素。影響2000年民眾報紙選擇的原因為何？在表4-12「偏統一報紙相對於偏獨立報紙」的類別中，統獨立場的影響存在著，選擇維持現狀（相對於選擇獨立）的民眾偏向選擇偏統一報紙（相對於偏獨立報紙）（B=.478），維持現狀的民眾偏向選擇統一報紙（相對於偏獨立報紙）的機率是選擇獨立民眾的1.612倍，其他變數如居住地區、政黨認同和族群意識對民眾報紙選擇也有所影響。居住地區為北部的民眾（相對於南部的民眾），比較偏向選擇偏統一的報紙（相對於偏獨立報紙）（B=.404），居住在北部的民眾選擇偏向統一的報紙（相對於偏獨立報紙）的機率是居住在南部民眾的1.497倍。

表4-12　2000年報紙選擇模型

	偏統一報紙／偏獨立報紙			無明顯偏向報紙／偏獨立報紙		
	B	SE	Exp(B)	B	SE	Exp(B)
統獨立場（對照：獨立）						
統一	.458	.264	1.581	.234	.351	1.263
維持現狀	.478*	.223	1.612	.596*	.282	1.814
男性（對照：女性）	.024	.162	1.025	.290	.205	1.337
省籍（對照：本省閩南人）						
大陸各省市人	.435	.329	1.546	.676	.415	1.965
本省客家人	-.394	.241	.674	-.249	.300	.780
政治世代（對照：第一世代）						
第二世代	-.073	.294	.929	-.977**	.307	.376
第三世代	.113	.304	1.120	-.548	.323	.578
教育程度（對照：低）						
高	.125	.244	1.133	-1.148**	.353	.317
中	-.044	.210	.957	-.872**	.261	.418
居住地區（對照：南部）						
北部	.404*	.190	1.497	.170	.237	1.185
中部	-.130	.228	.878	-.305	.279	.737
東部	-.324	.391	.723	-.345	.506	.708
職業（對照：藍領）						
高、中級白領	.143	.224	1.153	-.819**	.271	.441
中低、低級白領	.347	.223	1.415	-.825**	.273	.438
農林漁牧	.586	.383	1.797	.329	.387	1.390
其他	-.091	.592	.913	.541	.570	1.717
政黨認同（對照：泛綠）						
泛藍	.993***	.225	2.699	.364	.302	1.439
中立	.371	.195	1.450	.827**	.238	2.286

表4-12　2000年報紙選擇模型（續）

	偏統一報紙 /偏獨立報紙			無明顯偏向報紙 /偏獨立報紙		
	B	SE	Exp(B)	B	SE	Exp(B)
族群意識（對照：臺灣人）						
中國人	.323	.306	1.381	.332	.359	1.393
都是	.676***	.177	1.967	-.008	.226	.992
截距	-1.014**	.376		.049	.406	
LR χ^2	269.495					
Df	40					
p	<.001					
cox & snell R^2	.240					
N	980					
-2LL likelihood	1885.572					

資料來源：陳義彥 2000。

　　政黨認同爲泛藍的民眾（相對於泛綠的民眾），較偏向選擇統一報紙（相對於偏獨立報紙）（B=.993），泛藍民眾偏向選擇偏統一報紙（相對於偏獨立報紙）的機率是泛綠民眾的2.699倍。族群意識爲臺灣人、中國人兩者「都是」的民眾（相對於臺灣人的民眾）（B=.676），較偏向選擇偏統一的報紙（相對於偏獨立的報紙），族群意識「都是」的民眾選擇偏向統一的報紙（相對於偏向獨立的報紙）的機率是臺灣人的1.967倍。

　　在「無明顯偏向報紙相對於偏獨立報紙」的類別中，可見統獨立場的影響。選擇維持現狀（相對於選擇獨立）的民眾偏向選擇無明顯偏向報紙（相對於偏獨立報紙）（B=.596），維持現狀的民眾偏向選擇無明顯偏向報紙（相對於偏獨立報紙）的機率是選擇獨立民眾的1.814倍。其他變數如政治世代、教育程度、職業和政黨認同對民眾報紙選擇也有所影響，政治世代第二世代的民眾（相對於第一世代的民眾），比較偏向選擇偏獨立的報紙（相對於無明顯偏

向報紙）（B=-.977），政治世代第二代民衆偏向選擇無明顯偏向報紙（相對於偏獨立報紙）的機率是政治世代第一代的0.376倍。

　　教育程度高的民衆相對於教育程度低的民衆，選擇偏向獨立的報紙（相對於無明顯偏向報紙）（B=-1.148），教育程度高的民衆選擇無明顯偏向報紙（相對於偏向獨立的報紙）是教育程度低民衆的0.317倍。教育程度中的民衆相對於教育程度低的民衆，選擇偏向獨立的報紙（相對於無明顯偏向報紙）（B=-.872），教育程度中的民衆選擇無明顯偏向報紙（相對於偏向獨立的報紙）是教育程度低民衆的0.418倍。職業爲高、中級白領的民衆相對於藍領的民衆，選擇偏向獨立的報紙（相對於無明顯偏向報紙）（B=-.819），高、中級白領的民衆選擇無明顯偏向報紙（相對於偏向獨立的報紙）的機率是藍領民衆的0.441倍。職業爲中低、低級白領的民衆相對於藍領的民衆，選擇偏向獨立的報紙（相對於無明顯偏向報紙）（B=-.825），中低、低級白領的民衆選擇無明顯偏向報紙（相對於偏向獨立的媒體）的機率是藍領民衆的0.438倍。政黨認同爲中立的民衆（相對於泛綠的民衆），較偏向選擇無明顯偏向報紙（相對於偏獨立報紙）（B=.827），中立民衆偏向選擇無明顯偏向報紙（相對於偏獨立報紙）的機率是泛綠民衆的2.286倍。

　　影響2004年民衆報紙選擇的原因爲何？在表4-13「偏統一報紙相對於偏獨立報紙」的類別中，統獨立場的影響存在著。選擇統一（相對於選擇獨立）的民衆偏向選擇偏統一報紙（相對於偏獨立報紙）（B=.733），選擇統一的民衆偏向選擇統一報紙（相對於偏獨立報紙）的機率是選擇獨立民衆的2.082倍，選擇維持現狀（相對於選擇獨立）的民衆偏向選擇偏統一報紙（相對於偏獨立報紙）（B=.570），維持現狀的民衆偏向選擇統一報紙（相對於偏獨立報紙）的機率是選擇獨立民衆的1.769倍。其他變數如省籍、政治世代、居住地區、政黨認同和族群意識對民衆報紙選擇也有所影響，省籍爲大陸各省市人的民衆（相對於本省閩南人的民衆），比較偏向選擇偏統一的報紙（相對於偏獨立報紙）（B=.665），大陸各省市人的民衆選擇偏向統一的報紙（相對於偏獨立報紙）的機率是本省閩南人民衆的1.944倍。政治世代第二代的民衆（相

表4-13　2004年報紙選擇模型

	偏統一報紙 /偏獨立報紙			無明顯偏向報紙 /偏獨立報紙		
	B	SE	Exp(B)	B	SE	Exp(B)
統獨立場（對照：獨立）						
統一	.733**	.262	2.082	.351	.249	1.421
維持現狀	.570**	.189	1.769	.478**	.167	1.612
男性（對照：女性）	.089	.155	1.093	-.255	.144	.775
省籍（對照：本省閩南人）						
大陸各省市人	.665*	.303	1.944	.697*	.301	2.007
本省客家人	.255	.247	1.290	.240	.235	1.272
政治世代（對照：第一世代）						
第二世代	-.586*	.294	.557	-.487	.272	.614
第三世代	-.646*	.303	.524	-.278	.280	.757
教育程度（對照：低）						
高	.343	.246	1.409	-.753**	.225	.471
中	-.245	.219	.783	-.961***	.195	.382
居住地區（對照：南部）						
北部	.424*	.176	1.528	.091	.162	1.096
中部	.035	.212	1.035	-.251	.194	.778
東部	.713	.497	2.039	.834	.449	2.302
職業（對照：藍領）						
高、中級白領	-.397	.217	.672	-.542**	.199	.582
中低、低級白領	-.236	.217	.790	-.486*	.200	.615
農林漁牧	.454	.322	1.574	.082	.295	1.085
其他	-.774	.420	.461	-.756*	.362	.470
政黨認同（對照：泛綠）						
泛藍	1.405***	.224	4.076	.878***	.216	2.407
中立	.605**	.188	1.831	.603***	.168	1.828

表4-13　2004年報紙選擇模型（續）

	偏統一報紙 /　偏獨立報紙			無明顯偏向報紙 /　偏獨立報紙		
	B	SE	Exp(B)	B	SE	Exp(B)
族群意識（對照：臺灣人）						
中國人	.663	.390	1.942	.536	.378	1.710
都是	.718***	.175	2.049	.290	.163	1.337
截距	-.614	.347		1.113***	.309	
LR χ^2	357.304					
df	40					
p	<.001					
cox & snell R^2	.198					
N	1619					
-2LL likelihood	2952.307					

資料來源：黃秀端 2004。

對於第一代民眾），比較偏向選擇偏獨立的報紙（相對於偏統一報紙）（B=
-.586），政治世代第二代的民眾選擇偏向統一的報紙（相對於偏獨立報紙）
的機率是第一代民眾的0.557倍。政治世代第三代的民眾（相對於第一代民
眾），比較偏向選擇偏獨立的報紙（相對於偏獨立報紙）（B=-.646），政治
世代第三代的民眾選擇偏向統一的報紙（相對於偏獨立報紙）的機率是第一代
民眾的0.524倍。

　　居住地區爲北部的民眾（相對於南部的民眾），比較偏向選擇偏統一的
報紙（相對於偏獨立報紙）（B=.424），居住在北部的民眾選擇偏向統一的報
紙（相對於偏獨立報紙）的機率是居住在南部民眾的1.528倍。政黨認同爲泛
藍的民眾（相對於泛綠的民眾），較偏向選擇統一報紙（相對於偏獨立報紙）
（B=1.405），泛藍民眾偏向選擇偏統一報紙（相對於偏獨立報紙）的機率是
泛綠民眾的4.076倍。政黨認同爲中立的民眾（相對於泛綠的民眾），較偏向

選擇統一報紙（相對於偏獨立報紙）（B=.605），中立民眾偏向選擇偏統一報紙（相對於偏獨立報紙）的機率是泛綠民眾的1.831倍。族群意識為臺灣人、中國人兩者「都是」的民眾（相對於臺灣人的民眾）（B=.718），較偏向選擇偏統一的報紙（相對於偏獨立的報紙），族群意識「都是」的民眾選擇偏向統一的報紙（相對於偏向獨立的報紙）的機率是臺灣人的2.049倍。

　　在「無明顯偏向報紙相對於偏獨立報紙」的類別中，可見統獨立場的影響；選擇維持現狀（相對於選擇獨立）的民眾偏向選擇無明顯偏向報紙（相對於偏獨立報紙）（B=.478），維持現狀的民眾偏向選擇無明顯偏向報紙（相對於偏獨立報紙）的機率是選擇獨立民眾的1.612倍。其他變數如省籍、教育程度、職業和政黨認同對民眾報紙選擇也有所影響，省籍為大陸各省市人的民眾（相對於本省閩南人的民眾），比較偏向選擇無明顯偏向的報紙（相對於偏獨立報紙）（B=.697），大陸各省市民眾偏向選擇無明顯偏向報紙（相對於偏獨立報紙）的機率是本省閩南人的2.007倍。教育程度高的民眾相對於教育程度低的民眾，選擇偏向獨立的報紙（相對於無明顯偏向的報紙）（B=-.753），教育程度高的民眾選擇無明顯偏向報紙（相對於偏獨立報紙）是教育程度低民眾的0.471倍。教育程度中的民眾相對於教育程度低的民眾，選擇偏向獨立的報紙（相對於無明顯偏向報紙）（B=-.961），教育程度中的民眾選擇無明顯偏向報紙（相對於偏向獨立的報紙）是教育程度低民眾的0.382倍。職業為高、中級白領的民眾相對於藍領的民眾，選擇偏向獨立的報紙（相對於無明顯偏向報紙）（B=-.542），高、中級白領的民眾選擇無明顯偏向報紙（相對於偏向獨立的報紙）的機率是藍領民眾的0.582倍。職業為中低、低級白領的民眾相對於藍領的民眾，選擇偏向獨立的報紙（相對於無明顯偏向報紙）（B=-.486），中低、低級白領的民眾選擇無明顯偏向報紙（相對於偏向獨立的報紙）的機率是藍領民眾的0.615倍。政黨認同為泛藍的民眾（相對於泛綠的民眾），較偏向選擇無明顯偏向報紙（相對於偏獨立報紙）（B=.878），泛藍民眾偏向選擇無明顯偏向報紙（相對於偏獨立報紙）的機率是泛綠民眾的2.407倍。另一方面，政黨認同為中立的民眾（相對於泛綠的民眾），較偏向選擇無

明顯偏向報紙（相對於偏獨立報紙）（B=.603），中立民衆偏向選擇無明顯偏向的報紙（相對於偏獨立報紙）的機率是泛綠民衆的1.828倍。

影響2008年民衆報紙選擇的原因為何？在表4-14「偏統一報紙相對於偏獨立報紙」的類別中，統獨立場的影響存在著。選擇統一（相對於選擇獨立）的民衆偏向選擇偏統一報紙（相對於偏獨立報紙）（B=.620），選擇統一的民衆偏向選擇統一報紙（相對於偏獨立報紙）的機率是選擇獨立民衆的1.860倍，選擇維持現狀（相對於選擇獨立）的民衆偏向選擇偏統一報紙（相對於偏獨立報紙）（B=.719），維持現狀的民衆偏向選擇統一報紙（相對於偏獨立報紙）的機率是選擇獨立民衆的2.053倍。

其他變數如政治世代、教育程度、居住地區、政黨認同和族群意識對民衆報紙選擇也有所影響。政治世代第三代的民衆（相對於第一代民衆），比較偏向選擇偏獨立的報紙（相對於偏統一報紙）（B=-.848），政治世代第三代的民衆選擇偏向統一的報紙（相對於偏獨立報紙）的機率是第一代民衆的

表4-14　2008年報紙選擇模型

	偏統一報紙 / 偏獨立報紙			無明顯偏向報紙 / 偏獨立報紙		
	B	SE	Exp(B)	B	SE	Exp(B)
統獨立場（對照：獨立）						
統一	.620*	.311	1.860	.440	.257	1.553
維持現狀	.719**	.214	2.053	.412**	.155	1.510
男性（對照：女性）	.040	.166	1.041	.241	.136	1.273
省籍（對照：本省閩南人）						
大陸各省市人	.028	.285	1.029	-.106	.263	.899
本省客家人	.251	.249	1.286	-.345	.219	.708
政治世代（對照：第一世代）						
第二世代	-.495	.321	.610	-.440	.269	.644
第三世代	-.848*	.337	.428	.111	.280	1.117

表4-14　2008年報紙選擇模型（續）

	偏統一報紙 / 偏獨立報紙			無明顯偏向報紙 / 偏獨立報紙		
	B	SE	Exp(B)	B	SE	Exp(B)
教育程度（對照：低）						
高	.611*	.262	1.843	-.426*	.206	.653
中	.048	.241	1.049	-.424*	.185	.654
居住地區（對照：南部）						
北部	.511*	.201	1.667	.433**	.158	1.541
中部	.127	.230	1.135	-.139	.179	.870
東部	1.952***	.536	7.040	1.351**	.508	3.863
職業（對照：藍領）						
高、中級白領	-.203	.233	.816	-.306	.189	.737
中低、低級白領	-.069	.221	.933	-.152	.177	.859
農林漁牧	-.091	.386	.913	.450	.280	1.569
其他	.317	.424	1.373	.877*	.348	2.403
政黨認同（對照：泛綠）						
泛藍	1.722***	.237	5.593	.983***	.191	2.671
中立	.786**	.226	2.194	.761***	.162	2.141
族群意識（對照：臺灣人）						
中國人	.166	.410	1.181	.092	.372	1.096
都是	.455*	.191	1.576	.230	.161	1.258
截距	-1.453***	.392		.280	.304	
LR χ^2	335.524					
df	40					
p	<.001					
cox & snell R^2	.173					
N	1750					
-2LL likelihood	2856.073					

資料來源：游清鑫 2008。

0.428倍。教育程度高的民眾（相對於教育程度低的民眾），比較偏向選擇偏統一的報紙（相對於偏獨立報紙）（B=.611），教育程度高的民眾選擇偏向統一的報紙（相對於偏獨立報紙）的機率是教育程度低民眾的1.843倍。居住地區為北部的民眾（相對於南部的民眾），比較偏向選擇偏統一的報紙（相對於偏獨立報紙）（B=.511），居住在北部的民眾選擇偏向統一的報紙（相對於偏獨立報紙）的機率是居住在南部民眾的1.667倍。居住地區為東部的民眾（相對於南部的民眾），比較偏向選擇偏統一的報紙（相對於偏獨立報紙）（B=1.952），居住在東部的民眾選擇偏向統一的報紙（相對於偏獨立報紙）的機率是居住在南部民眾的7.040倍。

　　政黨認同為泛藍的民眾（相對於泛綠的民眾），較偏向選擇統一報紙（相對於偏獨立報紙）（B=1.722），泛藍民眾偏向選擇偏統一報紙（相對於偏獨立報紙）的機率是泛綠民眾的5.593倍。政黨認同為中立的民眾（相對於泛綠的民眾），較偏向選擇統一報紙（相對於偏獨立報紙）（B=.786），泛藍民眾偏向選擇偏統一報紙（相對於偏獨立報紙）的機率是泛綠民眾的2.194倍。族群意識為臺灣人、中國人兩者「都是」的民眾（相對於臺灣人的民眾），較偏向選擇偏統一的報紙（相對於偏獨立的報紙）（B=.455），族群意識「都是」的民眾選擇偏向統一的報紙（相對於偏向獨立的報紙）的機率是臺灣人的1.576倍。

　　在「無明顯偏向報紙相對於偏獨立報紙」的類別中，可見統獨立場的影響。選擇維持現狀（相對於選擇獨立）的民眾偏向選擇無明顯偏向報紙（相對於偏獨立報紙）（B=.412），維持現狀的民眾偏向選擇無明顯偏向報紙（相對於偏獨立報紙）的機率是選擇獨立民眾的1.510倍。其他變數如教育程度、居住地區、職業和政黨認同對民眾報紙選擇也有所影響，教育程度高的民眾相對於教育程度低的民眾，選擇偏向獨立的報紙（相對於無明顯偏向報紙）（B=-.426），教育程度高的民眾選擇無明顯偏向報紙（相對於偏向獨立的報紙）是教育程度低民眾的0.653倍。教育程度中的民眾相對於教育程度低的民眾，選擇偏向獨立的報紙（相對於無明顯偏向報紙）（B=-.424），教育程度中

的民眾選擇無明顯偏向報紙（相對於偏向獨立的報紙）是教育程度低民眾的0.654倍。居住地區為北部的民眾（相對於居住地區為南部的民眾），比較偏向選擇無明顯偏向的報紙（相對於偏獨立報紙）（B=.433），居住在北部的民眾偏向選擇無明顯偏向報紙（相對於偏獨立報紙）的機率是居住在南部民眾的1.541倍。居住地區為東部的民眾（相對於居住地區為南部的民眾），比較偏向選擇無明顯偏向的報紙（相對於偏獨立報紙）（B=1.351），居住在北部的民眾偏向選擇無明顯偏向報紙（相對於偏獨立報紙）的機率是居住在南部民眾的3.863倍。職業為「其他」的民眾相對於藍領的民眾，選擇無明顯偏向的報紙（相對於偏向獨立報紙）（B=.877），職業為「其他」的民眾選擇偏向無明顯偏向報紙（相對於獨立的報紙）的機率是藍領民眾的2.403倍。

　　政黨認同為泛藍的民眾（相對於泛綠的民眾），較偏向選擇無明顯偏向報紙（相對於偏獨立報紙）（B=.983），泛藍民眾偏向選擇無明顯偏向報紙（相對於偏獨立報紙）的機率是泛綠民眾的2.671倍。政黨認同中立的民眾（相對於泛綠的民眾），較偏向選擇無明顯偏向報紙（相對於偏獨立報紙）（B=.761），中立民眾偏向選擇無明顯偏向報紙（相對於偏獨立報紙）的機率是中立民眾的2.141倍。

　　影響2012年民眾報紙選擇的原因為何？在表4-15「偏統一報紙相對於偏獨立報紙」的類別中，統獨立場的影響已不存在。其他變數如省籍、居住地區、職業、政黨認同和族群意識對民眾報紙選擇也有所影響，省籍為大陸各省市人的民眾（相對於本省閩南人的民眾），比較偏向選擇偏統一的報紙（相對於偏獨立報紙）（B=.681），大陸各省市人的民眾選擇偏向統一的報紙（相對於偏獨立報紙）的機率是本省閩南人民眾的1.976倍。居住地區為北部的民眾（相對於南部的民眾），比較偏向選擇偏統一的報紙（相對於偏獨立報紙）（B=.912），居住在北部的民眾選擇偏向統一的報紙（相對於偏獨立報紙）的機率是居住在南部民眾的2.490倍。職業為高、中級白領的民眾（相對於藍領的民眾），比較偏向選擇偏統一的報紙（相對於偏獨立報紙）（B=.483），居住在北部的民眾選擇偏向統一的報紙（相對於偏獨立報紙）的機率是居住在南部民眾的1.621倍。

表4-15　2012年報紙選擇模型

	偏統一報紙 / 偏獨立報紙			無明顯偏向報紙 / 偏獨立報紙		
	B	SE	Exp(B)	B	SE	Exp(B)
統獨立場（對照：獨立）						
統一	.336	.313	1.400	.440	.271	1.552
維持現狀	-.035	.200	.966	.089	.155	1.094
男性（對照：女性）	-.113	.161	.894	.021	.135	1.021
省籍（對照：本省閩南人）						
大陸各省市人	.681*	.323	1.976	.409	.309	1.505
本省客家人	.039	.233	1.039	-.389	.209	.678
政治世代（對照：第一世代）						
第二世代	-.173	.355	.841	-.479	.294	.619
第三世代	-.341	.366	.711	.142	.304	1.153
教育程度（對照：低）						
高	.481	.258	1.617	-.290	.211	.748
中	.367	.235	1.444	-.266	.191	.766
居住地區（對照：南部）						
北部	.912***	.195	2.490	.379*	.158	1.460
中部	.300	.232	1.350	-.063	.184	.939
東部	.434	.368	1.544	.086	.307	1.090
職業（對照：藍領）						
高、中級白領	.483*	.230	1.621	.001	.197	1.001
中低、低級白領	.094	.215	1.098	.025	.178	1.025
農林漁牧	.554	.373	1.740	.576*	.280	1.779
其他	.346	.346	1.414	.357	.278	1.429
政黨認同（對照：泛綠）						
泛藍	2.135***	.228	8.457	1.298***	.187	3.663
中立	1.133***	.221	3.106	.863***	.163	2.370

表4-15　2012年報紙選擇模型（續）

	偏統一報紙 / 偏獨立報紙			無明顯偏向報紙 / 偏獨立報紙		
	B	SE	Exp(B)	B	SE	Exp(B)
族群意識（對照：臺灣人）						
中國人	1.027*	.477	2.792	.005	.462	1.005
都是	.514**	.188	1.673	.177	.165	1.194
截距	-1.970***	.414		.173	.324	
LR χ^2	362.310					
df	40					
p	<.001					
cox & snell R^2	.191					
N	1711					
-2LL likelihood	2851.315					

資料來源：朱雲漢 2012。

　　政黨認同為泛藍的民眾（相對於泛綠的民眾），較偏向選擇統一報紙（相對於偏獨立報紙）（B=2.135），泛藍民眾偏向選擇偏統一報紙（相對於偏獨立報紙）的機率是泛綠民眾的8.457倍。政黨認同為中立的民眾（相對於泛綠的民眾），較偏向選擇統一報紙（相對於偏獨立報紙）（B=1.133），泛藍民眾偏向選擇偏統一報紙（相對於偏獨立報紙）的機率是泛綠民眾的3.106倍。族群意識為中國人的民眾（相對於臺灣人的民眾），較偏向選擇偏統一的報紙（相對於偏獨立的報紙）（B=1.027），族群意識為中國人的民眾選擇偏向統一的報紙（相對於偏向獨立的報紙）的機率是臺灣人的2.792倍。族群意識「都是」的民眾相對於選擇臺灣人的民眾，偏向選擇統一的報紙（相對於偏向獨立的報紙）（B=.514），族群意識「都是」的民眾選擇偏向統一的報紙（相對於偏向獨立的報紙）的機率是臺灣人的1.673倍。

　　在「無明顯偏向報紙相對於偏獨立報紙」的類別中，統獨立場的影響不

復在。其他變數如居住地區、職業和政黨認同對民眾報紙選擇也有所影響，居住地區為北部的民眾（相對於居住於南部的民眾），比較偏向選擇無明顯偏向的報紙（相對於偏獨立報紙）（B=.379），居住在北部的民眾偏向選擇無明顯偏向報紙（相對於偏獨立報紙）的機率是居住在南部民眾的1.460倍。職業為農林漁牧的民眾相對於藍領的民眾，選擇無明顯偏向報紙的報紙（相對於偏向獨立報紙）（B=.576），職業為農林漁牧的民眾選擇無明顯偏向的報紙（相對於偏向獨立報紙）的機率是藍領民眾的1.779倍。政黨認同為泛藍的民眾（相對於泛綠的民眾），較偏向選擇無明顯偏向報紙（相對於偏獨立報紙）（B=1.298），泛藍民眾偏向選擇無明顯偏向報紙（相對於偏獨立報紙）的機率是泛綠民眾的3.663倍。政黨認同為中立的民眾（相對於泛綠的民眾），較偏向選擇無明顯偏向報紙（相對於偏獨立報紙）（B=.863），中立民眾偏向選擇無明顯偏向報紙（相對於偏獨立報紙）的機率是泛綠民眾的2.370倍。

表4-16　2016年報紙選擇模型

	偏統一報紙 /偏獨立報紙			無明顯偏向報紙 /偏獨立報紙		
	B	SE	Exp(B)	B	SE	Exp(B)
統獨立場（對照：獨立）						
統一	.483	.369	1.621	.356	.282	1.427
維持現狀	.436	.239	1.546	.134	.155	1.144
男性（對照：女性）	-.250	.193	.779	-.078	.142	.925
省籍（對照：本省閩南人）						
大陸各省市人	.979**	.341	2.662	.386	.311	1.471
本省客家人	.503	.274	1.654	.141	.220	1.151
政治世代（對照：第一世代）						
第二世代	-.290	.438	.748	-.302	.331	.740
第三世代	-.159	.462	.853	.714*	.347	2.042

表4-16　2016年報紙選擇模型（續）

	偏統一報紙 /偏獨立報紙			無明顯偏向報紙 /偏獨立報紙		
	B	SE	Exp(B)	B	SE	Exp(B)
教育程度（對照：低）						
高	.723*	.314	2.060	-.377	.224	.686
中	-.099	.303	.906	-.611**	.207	.543
居住地區（對照：南部）						
北部	.495*	.230	1.641	.108	.159	1.114
中部	-.350	.251	.705	-.368*	.183	.692
東部	2.775**	1.047	16.039	2.009*	.998	7.452
職業（對照：藍領）						
高、中級白領	-.186	.266	.830	-.460*	.193	.632
中低、低級白領	-.046	.277	.955	-.191	.201	.826
農林漁牧	.338	.468	1.402	-.210	.344	.811
其他	.165	.383	1.179	-.075	.273	.928
政黨認同（對照：泛綠）						
泛藍	1.635***	.282	5.131	.957***	.226	2.603
中立	.582*	.241	1.790	.449**	.160	1.566
族群意識（對照：臺灣人）						
中國人	.728	.509	2.070	.099	.467	1.104
都是	.881***	.231	2.414	.472*	.185	1.604
截距	-2.021***	.510		.646	.361	
LR χ^2	271.269					
df	40					
p	<.001					
cox & snell R^2	.167					
N	1481					
-2LL likelihood	1961.326					

資料來源：黃紀 2016。

最後，影響2016年民眾報紙選擇的原因爲何？在表4-16「偏統一報紙相對於偏獨立報紙」的類別中，統獨立場的影響不存在。其他變數如省籍、教育程度、居住地區、政黨認同和族群意識對民眾報紙選擇也有所影響。省籍爲大陸各省市人的民眾（相對於本省閩南人的民眾），比較偏向選擇偏統一的報紙（相對於偏獨立報紙）（B=.979），大陸各省市人的民眾選擇偏向統一的報紙（相對於偏獨立報紙）的機率是本省閩南人民眾的2.662倍。教育程度高的民眾（相對於教育程度低的民眾），比較偏向選擇偏統一的報紙（相對於偏獨立報紙）（B=.723），教育程度高的民眾選擇偏向統一的報紙（相對於偏獨立報紙）的機率是教育程度低民眾的2.060倍。居住地區爲北部的民眾（相對於南部的民眾），比較偏向選擇偏統一的報紙（相對於偏獨立報紙）（B=.495），居住在北部的民眾選擇偏向統一的報紙（相對於偏獨立報紙）的機率是居住在南部民眾的1.641倍。居住地區爲北部的民眾（相對於南部的民眾），比較偏向選擇偏統一的報紙（相對於偏獨立報紙）（B=2.775）。居住在東部的民眾選擇偏向統一的報紙（相對於偏獨立報紙）的機率是居住在南部民眾的16.039倍。

政黨認同爲泛藍的民眾（相對於泛綠的民眾），較偏向選擇統一報紙（相對於偏獨立報紙）（B=1.635），泛藍民眾偏向選擇偏統一報紙（相對於偏獨立報紙）的機率是泛綠民眾的5.131倍。政黨認同爲中立的民眾（相對於泛綠的民眾），較偏向選擇統一報紙（相對於偏獨立報紙）（B=0.582），泛藍民眾偏向選擇偏統一報紙（相對於偏獨立報紙）的機率是泛綠民眾的1.790倍。族群意識「都是」的民眾相對於選擇臺灣人的民眾，偏向選擇統一的報紙（相對於偏向獨立的報紙）（B=.881），族群意識「都是」的民眾選擇偏向統一的報紙（相對於偏向獨立的報紙）的機率是臺灣人的2.414倍。

在「無明顯偏向報紙相對於偏獨立報紙」的類別中，統獨立場的影響不復在。其他變數如政治世代、教育程度、居住地區、職業、政黨認同和族群意識對民眾報紙選擇也有所影響。政治世代第三世代的民眾（相對於第一世代的民眾），比較偏向選擇無明顯偏向的報紙（相對於偏獨立報紙）（B=.714），第

三世代的民眾偏向選擇無明顯偏向報紙（相對於偏獨立報紙）的機率是第一世代民眾的2.042倍。教育程度中的民眾（相對於教育程度低的民眾），比較偏向選擇偏獨立報紙（相對於無明顯偏向的報紙）（B=-.611），教育程度中的民眾偏向選擇無明顯偏向報紙（相對於偏獨立報紙）的機率是教育程度低民眾的0.543倍。

　　居住地區為中部的民眾（相對於居住於南部的民眾），比較偏向選擇偏獨立的報紙（相對於無明顯偏向報紙）（B=-.368），居住在中部的民眾偏向選擇無明顯偏向報紙（相對於偏獨立報紙）的機率是居住在南部民眾的0.692倍。居住地區為東部的民眾（相對於居住於南部的民眾），比較偏向選擇無明顯偏向的報紙（相對於偏獨立報紙）（B=2.009），居住在北部的民眾偏向選擇無明顯偏向報紙（相對於偏獨立報紙）的機率是居住在南部民眾的7.452倍。

　　職業為高、中級白領的民眾相對於藍領的民眾，選擇偏向獨立報紙（相對於無明顯偏向的報紙）（B=-.460），職業為高、中級白領的民眾選擇無明顯偏向的報紙（相對於偏向獨立報紙）的機率是藍領民眾的0.632倍。政黨認同為泛藍的民眾（相對於泛綠的民眾），較偏向選擇無明顯偏向報紙（相對於偏獨立報紙）（B=.957），泛藍民眾偏向選擇無明顯偏向報紙（相對於偏獨立報紙）的機率是泛綠民眾的2.603倍。政黨認同為中立的民眾（相對於泛綠的民眾），較偏向選擇無明顯偏向報紙（相對於偏獨立報紙）（B=.449），中立民眾偏向選擇無明顯偏向報紙（相對於偏獨立報紙）的機率是泛綠民眾的1.566倍。族群意識為「都是」的民眾（相對於臺灣人的民眾），較偏向選擇無明顯偏向報紙（相對於偏獨立報紙）（B=.472），族群意識「都是」的民眾偏向選擇無明顯偏向報紙（相對於偏獨立報紙）的機率是認為自己是臺灣人民眾的1.604倍。

　　在影響五年度統獨立場的因素上，我們製作表4-17，比較影響統獨立場的因素。民眾若經常閱讀偏統一報紙（相對於偏獨立報紙），統獨立場會較偏向維持現狀（相對於獨立），這種情況發生在2000年、2004年和2008年，然於

表4-17　五年度統獨立場模型比較

	2000年		2004年		2008年		2012年		2016年	
	統一/獨立	維持現狀/獨立	統一/獨立	維持現狀/獨立	統一/獨立	維持現狀/獨立	統一/獨立	維持現狀/獨立	統一/獨立	維持現狀/獨立
	B	B	B	B	B	B	B	B	B	B
報紙選擇（對照：偏獨立報紙）										
偏統一報紙		+	+	+		+				+
無明顯偏向報紙		+		+		+				
男性（對照：女性）				+		+	+			
省籍（對照：本省閩南人）										
大陸各省市人			+							
本省客家人										
政治世代（對照：第一世代）										
第二世代				+						
第三世代				+					−	
教育程度（對照：低）										
高		−								−
中										
居住地區（對照：南部）										
北部										
中部				+					+	
東部										

表4-17　五年度統獨立場模型比較（續）

	2000年		2004年		2008年		2012年		2016年	
	統一/獨立	維持現狀/獨立	統一/獨立	維持現狀/獨立	統一/獨立	維持現狀/獨立	統一/獨立	維持現狀/獨立	統一/獨立	維持現狀/獨立
職業（對照：藍領）										
高、中級白領										
中低、低級白領										
農林漁牧	－	－								
其他										
政黨認同（對照：泛綠）										
泛藍	＋	＋	＋	＋	＋	＋	＋	＋	＋	＋
中立	＋	＋	＋	＋	＋	＋	＋	＋	＋	＋
族群意識（對照：臺灣人）										
中國人	＋	＋	＋	＋	＋	＋	＋	＋	＋	＋
都是	＋	＋	＋	＋	＋	＋	＋	＋	＋	＋

資料來源：作者整理自陳義彥　2000；黃秀端　2004；游清鑫　2008；朱雲漢　2012；黃紀 2016。

2012年便不復見，2016年又再次出現此情況。而閱讀偏統一報紙（相較於偏獨立報紙）僅在2004年讓民眾較偏向統一（相對於獨立）。此外，閱讀無明顯偏向報紙（相對於偏獨立報紙）在2000年、2004年和2008年影響民眾偏向維持現狀（相對於獨立）。整體而言，報紙選擇的影響在2008年前較爲明顯，2012年便無此趨勢。

　　在其他控制變數方面，性別的影響在2004年之後發生，在2004年和2008年男性比女性偏向維持現狀（相對於獨立），且男性相對於女性在2012年偏向統

一（相對於獨立）。整體而言，在2004年之後男性比女性偏向統一或維持現狀。至於省籍對統獨的影響，僅出現在2004年，大陸各省市人（相對於本省閩南人）較偏向統一（相對於獨立），以上情況在2004年之後便不復見。在政治世代對民眾統獨立場的影響方面，同樣是2004年時，第二世代和第三世代（相對於第一世代）較偏向維持現狀（相對於獨立），2004年之後，政治世代對統獨立場的影響幾乎不再發生，然第三世代（相對於第一世代）在2016年較偏向獨立（相對於統一）。

　　至於教育程度對民眾統獨立場的影響，僅於2000年至2016年發生，教育程度高者（相對於低者），較偏向獨立（相對於維持現狀），2000年後此一現象不再發生。至於居住地區的影響，僅發生於2004年和2016年，2004年居住在中部的民眾（相對於南部）較偏向維持現狀（相對於獨立），2016年居住在中部的民眾（相對於南部）較偏向統一（相對於獨立）。職業的影響也僅發生在2000年，職業為農林漁牧的民眾（相對於藍領）偏向於獨立（相對於統一和維持現狀）。最後，政黨認同和族群意識的影響在歷年皆不消退，政黨認同泛藍或中立者（相較於泛綠）在歷年都影響民眾統獨立場偏向統一或維持現狀（相對於獨立）。族群意識為中國人或臺灣人、中國人兩者都是（相對於臺灣人）在歷年都影響民眾統獨立場偏向統一或維持現狀（相對於獨立）。

　　再者，本書將繼續檢視影響五年度民眾報紙選擇的因素。表4-18中，首先在主要自變數方面，在統獨立場對報紙選擇影響上，統一影響年份較少，維持現狀的影響年份較多。統獨立場偏向統一（相對於獨立）的民眾在報紙選擇上較偏向選擇統一報紙（相對於獨立報紙），此情況發生在2004年和2008年。統獨立場為維持現狀者（相對於獨立）較偏向統一和無明顯偏向報紙（相對於偏獨立報紙），此情況發生在2000年、2004年和2008年，2008年後統獨立場對報紙選擇的影響不復見。

　　在其他控制變數方面，省籍在2004年和2012年對民眾報紙選擇有所影響，大陸各省市人（相對於本省閩南人）在2004年、2012年和2016年選擇偏統一報紙（相較於偏獨立報紙），且在2004年選擇無明顯偏向報紙（相較於偏獨立報

表4-18　五年度報紙選擇模型比較

	2000年		2004年		2008年		2012年		2016年	
	偏統一報紙／偏獨立報紙	無明顯偏向報紙／偏獨立報紙	偏統一報紙／偏獨立報紙	無明顯偏向報紙／偏獨立報紙	偏統一報紙／偏獨立報紙	無明顯偏向報紙／偏獨立報紙	偏統一報紙／偏獨立報紙	無明顯偏向報紙／偏獨立報紙	偏統一報紙／偏獨立報紙	無明顯偏向報紙／偏獨立報紙
	B	B	B	B	B	B	B	B	B	B
統獨立場（對照：獨立）										
統一			+		+					
維持現狀	+	+	+	+	+	+				
男性（對照：女性）										
省籍（對照：本省閩南人）										
大陸各省市人			+	+			+		+	
本省客家人										
政治世代（對照：第一世代）										
第二世代		−	−							
第三世代			−		−					+
教育程度（對照：低）										
高		−		−	+	−			+	
中				−				−		−
居住地區（對照：南部）										
北部	+		+		+	+	+	+	+	
中部										−

表4-18　五年度報紙選擇模型比較（續）

	2000年		2004年		2008年		2012年		2016年	
	偏統一報紙／偏獨立報紙	無明顯偏向報紙／偏獨立報紙	偏統一報紙／偏獨立報紙	無明顯偏向報紙／偏獨立報紙	偏統一報紙／偏獨立報紙	無明顯偏向報紙／偏獨立報紙	偏統一報紙／偏獨立報紙	無明顯偏向報紙／偏獨立報紙	偏統一報紙／偏獨立報紙	無明顯偏向報紙／偏獨立報紙
東部					+	+			+	+
職業（對照：藍領）										
高、中級白領		－	－				+			－
中低、低級白領		－								
農林漁牧							+			
其他			－		+					
政黨認同（對照：泛綠）										
泛藍	+		+	+	+	+	+	+	+	+
中立		+	+	+	+	+	+	+	+	+
族群意識（對照：臺灣人）										
中國人							+			
都是	+		+		+		+		+	+

資料來源：作者整理自陳義彥 2000；黃秀端 2004；游清鑫 2008；朱雲漢 2012；黃紀 2016。

紙），但2000年和2008年則無。至於政治世代，第二世代（相對於第一世代）在2000年報紙選擇偏獨立報紙（相對於無明顯偏向報紙）。第二世代和第三世代（相對於第一世代）在2004年都選擇偏向獨立報紙（相對於偏統一報紙）。第三世代在2008年則選擇偏獨立報紙（相對於偏統一報紙），而政治世代在

2012年則對民眾報紙選擇無顯著影響。至於在2016年，政治世代第三世代的民眾（相對於第一世代）選擇無明顯偏向的報紙（相對於偏獨立的報紙）。

　　關於教育程度對民眾報紙選擇的影響，從2000年到2008年，高教育程度和中教育程度的民眾（相對於低教育程度者）都傾向選擇偏獨立報紙（相較於無明顯偏向報紙），甚至在2008年和2016年時，高教育程度者（相對於低教育程度者）在2008年也傾向選擇偏統一的報紙（相對於偏獨立的報紙）。在居住地區方面，居住在北部的民眾（相對於南部的民眾），在歷年都傾向選擇偏統一報紙（相較於偏獨立報紙），同時在2008年和2012年都選擇無明顯偏向報紙（相對於偏獨立報紙）。居住在東部的民眾（相對於南部的民眾）2008年也選擇偏向統一的報紙或無明顯偏向的報紙（相對於偏獨立報紙）。

　　至於在職業方面的影響，高、中級白領和中低、低級白領（相對於藍領）在2000年、2004年和2016年都選擇偏獨立報紙（相對於無明顯偏向報紙），中低、低級白領（相對於藍領）在2000年和2004年都選擇偏獨立報紙（相對於無明顯偏向報紙），但在2012年時，高、中級白領（相對於藍領）反而選擇偏統一報紙（相對於偏獨立報紙），從事農林漁牧的民眾（相對於藍領）2012年較傾向選擇無明顯偏向報紙（相對於偏獨立報紙）。至於政黨認同對民眾報紙選擇的影響，幾乎歷年來偏向泛藍和中立的民眾（相對於泛綠），都較傾向選擇偏統一和無明顯偏向的報紙（相對於偏獨立的報紙）。至於族群意識對民眾報紙選擇的影響，歷年來族群意識為臺灣人、中國人兩者「都是」的民眾都傾向選擇偏統一的報紙（相對於偏獨立的報紙），且2012年族群意識為中國人的民眾選擇偏統一的報紙（相對於偏獨立的報紙）。

　　整體而言，綜合表4-17和表4-18，以「目測法」可以「看出」民眾報紙選擇對統獨立場的影響有八處具有顯著影響，反之，民眾統獨立場對報紙選擇的影響有八處具有顯著影響，兩者互相影響不相上下，後續將以定群追蹤資料做進一步詳細的解析。

伍、五年度報紙選擇與統獨立場相互影響

　　再者，表4-19中，本書進一步把五波資料合併，並將統獨立場模型中最重要的自變數「報紙選擇」與年份進行交互作用，其中報紙選擇有偏統一報紙、無明顯偏向報紙和偏獨立報紙，而年份共有五年份，因此將有15（5×3）種組合，本書以「2000年偏獨立報紙」為對照組，其他14類與之對照。之所以選擇「2000年偏獨立報紙」為對照組，因為2000年為本書研究時間範圍最早的一年，而「偏獨立報紙」則因為前述模型皆以此為對照組，已獲致一定成果。

　　本書發現，在統一相對於獨立的模型中，「2004年選擇偏統一報紙」的民眾相對於「2000年選擇偏獨立報紙」的民眾偏向獨立（相對於統一）（B=-.521），「2004年選擇偏統一報紙」的民眾偏向統一（相對於獨立）的機率是「2000年選擇偏獨立報紙」民眾的0.594倍。「2004年選擇無明顯偏向報紙」的民眾相對於「2000年選擇偏獨立」的民眾偏向獨立（相對於統一）（B=-.837），「2004年選擇無明顯偏向報紙」的民眾偏向統一（相對於獨立）的機率是「2000年選擇偏獨立報紙」民眾的0.433倍。「2004年選擇偏獨立報紙」的民眾相對於「2000年選擇偏獨立」的民眾偏向獨立（相對於統一）（B=-1.227），「2004年選擇偏獨立報紙」的民眾偏向統一（相對於偏獨立）的機率是「2000年選擇偏獨立」民眾的0.293倍。

　　「2008年選擇偏統一報紙」的民眾相對於「2000年選擇偏獨立報紙」的民眾偏向獨立（相對於統一）（B=-.670），「2008年選擇偏統一報紙」的民眾偏向統一（相對於獨立）的機率是「2000年選擇偏獨立報紙」民眾的0.512倍。「2008年選擇偏無明顯偏向報紙」的民眾相對於「2000年選擇偏獨立」的民眾偏向獨立（相對於統一）（B=-.789），「2008年選擇無明顯偏向報紙」的民眾偏向統一（相對於獨立）的機率是「2000年選擇偏獨立報紙」民眾的0.454倍。「2008年選擇偏獨立報紙」的民眾相對於「2000年選擇偏獨立」的民眾偏向獨立（相對於統一）（B=-1.288），「2008年選擇偏獨立報紙」的民眾偏向統一（相對於獨立）的機率是「2000年選擇偏獨立報紙」民眾的0.276倍。

表4-19　五年度合併統獨立場模型

	統一／獨立			維持現狀／獨立		
	B	SE	Exp(B)	B	SE	Exp(B)
年份與報紙選擇交互作用（對照：2000年偏獨立報紙）						
2000年偏統一報紙	.491	.257	1.633	.333	.218	1.395
2000年無明顯偏向報紙	-.053	.340	.948	.594*	.270	1.812
2004年偏統一報紙	-.521*	.250	.594	-.090	.203	.914
2004年無明顯偏向報紙	-.837***	.239	.433	-.193	.185	.825
2004年偏獨立報紙	-1.227***	.283	.293	-.697**	.200	.498
2008年偏統一報紙	-.670*	.283	.512	.233	.226	1.262
2008年無明顯偏向報紙	-.789**	.232	.454	.035	.179	1.036
2008年偏獨立報紙	-1.288***	.293	.276	-.417*	.199	.659
2012年偏統一報紙	-.772**	.269	.462	.087	.214	1.091
2012年無明顯偏向報紙	-.776**	.237	.460	.055	.182	1.057
2012年偏獨立報紙	-1.148***	.303	.317	-.045	.197	.956
2016年偏統一報紙	-.580	.314	.560	.204	.249	1.226
2016年無明顯偏向報紙	-.770**	.234	.463	-.148	.178	.862
2016年偏獨立報紙	-1.035**	.303	.355	-.318	.202	.727
男性（對照：女性）	.293**	.088	1.341	-.130*	.063	.878
省籍（對照：本省閩南人）						
大陸各省市人	.621***	.156	1.861	.311*	.140	1.365
本省客家人	.069	.135	1.071	.083	.100	1.086
政治世代（對照：第一世代）						
第二世代	.199	.150	1.220	.444***	.113	1.559
第三世代	-.051	.158	.950	.361**	.120	1.435
教育程度（對照：低）						
高	-.244	.135	.783	-.361***	.099	.697

表4-19 五年度合併統獨立場模型（續）

	統一／獨立			維持現狀／獨立		
	B	SE	Exp(B)	B	SE	Exp(B)
中	-.041	.125	.960	-.180	.092	.835
居住地區（對照：南部）						
北部	.106	.096	1.111	.112	.068	1.118
中部	.195	.117	1.215	.217**	.083	1.242
東部	.144	.235	1.154	-.030	.178	.970
職業（對照：藍領）						
高、中級白領	-.094	.122	.911	-.093	.090	.912
中低、低級白領	-.067	.121	.935	-.014	.089	.986
農林漁牧	-.450*	.186	.638	-.229	.123	.795
其他	.244	.196	1.276	.044	.138	1.045
政黨認同（對照：泛綠）						
泛藍	2.196***	.127	8.986	1.550***	.092	4.710
中立	1.147***	.117	3.150	1.117***	.071	3.055
族群意識（對照：臺灣人）						
中國人	2.937***	.260	18.864	1.519***	.250	4.567
都是	1.864***	.103	6.447	1.226***	.078	3.407
截距	-1.903***	.262		-.390*	.197	
LR χ^2	2024.799					
df	64					
p	<.001					
cox & snell R^2	.236					
N	7526					
-2LL likelihood	11388.065					

資料來源：陳義彥 2000；黃秀端 2004；游清鑫 2008；朱雲漢 2012；黃紀 2016。

　　「2012年選擇偏統一報紙」的民眾相對於「2000年選擇偏獨立報紙」的民眾偏向獨立（相對於統一）（B=-.772），「2012年選擇偏統一報紙」的民眾偏向統一（相對於獨立）的機率是「2000年選擇偏獨立報紙」民眾的0.462倍。「2012年選擇無明顯偏向報紙」的民眾相對於「2000年選擇偏獨立報紙」的民眾偏向獨立（相對於統一）（B=-.776），「2012年選擇無明顯偏向報紙」的民眾偏向統一（相對於獨立）的機率是「2000年選擇偏獨立報紙」民眾的0.460倍。「2012年選擇偏獨立報紙」的民眾相對於「2000年選擇偏獨立報紙」的民眾偏向獨立（相對於統一）（B=-1.148），「2012年選擇偏獨立報紙」的民眾偏向統一（相對於獨立）的機率是「2000年選擇偏獨立報紙」民眾的0.317倍，「2016年選擇無明顯偏向報紙」的民眾相對於「2000年選擇偏獨立報紙」的民眾偏向獨立（相對於統一）（B=-.770），「2016年選擇無明顯偏向報紙」的民眾偏向統一（相對於獨立）的機率是「2000年選擇偏獨立報紙」民眾的0.463倍。「2016年選擇偏獨立報紙」的民眾相對於「2000年選擇偏獨立報紙」的民眾偏向獨立（相對於統一）（B=-1.035），「2016年選擇偏獨立報紙」的民眾偏向統一（相對於獨立）的機率是「2000年選擇偏獨立報紙」民眾的0.355倍。

　　在其他控制變數方面，男性（相對於女性）偏向統一（相對於獨立）（B=.293），男性偏向統一（相對於獨立）的機率是女性的1.341倍。大陸各省市人（相對於本省閩南人）偏向統一（相對於獨立）（B=.621），大陸各省市人偏向統一（相對於獨立）的機率是本省閩南人的1.861倍。職業為農林漁牧的民眾（相對於藍領）偏向獨立（相對於統一）（B=-.450），職業為農林漁牧的民眾偏向統一（相對於獨立）的機率是職業為藍領民眾的0.638倍。政黨認同泛藍（相對於泛綠）的民眾偏向統一（相對於獨立）（B=2.196），泛藍民眾偏向統一（相對於獨立）的機率是泛綠民眾的8.986倍。政黨認同中立（相對於泛綠）的民眾偏向統一（相對於獨立）（B=1.147），中立民眾偏向統一（相對於獨立）的機率是泛綠民眾的3.150倍。族群意識為中國人（相對於臺灣人）的民眾偏向統一（相對於獨立）（B=2.937），族群意識為中國人

的民眾偏向統一（相對於獨立）的機率是臺灣人民眾的18.864倍。族群意識為都是（相對於臺灣人）的民眾偏向統一（相對於獨立）（B=1.864），族群意識為都是的民眾偏向統一（相對於獨立）的機率是臺灣人民眾的6.447倍。

在維持現狀相對於獨立的模型中，「2000年選擇無明顯偏向報紙」的民眾相對於「2000年選擇偏獨立報紙」的民眾偏向維持現狀（相對於獨立）（B=.594），「2000年選擇無明顯偏向報紙」的民眾偏向維持現狀（相對於獨立）的機率是「2000年選擇偏獨立報紙」民眾的1.812倍。「2004年選擇偏獨立報紙」的民眾相對於「2000年選擇偏獨立報紙」的民眾偏向獨立（相對於維持現狀）（B=-.697），「2004年選擇偏獨立報紙」的民眾偏向維持現狀（相對於獨立）的機率是「2000年選擇偏獨立報紙」民眾的0.498倍。「2008年選擇偏獨立報紙」的民眾相對於「2000年選擇偏獨立報紙」的民眾偏向獨立（相對於維持現狀）（B=-.417），「2008年選擇偏獨立報紙」的民眾偏向維持現狀（相對於獨立）的機率是「2000年選擇偏獨立報紙」民眾的0.659倍。

在其他控制變數方面，男性（相對於女性）偏向獨立（相對於維持現狀）（B=-.130），男性偏向維持現狀（相對於獨立）的機率是女性的0.878倍。大陸各省市人（相對於本省閩南人）偏向獨立（相對於維持現狀）（B=.311），大陸各省市人偏向維持現狀（相對於獨立）的機率是本省閩南人的1.365倍。政治世代第二世代（相對於第一世代）偏向維持現狀（相對於獨立）（B=.444），第二世代偏向維持現狀（相對於獨立）的機率是第一世代的1.559倍。第三世代（相對於第一世代）偏向維持現狀（相對於獨立）（B=.361），第三世代偏向維持現狀（相對於獨立）的機率是第一世代的1.435倍。教育程度高（相對於低）的民眾偏向獨立（相對於維持現狀）（B=-.361），教育程度高（相對於低）的民眾偏向維持現狀（相對於獨立）的機率是教育程度低者的0.697倍。

在居住地區方面，居住在中部（相對於南部）的民眾偏向維持現狀（相對於獨立）（B=.217），居住在中部（相對於南部）的民眾偏向維持現狀（相對於獨立）的機率是居住在南部民眾的1.242倍。

政黨認同泛藍（相對於泛綠）的民眾偏向維持現狀（相對於獨立）
（B=1.550），泛藍民眾偏向維持現狀（相對於獨立）的機率是泛綠民眾的
4.710倍。政黨認同中立（相對於泛綠）的民眾偏向維持現狀（相對於獨立）
（B=1.117），中立民眾偏向維持現狀（相對於獨立）的機率是泛綠民眾的
3.055倍。族群意識為中國人（相對於臺灣人）的民眾偏向維持現狀（相對於
獨立）（B=1.519），族群意識為中國人的民眾偏向維持現狀（相對於獨立）
的機率是臺灣人民眾的4.567倍。族群意識為都是（相對於臺灣人）的民眾偏
向維持現狀（相對於獨立）（B=1.226），族群意識為都是的民眾偏向維持現
狀（相對於獨立）的機率是臺灣人民眾的3.407倍。

接著，表4-20中，本書進一步把五波資料合併，並將報紙選擇模型中最重
要的自變數「統獨立場」與年份進行交互作用，其中統獨立場有偏統一、維
持現狀和偏獨立，而年份共有五年份，因此將有15（5×3）種組合，本書以
「2000年偏獨立」為對照組，其他14類與之對照。之所以選擇「2000年偏獨
立」為對照組，因為2000年為本書研究時間範圍最早的一年，而「偏獨立」則
因為前述模型皆以此為對照組，已獲致一定成果。

本書發現，在選擇偏統一報紙相對於偏獨立報紙的模型中，「2008年偏獨
立」（B=-.794）和「2016年偏獨立」（B=-1.024）的民眾相對於「2000年偏
獨立」的民眾偏向選擇偏獨立報紙（相對於偏統一報紙），「2008年偏獨立」
的民眾偏向選擇偏統一報紙（相對於偏獨立報紙）的機率是「2000年偏獨立」
民眾的0.452倍。「2016年偏獨立」的民眾偏向選擇偏統一報紙（相對於偏
獨立報紙）的機率是「2000年偏獨立」民眾的0.359倍。「2016年維持現狀」
（B=-.440）的民眾相對於「2000年偏獨立」的民眾偏向選擇偏獨立報紙（相
對於偏統一報紙），「2016年維持現狀」的民眾偏向選擇偏統一報紙（相對於
偏獨立報紙）的機率是「2000年偏獨立」民眾的0.644倍。

在其他控制變數方面，省籍大陸各省市人（相對於本省閩南人）偏向選
擇偏統一報紙（相對於偏獨立報紙）（B=.581），大陸各省市人偏向選擇偏
統一報紙（相對於偏獨立報紙）的機率是本省閩南人的1.787倍。政治世代第

表4-20　五年度合併報紙選擇模型

	偏統一報紙 /偏獨立報紙			無明顯偏向報紙 /偏獨立報紙		
	B	SE	Exp(B)	B	SE	Exp(B)
年份與統獨立場交互作用（對照：2000年偏獨立）						
2000年偏統一	.295	.248	1.343	-.041	.314	.960
2000年維持現狀	.375	.216	1.455	.566*	.258	1.762
2004年偏統一	.416	.274	1.516	1.527***	.302	4.604
2004年維持現狀	.242	.215	1.273	1.628***	.248	5.096
2004年偏獨立	-.289	.229	.749	1.119***	.252	3.063
2008年偏統一	-.308	.298	.735	1.877***	.310	6.533
2008年維持現狀	-.178	.214	.837	1.841***	.244	6.302
2008年偏獨立	-.794**	.247	.452	1.441***	.251	4.226
2012年偏統一	.249	.305	1.283	1.949***	.323	7.022
2012年維持現狀	-.232	.212	.793	1.572***	.243	4.816
2012年偏獨立	-.471	.241	.625	1.373***	.254	3.946
2016年偏統一	-.366	.320	.694	2.012***	.321	7.480
2016年維持現狀	-.440*	.223	.644	1.892***	.247	6.630
2016年偏獨立	-1.024***	.262	.359	1.784***	.252	5.953
男性（對照：女性）	-.047	.073	.954	-.029	.065	.971
省籍（對照：本省閩南人）						
大陸各省市人	.581***	.136	1.787	.367**	.134	1.443
本省客家人	.114	.110	1.120	-.183	.101	.832
政治世代（對照：第一世代）						
第二世代	-.317*	.137	.728	-.557***	.121	.573
第三世代	-.398**	.145	.672	.049	.128	1.051
教育程度（對照：低）						
高	.550***	.115	1.734	-.528***	.101	.590

表4-20　五年度合併報紙選擇模型（續）

	偏統一報紙 / 偏獨立報紙			無明顯偏向報紙 / 偏獨立報紙		
	B	SE	Exp(B)	B	SE	Exp(B)
中	.063	.105	1.065	-.682	.091	.505
居住地區（對照：南部）						
北部	.437***	.081	1.548	.175*	.069	1.191
中部	-.028	.096	.973	-.242**	.082	.785
東部	.603**	.214	1.827	.419*	.197	1.520
職業（對照：藍領）						
高、中級白領	-.038	.102	.962	-.375***	.089	.687
中低、低級白領	.034	.102	1.035	-.199*	.089	.819
農林漁牧	.338*	.163	1.403	.307*	.134	1.359
其他	.044	.175	1.045	-.005	.141	.995
政黨認同（對照：泛綠）						
泛藍	1.618***	.104	5.043	1.023***	.094	2.783
中立	.711***	.092	2.037	.675***	.076	1.964
族群意識（對照：臺灣人）						
中國人	.525**	.177	1.691	.266	.175	1.304
都是	.621***	.084	1.860	.254**	.077	1.289
截距	-.861***	.236		-.641*	.256	
LR χ^2	2024.799					
df	64					
p	<.001					
cox & snell R^2	.236					
N	7526					
-2LL likelihood	11388.065					

資料來源：陳義彥 2000；黃秀端 2004；游清鑫 2008；朱雲漢 2012；黃紀 2016。

二世代（相對於第一世代）偏向選擇偏獨立報紙（相對於偏統一報紙）（B=-.317），第二世代偏向選擇偏統一報紙（相對於偏獨立報紙）的機率是第一世代的0.728倍。第三世代（相對於第一世代）偏向選擇偏獨立報紙（相對於偏統一報紙）（B=-.398），第三世代偏向選擇偏統一報紙（相對於偏獨立報紙）的機率是第一世代的0.672倍。教育程度高（相對於低）的民眾偏向選擇偏統一報紙（相對於偏獨立報紙）（B=.550），教育程度高者偏向選擇偏統一報紙（相對於偏獨立報紙）的機率是教育程度低的1.734倍。在居住地區方面，居住地區在北部（相對於南部）的民眾偏向選擇偏統一報紙（相對於偏獨立報紙）（B=.437），居住在北部的民眾偏向選擇偏統一報紙（相對於偏獨立報紙）的機率是南部民眾的1.548倍。居住地區在東部（相對於南部）的民眾偏向選擇偏統一報紙（相對於偏獨立報紙）（B=.603），居住在東部的民眾偏向選擇偏統一報紙（相對於偏獨立報紙）的機率是南部民眾的1.827倍。

在職業方面，從事農林漁牧（相對於藍領）的民眾偏向選擇偏統一報紙（相對於偏獨立的報紙）（B=.338），從事農林漁牧選擇偏統一報紙（相對於偏獨立報紙）的機率是藍領的1.403倍。政黨認同泛藍（相對於泛綠）的民眾選擇偏統一報紙（相對於偏獨立報紙）（B=1.618），泛藍民眾選擇偏統一報紙（相對於偏獨立報紙）的機率是泛綠民眾的5.043倍。政黨認同中立（相對於泛綠）的民眾選擇偏統一的報紙（相對於偏獨立報紙）（B=0.711），中立民眾選擇偏統一報紙（相對於偏獨立報紙）的機率是泛綠民眾的2.037倍。族群意識為中國人（相對於臺灣人）的民眾選擇偏統一報紙（相對於選擇偏獨立報紙）（B=0.525），族群意識為中國人的民眾選擇偏統一報紙（相對於選擇偏獨立報紙）的機率是臺灣人民眾的1.691倍。族群意識為都是（相對於臺灣人）的民眾選擇偏統一報紙（相對於偏獨立報紙）（B=0.621），族群意識為都是的民眾選擇偏統一（相對於選擇偏獨立）的機率是臺灣人民眾的1.860倍。

在選擇無明顯偏向報紙相對於偏獨立報紙的模型中，「2000年維持現狀」的民眾相對於「2000年偏獨立」的民眾選擇無明顯偏向報紙（相對於偏獨立

報紙）（B=.566），「2000年維持現狀」的民眾偏向選擇無明顯偏向報紙（相對於偏獨立報紙）的機率是「2000年偏獨立」民眾的1.762倍。「2004年偏統一」的民眾相對於「2000年偏獨立」的民眾選擇無明顯偏向報紙（相對於偏獨立報紙）（B=1.527），「2004年偏統一」的民眾偏向選擇無明顯偏向報紙（相對於偏獨立報紙）的機率是「2000年偏獨立」民眾的4.604倍。「2004年維持現狀」的民眾相對於「2000年偏獨立」的民眾選擇無明顯偏向報紙（相對於偏獨立報紙）（B=1.628），「2004年維持現狀」的民眾偏向選擇無明顯偏向報紙（相對於偏獨立報紙）的機率是「2000年偏獨立」民眾的5.096倍。「2004年偏獨立」的民眾相對於「2000年偏獨立」的民眾選擇無明顯偏向報紙（相對於偏獨立報紙）（B=1.119），「2004年偏獨立」的民眾偏向選擇無明顯偏向報紙（相對於偏獨立報紙）的機率是「2000年偏獨立」民眾的3.063倍。

再者，「2008年偏統一」的民眾相對於「2000年偏獨立」的民眾選擇無明顯偏向報紙（相對於偏獨立報紙）（B=1.877），「2008年偏統一」的民眾偏向選擇無明顯偏向報紙（相對於偏獨立報紙）的機率是「2000年偏獨立」民眾的6.533倍。「2008年維持現狀」的民眾相對於「2000年偏獨立」的民眾選擇無明顯偏向報紙（相對於偏獨立報紙）（B=1.841），「2008年維持現狀」的民眾偏向選擇無明顯偏向報紙（相對於偏獨立報紙）的機率是「2000年偏獨立」民眾的6.302倍。「2008年偏獨立」的民眾相對於「2000年偏獨立」的民眾選擇無明顯偏向報紙（相對於偏獨立報紙）（B=1.441），「2008年偏獨立」的民眾偏向選擇無明顯偏向報紙（相對於偏獨立報紙）的機率是「2000年偏獨立」民眾的4.226倍。

最後，「2012年偏統一」的民眾相對於「2000年偏獨立」的民眾選擇無明顯偏向報紙（相對於偏獨立報紙）（B=1.949），「2012年偏統一」的民眾偏向選擇無明顯偏向報紙（相對於偏獨立報紙）的機率是「2000年偏獨立」民眾的7.022倍。「2012年維持現狀」的民眾相對於「2000年偏獨立」的民眾選擇無明顯偏向報紙（相對於偏獨立報紙）（B=1.572），「2012年維持現狀」

的民眾偏向選擇無明顯偏向報紙（相對於偏獨立報紙）的機率是「2000年偏獨立」民眾的4.816倍。「2012年偏獨立」的民眾相對於「2000年偏獨立」的民眾選擇無明顯偏向報紙（相對於偏獨立報紙）（B=1.373），「2012年偏獨立」的民眾偏向選擇無明顯偏向報紙（相對於偏獨立報紙）的機率是「2000年偏獨立」民眾的3.946倍。

最後，「2016年偏統一」的民眾相對於「2000年偏獨立」的民眾選擇無明顯偏向報紙（相對於偏獨立報紙）（B=2.012），「2016年偏統一」的民眾偏向選擇無明顯偏向報紙（相對於偏獨立報紙）的機率是「2000年偏獨立」民眾的7.480倍。「2016年維持現狀」的民眾相對於「2000年偏獨立」的民眾選擇無明顯偏向報紙（相對於偏獨立報紙）（B=1.892），「2016年維持現狀」的民眾偏向選擇無明顯偏向報紙（相對於偏獨立報紙）的機率是「2000年偏獨立」民眾的6.630倍。「2016年偏獨立」的民眾相對於「2000年偏獨立」的民眾選擇無明顯偏向報紙（相對於偏獨立報紙）（B=1.784），「2016年偏獨立」的民眾偏向選擇無明顯偏向報紙（相對於偏獨立報紙）的機率是「2000年偏獨立」民眾的5.953倍。

在其他控制變數方面，省籍大陸各省市人（相對於本省閩南人）偏向選擇無明顯偏向報紙（相對於偏獨立報紙）（B=.367），大陸各省市人偏向選擇無明顯偏向報紙（相對於偏獨立報紙）的機率是本省閩南人的1.443倍。

政治世代第二世代（相對於第一世代）偏向選擇偏獨立報紙（相對於無明顯偏向報紙）（B=-.557），第二世代選擇無明顯偏向報紙（相對於偏獨立報紙）的機率是第一世代的0.573倍。在教育程度方面，教育程度高（相對於低）的民眾偏向選擇偏獨立報紙（相對於無明顯偏向報紙）（B=-.528），教育程度高者偏向選擇無明顯偏向報紙（相對於偏獨立報紙）的機率是教育程度低的0.590倍。

居住地區在北部（相對於南部）的民眾偏向選擇無明顯偏向報紙（相對於偏獨立報紙）（B=.175），居住在北部的民眾偏向選擇無明顯偏向報紙（相對於偏獨立報紙）的機率是南部民眾的1.191倍。居住地區在中部（相對於南

部）的民眾偏向選擇偏獨立報紙（相對於無明顯偏向報紙）（B=-.242），居住在中部的民眾偏向選擇無明顯偏向報紙（相對於偏獨立報紙）的機率是南部民眾的0.785倍。居住地區在東部（相對於南部）的民眾偏向選擇無明顯偏向報紙（相對於偏獨立報紙）（B=.419），居住在東部的民眾偏向選擇無明顯偏向報紙（相對於偏獨立報紙）的機率是南部民眾的1.520倍。

在職業方面，高、中級白領（相對於藍領）的民眾偏向選擇偏獨立報紙（相對於無明顯偏向報紙）（B=-.375），高、中級白領偏向選擇無明顯偏向報紙（相對於偏獨立報紙）的機率是藍領的0.687倍。中低、低級白領（相對於藍領）的民眾偏向選擇偏獨立報紙（相對於無明顯偏向報紙）（B=-.199），中低、低級白領偏向選擇無明顯偏向報紙（相對於偏獨立報紙）的機率是藍領的0.819倍。從事農林漁牧（相對於藍領）的民眾偏向選擇無明顯偏向報紙（相對於偏獨立報紙）（B=.307），從事農林漁牧的民眾偏向選擇無明顯偏向報紙（相對於偏獨立報紙）的機率是藍領的1.359倍。

政黨認同泛藍（相對於泛綠）的民眾選擇無明顯偏向報紙（相對於偏獨立報紙）（B=1.023），泛藍民眾選擇無明顯偏向報紙（相對於偏獨立報紙）的機率是泛綠民眾的2.783倍。政黨認同中立（相對於泛綠）的民眾選擇無明顯偏向的報紙（相對於偏獨立報紙）（B=0.675），中立民眾選擇無明顯偏向報紙（相對於偏獨立報紙）的機率是泛綠民眾的1.964倍。族群意識為都是（相對於臺灣人）的民眾選擇無明顯偏向報紙（相對於偏獨立報紙）（B=0.254），族群意識為都是的民眾選擇無明顯偏向（相對於選擇偏獨立）的機率是臺灣人民眾的1.289倍。

在第四章第三節中，我們企圖以橫斷面資料觀察五次總統選舉期間報紙選擇與統獨立場的相互影響，以歷年報紙選擇和統獨立場兩兩相關開展，進一步進入模型分析，優點在於可以看到歷年的狀況，甚至是隨著時間演進的改變，然缺點是無法確知兩者的因果關係，下一節進一步以定群追蹤設計彌補此一問題。

第四節　報紙選擇與統獨立場的因果關係—定群追蹤視角

定群追蹤資料的好處有助於釐清變數之間在不同時間點的影響「過程」，並解釋變數之間的「因果」關係，藉此可釐清本書關注報紙選擇與統獨立場的關聯（Agresti 2002；Halaby 2004；Rabe-Hesketh and Skrondal 2008；Singer and Willett 2003）。

過去定群追蹤研究運用於對政治態度和政治行為的分析，著名的定群追蹤研究包括：Niemi 與Jennings（1991）以定群追蹤研究發現，受訪者在高中進入20多歲時，父母對他們政黨偏好的影響程度逐漸下降。美國密西根大學調查研究中心（Survey Research Center, SRC）分別在1956年、1958年、1960年以及1972年、1974年、1976年這兩大段時間進行定群追蹤研究，結果符合政黨偏好不易變動的假設（Converse 1964；Converse and Markus 1979）。國內學者王鼎銘、蘇俊斌、黃紀與郭銘峰（2004）、黃紀（2005）、黃紀、王鼎銘與郭銘峰（2005）、劉嘉薇與黃紀（2010）和劉嘉薇與黃紀（2012）也將定群追蹤研究運用於投票和政治態度的研究。

為什麼定群追蹤研究設計有助於釐清變數的因果關係？因為定群追蹤資料具有同一個體在不同時間的情況，亦即某些變數會因為時間點不同而有所變化（例如理論上報紙選擇和統獨立場都會隨時間而不同），有些變數卻不會隨著時間而變化（例如性別），因此需要針對不同的變數特性（會隨時間變化以及不會隨時間變化）進行模型設定。「固定效果模型」（fixed effect model）是把樣本的差異視為固定值，「隨機效果模型」（random effect model）則是把樣本的差異視為從母體當中抽取的隨機變數（Langeheine and van de Pol 1989；Langeheine and van de Pol 1994；Langeheine and van de Pol 2002；van de Pol and Langeheine 2004）。

為了分析上不同的需要，定群追蹤資料安排的形式將隨著不同的分析需要而改變，典型的資料安排方式有兩種：一為「平衡的」（balanced），亦即不同波的同一變數視為不同的變數（劉嘉薇與黃紀 2012）。例如有兩次統獨立場的值，在「平衡的」資料安排上則有兩個變數，該次訪問未成功者，以遺漏

值取代，這種資料安排方式以樣本與變數為主，又稱為「每人一列」（person-level）的資料安排。

　　相對地，另一種「不平衡的」（unbalanced）的方式，意指有T個時間點統獨立場的資料，每個人就有T列的資料，若成功兩次，便有兩列資料（劉嘉薇與黃紀 2012）。在這種資料安排的形式之下，兩波的統獨立場被視為同一變數，這種資料安排方式以樣本與時間點為主，又稱為「人—時」（person-period）的資料安排。

　　本書變化表（turnover table）（表4-19、表4-20）的分析方式採用平衡的資料安排，用以分析2008年和2012年主要變數（報紙選擇和統獨立場）的穩定或變遷。模型分析則採用不平衡的資料安排，用以瞭解同一樣本在不同時間點的穩定或變遷，進而釐清依變數的變化是因為自變數不同個體之間的變異抑或是不同時間點之間的變異。以下將兩波的資料以不平衡的方式合併，便是為了理解民眾統獨立場在兩波定群追蹤研究持續與變遷的原因。

　　為了讓統獨立場持續與變遷的趨勢可以更清楚地呈現，本書採用變化表的方式呈現資料，觀察其中細格的變化，並配合統計量瞭解統獨立場在這兩波訪問中的淨變量（net change）與總變量（gross change）。以下所有變化表的解讀皆以穩定與變遷的情況來詮釋，以表4-21為例，表的左方為2008年統獨立場的統一、獨立或維持現狀，表的上方為2012年統獨立場的統一、獨立或維持現狀，依此分類。例如：民眾統獨立場2008年到2012年共構成九種類型，亦即2008年統獨立場統一，2012年也是統一，稱為「統統」型；另外，2008年統獨立場獨立，2012年也是獨立，稱為「獨獨」型；2008年統獨立場維持現狀，2012年也是維持現狀，稱為「現現」型。以上這三種類型是兩波之間維持穩定不變的類型。再者，2008年統獨立場統一，2012年變成獨立，稱為「統獨」型；2008年統獨立場獨立，2012年變成統一，稱為「獨統」型；2008年統獨立場統一，2012年變成維持現狀，稱為「統現」型。另外則有2008年統獨立場維持現狀，2012年變成統一，稱為「現統」型；2008年統獨立場獨立，2012年變成維持現狀，稱為「獨現」型；另外則有2008年統獨立場維持現狀，2012年變成獨立，稱為「現獨」型。以上類型為兩波之間變遷的類型。

表4-21　兩波（2008年到2012年）統獨立場變化表

(2008) ＼ (2012)	統一	獨立	維持現狀	總和
統一	92	15	102	209
	44.0%	7.2%	48.8%	100.0%
獨立	15	171	120	306
	4.9%	55.9%	39.2%	100.0%
維持現狀	106	120	617	843
	12.6%	14.2%	73.2%	100.0%
總和	213	306	839	1358
	14.2%	24.1%	61.7%	100.0%
Fisher之小樣本精確性檢定（Fisher's exact test）：$p < .001$				
Symmetry (asymptotic) > .05				
邊緣總和一致性檢定：Marginal homogeneity (Stuart-Maxwell) > .05； Marginal homogeneity (Bickenboller) > .05； Marginal homogeneity (no diagonals) > .05				
對稱貢獻量：統一_獨立&獨立_統一 =0.00（$p > .05$） 統一_維持現狀&維持現狀_統一 =0.08（$p > .05$） 獨立_維持現狀&維持現狀_獨立 =0.00（$p > .05$）				

資料來源：游清鑫 2008；朱雲漢 2012。

以上這六種是變遷的類型，定群追蹤研究則特別著重於以上穩定類型與變遷類型的分布。若要說明變化表中的變遷是否達到顯著，則可以利用邊緣總和一致性檢定（marginal homogeneity tests）來說明。以統獨立場為例，若要說明表格中統一移轉到獨立者較多，或是獨立移轉到統一者較多，則可以利用對稱貢獻量（contribution to symmetry χ^2）是否顯著來判斷，對稱貢獻量主要在檢定表格中統一移轉到獨立較多，或是獨立移轉到統一兩者是否一致，若對稱貢獻量符合p值小於0.05的標準，則說明了變化表中統一移轉到獨立，或獨立移轉到統一，兩者的人數顯著地不一致。

　　統獨立場三類之間在2008年到2012年之間如何變化？以下從統獨立場（表4-21）二維表格（2008年vs.2012年）來看：2008年到2012年之間穩定不變者占（92+171+617）/1358=64.8%，兩波之間穩定不變的占六成五左右。再者，我們要進一步關注在上述穩定不變的背後，是否隱含了變遷，變化表提供了諸多的資訊，使我們洞悉穩定背後的變遷。表4-21呈現了2008年到2012年之間的變遷，邊緣總和一致性檢定大於0.05的值顯示二波之間均沒有顯著之淨變量，也就是統獨立場統一、獨立與維持現狀之間沒有明顯轉移。然而，由統一轉獨立者15人，由獨立轉統一者亦為15人，變動旗鼓相當；由統一轉維持現狀者102人，由維持現狀轉統一者106人，變動亦很接近；由獨立轉維持現狀者120人，由維持現狀轉獨立者亦為120人，變動數量一致，以下我們將以定群追蹤模型探討影響這些變動的原因，在統獨立場的變動中，報紙選擇的影響如何？

　　為了讓民眾報紙選擇持續與變遷的趨勢可以更清楚地呈現，本書採用變化表的方式呈現資料，觀察其中細格的變化，並配合統計量瞭解報紙選擇在這兩波訪問中的淨變量（net change）與總變量（gross change）。以下所有變化表的解讀皆以穩定與變遷的情況來詮釋，從表4-22可以發現，表的左方為2008年報紙選擇的偏統一報紙、偏獨立報紙或無明顯偏向報紙，表的上方為2012年報紙選擇的偏統一報紙、偏獨立報紙或無明顯偏向報紙，依此分類。例如：民眾報紙選擇2008年到2012年共構成九種類型，亦即2008年報紙選擇偏統一報紙，2012年也是偏統一，稱為「統統」型；另外，2008年報紙選擇偏獨立報紙，2012年也是偏獨立報紙，稱為「獨獨」型；2008年報紙選擇無明顯偏向，2012年也是無明顯偏向，稱為「無無」型。以上這三種類型是兩波之間維持穩定不變的類型。

　　再者，2008年報紙選擇偏統一報紙，2012年變成偏獨立報紙，稱為「統獨」型；2008年報紙選擇偏獨立報紙，2012年變成偏統一報紙，稱為「獨統」型；2008年報紙選擇偏統一報紙，2012年變成無明顯偏向，稱為「統無」型。另外則有2008年報紙選擇無明顯偏向，2012年變成偏統一報紙，稱為「無統」型；2008年報紙選擇偏獨立報紙，2012年變成無明顯偏向，稱為「獨無」型。

表4-22　兩波（2008年到2012年）報紙選擇變化表

(2012) (2008)	偏統一報紙	偏獨立報紙	無明顯偏向報紙	總和
偏統一報紙	370	1	3	374
	98.9%	0.3%	0.8%	100.0%
偏獨立報紙	1	305	0	306
	0.3%	99.7%	0.0%	100.0%
無明顯偏向	1	0	829	830
	0.1%	0.0%	99.9%	100.0%
總和	372	306	832	1510
	24.6%	20.3%	55.1%	100.0%

Fisher之小樣本精確性檢定（Fisher's exact test）：$p < .001$

Symmetry (asymptotic) $> .05$

邊緣總和一致性檢定：Marginal homogeneity (Stuart-Maxwell) $> .05$；
　　　　　　　　　　Marginal homogeneity (Bickenboller) $> .05$；
　　　　　　　　　　Marginal homogeneity (no diagonals) $> .05$

對稱貢獻量：統一_獨立&獨立_統一 $=0.00$（$p > .05$）
　　　　　　統一_維持現狀&維持現狀_統一 $=1.00$（$p > .05$）
　　　　　　獨立_維持現狀&維持現狀_獨立 $=0.00$（$p > .05$）

資料來源：游清鑫 2008；朱雲漢 2012。

另外則有2008年報紙選擇無明顯偏向，2012年變成偏獨立報紙，稱爲「無獨」型，以上類型爲兩波之間變遷的類型。

　　以上這六種是變遷的類型，定群追蹤研究則特別著重於以上穩定類型與變遷類型的分布。若要說明變化表中的變遷是否達到顯著，則可以利用邊緣總和一致性檢定（marginal homogeneity tests）來說明。以報紙選擇爲例，若要說明表格中統一移轉到獨立較多，或是獨立移轉到統一者較多，則可以利用對稱貢獻量（contribution to symmetry χ^2）是否顯著來判斷。對稱貢獻量主要在檢定表格中偏統一報紙移轉到偏獨立報紙較多，或是偏獨立報紙移轉到偏統一報紙兩者是否一致，若對稱貢獻量符合p值小於0.05的標準，則說明了變化表中偏統

一報紙移轉到偏獨立報紙，或偏獨立報紙移轉到偏統一報紙兩者的人數顯著地不一致。

報紙選擇三類之間在2008年到2012年之間如何變化？以下從報紙選擇（表4-22）二維表格（2008年vs.2012年）來看：2008年到2012年之間穩定不變者占（370+305+829）/1510=99.6%，兩波之間穩定不變的占九成九左右，民眾的報紙選擇在四年間幾乎未有變動，即使有變動，選擇偏統一報紙者仍然選擇偏統一報紙，選擇偏獨立報紙仍然維持偏獨立報紙，最後，選擇無明顯偏向報紙在四年後也依然選擇無明顯偏向報紙。在定群追蹤資料中，民眾報紙選擇幾乎不變，報紙選擇的統獨屬性幾乎一致，那麼，統獨立場還會影響報紙選擇嗎？是否統獨立場的選擇不會存在不同時間點，而是存在個體之間的差異？

整體而言，本書說明統獨立場和報紙選擇在兩波中的穩定和變化類型，變化表是一種適用於定群追蹤資料型態的分析方法，能夠瞭解兩波之間變數的穩定類型和變化類型，亦為進入模型前的描述統計。變化表是一種用於分析定群追蹤資料的利器，其呈現兩波的變化類型，此非一般橫斷面資料可以進行的分析。

本書為釐清統獨立場和報紙選擇孰因孰果，接著依照「圖4-3第四步驟分析架構示意圖」，分別將依變數設定為統獨立場和報紙選擇，統獨立場分為統一、獨立和維持現狀；報紙選擇分為偏統一報紙、偏獨立報紙以及無明顯偏向報紙。當依變數為統獨立場時，報紙選擇為自變數；當依變數為報紙選擇時，統獨立場為自變數。控制變數包括：性別、省籍、政治世代、教育程度、居住程度、職業、政黨認同以及族群意識，相關變數編碼方式可以參考附錄二。在分析定群追蹤資料的個體（subject-specific）模型中，純「固定效果模型」（fixed effects models）可以控制不因時而異的變數，但卻也犧牲了估計性別、省籍等重要因素的係數；而純「隨機效果模型」（random effects models）雖可以估計這些變數的係數，卻又假定所有自變數與隨機截距相互獨立，失之牽強，若假定不成立，係數估計便產生偏誤。本書採用Allison（2009）的「固定與隨機效果並用法」（hybrid method），既能兼顧定群資料特有的組內相關，

又能克服自變數內因性（endogeneity）的問題，亦即解決變數之間因果關係不明的問題。蔡佳泓與陳陸輝（2015）亦採用定群追蹤法解決內因性的問題，解決因為在同一份問卷中測量自變數與依變數，兩者可能互相影響，模型的估計會有偏差。

惟並用法在分析無序K分類之勝算對數模型（multinomial logit）時，依變數必須先選定一個參照類，再分別估計K-1個二元勝算對數模型（Allison 2009），故以下之分析係以「獨立」為參照類，模型一分析「統一vs.獨立」，模型二則分析「維持現狀vs.獨立」。

再者，我們將感興趣的自變數重新編碼為「組內平均」和「與組內平均之差」，並進行兩者對依變數影響差異的解釋，此作法便是要區別依變數（統獨立場和媒體選擇）的變化受到時間的影響較多，抑或受到自變數本身改變的影響較多，此亦為定群追蹤資料分析的特色之一。

在報紙選擇對統獨立場的研究發現中，以下將著重三部分重要研究方向的討論，以下一、二點因為理論已有所指引，因此以研究假設的形式列出：（一）當民眾選擇偏統一報紙時，其統獨立場較偏向統一。（二）當民眾選擇偏獨立報紙時，其統獨立場較偏向獨立。（三）最後，本書於模型設定時，自變數部分在同一變數皆納入「組內平均」和「與組內平均之差」，如此設定便是為了突顯定群追蹤資料的特色，這項特色為同一個體在不同時間點皆有觀察值，因此「組內平均」說明這項差異來自於不同個體之間的差異，而非不同時間點的差異。「與組內平均之差」意指差異來自於同一個體在不同時間點的差異，如此兩種自變數的設定，將可避免「內因性」的問題，下段將詳細說明之。以上第三點關於「組內平均」和「與組內平均之差」的討論將不特別獨立討論，將納入自變數對依變數影響的討論中。

由於自變數與依變數之間可能發生內因性的問題，而定群資料的內因性問題來自有些未觀察到的個別差異α_i與觀察到的自變數X_{it}之間可能有關（如圖4-7所示），使得X_{it}之係數估計產生偏誤。為了克服此一可能的問題，本書採用了Neuhaus與Kalbfleisch（1998）及Rabe-Hesketh與Skrondal（2008）的

圖4-7　內因性問題示意圖

方法，同時納入每個自變數的組內平均數$\bar{X}_i$，及其與組內平均數的差$X_{it} - \bar{X}_i$，做為工具變數（instrumental variable），得到係數的一致（consistent）估計值。

　　資料分析應該依循理論的方向，然因本書對於媒體與政治之間關聯的文獻檢閱，即使認為政治預存傾向對媒體選擇的影響稍多，但仍不能排除媒體選擇對政治態度的影響。因此不論在橫斷面資料分析和定群追蹤資料分析都呈現了兩者互為因果的自變數和依變數設定。值得一提的是，在定群追蹤資料分析時，當民眾統獨立場設定為自變數，媒體選擇設定為依變數時，因為依變數媒體選擇的變異過小，以致於疊代一直無法收斂，因而無法產生模型，因此沒有呈現自變數為統獨立場，依變數為媒體選擇的定群追蹤模型，並於下一節有更多討論。

　　首先，根據表4-23，主要自變數為報紙選擇，我們也透過定群追蹤資料，釐清報紙選擇確實是統獨立場的「原因」，也正是政治傳播中媒體效果論的展現。在「統一相對於獨立」的模型中，報紙選擇偏統一（相對於偏獨立）的民眾統獨立場較偏統一（相對於獨立）（B=1.977），此情況表現在「組內平均」，亦即這項差異來自於不同個體之間的差異，而非不同時間點的差異。另一方面，在「維持現狀相對於獨立」的模型中，報紙選擇偏統一（相對於偏獨立報紙）的民眾統獨立場較偏維持現狀（相對於獨立），此情況表現在「組內平均」（B=1.032），亦即這項差異來自於不同個體之間的差異。再者，報紙選擇無明顯偏向的民眾（相對於偏獨立報紙）統獨立場較偏維持現狀（相對於獨立），此情況表現在「組內平均」（B=0.396），亦即這項差異同樣來自於不同個體之間的差異。以上說明報紙選擇對統獨立場的影響不在跨時間點的差異，而是在個體之間的差異，亦即統獨立場的變動非因不同時間點報紙選擇的

表4-23　兩波（2008年到2012年）統獨立場定群追蹤模型

	模型一		模型二	
	統一／獨立		維持現狀／獨立	
	B	SE	B	SE
報紙選擇（對照：偏獨立報紙）				
偏統一報紙（組內平均）	1.977*	0.775	1.032***	0.263
偏統一報紙（與組內平均之差）	48.481	45577.320	4.060	3.388
無明顯偏向報紙（組內平均）	1.171	0.642	0.396**	0.194
無明顯偏向報紙（與組內平均之差）	27.246	52645.060	5.644	4.236
男性（對照：女性）	0.330	0.482	-0.219	0.169
省籍（對照：本省閩南人）				
本省客家人	0.123	0.718	-0.098	0.272
大陸各省市人	0.962	0.813	0.322	0.376
政治世代（對照：第一世代）				
第二世代（組內平均）	0.231	0.818	0.503	0.279
第二世代（與組內平均之差）	--	--	-1.747	4.293
第三世代（組內平均）	0.869	0.917	0.914**	0.318
第三世代（與組內平均之差）	-24.821	26347.870	0.998	2.503
教育程度（對照：低）				
高（組內平均）	0.026	0.897	-0.668*	0.312
高（與組內平均之差）	-0.354	2.671	-0.422	0.820
中（組內平均）	0.871	0.810	0.074	0.272
中（與組內平均之差）	0.610	1.070	0.330	0.385
居住地區（對照：南部）				
北部（組內平均）	-0.063	0.536	0.044	0.190
北部（與組內平均之差）	--	--	--	--
中部（組內平均）	-0.138	0.699	0.234	0.228
中部（與組內平均之差）	--	--	--	--
東部（組內平均）	-1.231	1.245	-0.988	0.529
東部（與組內平均之差）	--	--	--	--

表4-23　兩波（2008年到2012年）統獨立場定群追蹤模型（續）

	模型一		模型二	
	統一／獨立		維持現狀／獨立	
	B	SE	B	SE
職業（對照：藍領）				
高、中級白領（組內平均）	-1.639	0.856	0.088	0.295
高、中級白領（與組內平均之差）	-0.418	0.910	0.171	0.338
中低、低級白領（組內平均）	-0.240	0.775	0.183	0.274
中低、低級白領（與組內平均之差）	-0.914	0.837	-0.094	0.305
農林漁牧（組內平均）	-0.416	0.981	0.096	0.340
農林漁牧（與組內平均之差）	-0.934	1.420	0.052	0.633
其他（組內平均）	-0.152	1.120	0.354	0.406
其他（與組內平均之差）	0.916	1.277	-0.103	0.473
政黨認同（對照：泛綠）				
泛藍（組內平均）	5.571***	0.949	2.565***	0.281
泛藍（與組內平均之差）	3.934**	1.263	1.132*	0.445
中立（組內平均）	2.124**	0.762	2.170***	0.251
中立（與組內平均之差）	1.849	1.006	0.384	0.310
族群意識（對照：臺灣人）				
中國人（組內平均）	11.407***	2.612	3.910***	1.074
中國人（與組內平均之差）	-0.575	1.886	0.173	1.037
都是（組內平均）	4.970***	0.869	1.322***	0.249
都是（與組內平均之差）	2.651***	0.729	0.838**	0.279
常數	-7.645***	1.490	-1.303***	0.369
sigma_u	3.511	0.599	1.493	0.172
rho（組內相關）	0.789	0.057	0.404	0.055

資料來源：陳義彥 2000；黃秀端 2004；游清鑫 2008；朱雲漢 2012。

說明：模型一：觀察值= 1053，Wald χ^2(33) =59.39，Log likelihood = -359.863，$p<0.05$，
　　　　Likelihood-ratio test of rho=0: χ^2 (01) =0.00，$p<0.001$。
　　　模型二：觀察值=2362，Wald χ^2 (34) =210.02，Log likelihood = -1045.871，
　　　　$p<.001$，Likelihood-ratio test of rho=0: χ^2 (01) =0.00，$p<0.001$。

差異造成，而是個體之間報紙選擇的差異。值得一提的是，民眾選擇偏統一報紙（相對於偏獨立報紙）對民眾維持現狀（相對於獨立）的影響大於選擇無明顯偏向報紙（相對於偏獨立報紙），兩者係數檢定有顯著差異（1.032>0.396，$p<0.01$）[1]。

　　在其他控制變數方面，在統一相對於獨立的模型中，人口變數皆無顯著影響，然政黨認同和族群意識在定群追蹤的資料中仍對統獨立場有所影響。政黨認同泛藍（相對於泛綠）民眾較偏向支持統一（相對於獨立），此情況表現在「組內平均」（B=5.571），但也表現在「與組內平均之差」（B=3.934），亦即這項差異來自於不同個體之間的差異，也來自不同時間點的差異。[2]政黨認同中立（相對於泛綠）民眾較偏向支持統一（相對於獨立），此情況表現在「組內平均」（B=2.124），但未表現在「與組內平均之差」，亦即這項差異來自於不同個體之間的差異。

　　在族群意識方面，中國人（相對於臺灣人）民眾較偏向支持統一（相對於獨立），此情況表現在「組內平均」（B=11.407），但未表現在「與組內平均之差」，亦即這項差異來自於不同個體之間的差異。族群意識都是（相對於臺灣人）的民眾較偏向支持統一（相對於獨立），此情況表現在「組內平均」（B=4.970），但也表現在「與組內平均之差」（B=2.651），亦即這項差異來自於不同個體之間的差異，也來自不同時間點的差異。[3]

　　在「維持現狀相對於獨立」的模型中，政黨認同和族群意識仍然同前，在定群追蹤的資料中仍對統獨立場有所影響。政黨認同泛藍（相對於泛綠）民眾

1　報紙選擇「偏統一報紙」的「組內平均」係數（1.032）和報紙選擇「無明顯偏向」的「組內平均」係數（0.396），兩項自變數係數統計檢定結果為兩者有顯著差異（$p<.001$），亦即1.032>0.396。

2　政黨認同「泛藍」的「組內平均」係數（5.571）和政黨認同「泛藍」的「與組內平均之差」係數（3.934），兩項自變數係數統計檢定結果為兩者沒有顯著差異（$p>.05$）。

3　族群意識「都是」的「組內平均」係數（4.970）和族群意識「都是」的「與組內平均之差」係數（2.651），兩項自變數係數統計檢定結果為兩者有顯著差異（$p<.05$），亦即4.970>2.651。「組內平均」的影響大於「與組內平均之差」，亦即個體之間族群意識（都是相對於臺灣人）的差異對統獨立場變動影響大於不同時間之間族群意識（都是相對於臺灣人）的差異。

較偏向維持現狀（相對於獨立），此情況表現在「組內平均」（B=2.565），但也表現在「與組內平均之差」（B=1.132），亦即這項差異來自於不同個體之間的差異，也來自不同時間點的差異。[4]政黨認同中立（相對於泛綠）民眾較偏向維持現狀（相對於獨立），此情況表現在「組內平均」（B=2.170），但未表現在「與組內平均之差」，亦即這項差異來自於不同個體之間的差異。

在族群意識方面，中國人（相對於臺灣人）民眾較偏向維持現狀（相對於獨立），此情況表現在「組內平均」（B=3.910），但未表現在「與組內平均之差」，亦即這項差異來自於不同個體之間的差異。族群意識都是（相對於臺灣人）的民眾較偏向維持現狀（相對於獨立），此情況表現在「組內平均」（B=1.322），但也表現在「與組內平均之差」（B=0.838），亦即這項差異來自於不同個體之間的差異，也來自不同時間點的差異。[5]

在其他控制變數方面，政治世代第三世代（相對於第一世代）較偏向維持現狀（相對於獨立），此情況表現在「組內平均」（B=0.914），但未表現在「與組內平均之差」，亦即這項差異來自於不同個體之間的差異。教育程度高（相對於低）的民眾較偏向獨立（相對於維持現狀），此情況表現在「組內平均」（B=-0.668），亦即這兩項差異來自於不同個體之間的差異。最後，其他控制變數對依變數影響皆不顯著，但基於學理上統獨立場受到眾多因素影響，仍需將相關因素納入控制。

模型一的觀察值為1,053，亦即統獨立場「獨立」和「統一」被觀察的次數，而非樣本數，每一樣本理論上皆有兩次觀察值，此為定群追蹤研究設計的特色。模型二樣本數與觀察值的描述亦與模型一類似，故不贅述。另外，關於無反應的處理，請參閱「附錄二：變數重新編碼方式」，凡被界定為遺漏值的

---

[4] 政黨認同「泛藍」的「組內平均」係數（2.565）和政黨認同「泛藍」的「與組內平均之差」係數（1.132），兩項自變數係數統計檢定結果為兩者有顯著差異（p<.01），亦即2.565>1.132。「組內平均」的影響大於「與組內平均之差」，亦即個體之間政黨認同（泛藍相對於泛綠）的差異對統獨立場變動影響大於不同時間之間政黨認同（泛藍相對於泛綠）的差異。

[5] 族群意識「都是」的「組內平均」係數（1.322）和族群意識「都是」的「與組內平均之差」係數（0.838），兩項自變數係數統計檢定結果為兩者沒有顯著差異（p>.05）。

選項即不進入分析，因此進入模型分析的觀察值並不一定與受訪成功的樣本數有一定關聯，因為需要將遺漏值刪除。

　　第四章第四節以定群追蹤設計，企圖瞭解民眾報紙選擇與統獨立場的因果關聯，正因為同一樣本連續訪問的特性，讓我們可以觀察同一樣本是否因為時間點差異而有不同的報紙選擇和統獨立場，此一資料形式取得不易，「臺灣選舉與民主化調查」在兩波定群追蹤資料代表性都通過檢定，增加此節統計推論的信心。

第五節　小結

　　在政治傳播傳統的討論中，幾大流派各自有其論述。Meadow（1980）認為「政治」在「傳播」之下，「政治」是一種「傳播」。傳播行為並不一定是政治行為，但政治行為一定是傳播行為，因此政治行為系統是一傳播系統。另有一說則是：傳播只是政治現象之一種，亦即傳播在政治之下（彭芸　1986）。然而，Chaffee（1975）卻認為，傳播與政治「互有重疊」，兩者「並不獨立」，重點在研究政治與傳播交集的部分。最後，Nimmo（1978）認為，傳播體系與政治為完全不同的領域，兩者「相互影響」，但是「各自獨立」。

　　在這一章中，我們欲探詢民眾報紙選擇與他們統獨立場的關聯。若要回答這個問題，我們需要細部拆解這兩大因素——報紙選擇與統獨立場。我們從政治大學選舉研究中心以及「臺灣選舉與民主化調查」五波統獨立場的資料，瞭解民眾歷時十六年來在五次總統選舉期間統獨立場的分布。至於報紙選擇，在上述五波的資料中，皆詢問了民眾報紙選擇的習慣，然在這些詢問中，並非直接詢問民眾這些經常閱讀的報紙（第三章已解釋了為何選擇報紙）在統獨立場上偏向統一、偏向獨立或無明顯偏向，我們可以想像，若是問卷題目直接詢問民眾他們偏好選擇偏統一、偏獨立或無明顯偏向報紙時，民眾對於這類的題目通常不輕易表態，以免透漏自己的統獨立場，此外，民眾也可能因為無法回答

報紙的統獨立場，而讓問項成為無反應的情況。

　　再者，政大選研中心或「臺灣選舉與民主化調查」的問題設計並非為了統獨研究或單一研究而設計，因此當問卷詢問民眾的報紙選擇時，其選項以各報紙名稱為宜，當本研究獲知這些民眾經常選擇的報紙名稱時，便可以將第三章獲致的報紙統獨立場一一帶入這些民眾所選擇的報紙中，透過此一帶入的動作，使第三章分析的層次為報紙，進入到第四章分析的層次為每一位民眾。例如：當民眾的報紙選擇為聯合報，聯合報的統獨偏向便透過第三章的分析得知為偏統一，因此將民眾報紙選擇編碼為偏統一。中國時報、自由時報和蘋果日報的情況以此類推。

　　我們首先觀察民眾統獨立場的持續與變遷，在統獨六分類中，十六年來持續增加的是「永遠維持現狀」，十六年來持續下降的是「維持現狀，以後走向統一」。若以統獨三分類視之，統一、獨立和維持現狀的變化則不是那麼大，但仍有些許變動，維持現狀和獨立增加，統一和無反應減少。至於民眾報紙選擇部分，在這十六年來，閱讀偏統一報紙減少，偏獨立報紙持平，閱讀無明顯偏向報紙增加，與蘋果日報入主臺灣難以脫離關係。

　　既然在這十六年中，民眾報紙選擇有所變動，統獨立場也不穩定，國家作為想像的共同體，理論又告訴我們媒體會進行施為性論述、建構民眾的政治認同；反之，民眾的統獨立場也會是一種政治預存傾向，影響民眾的報紙選擇。既然如此，我們也檢視了民眾報紙選擇與其統獨立場的交互影響。首先，我們不控制其他變數，僅觀察兩者的關係。交叉列聯表的巧妙之處便在於當我們將民眾報紙選擇和統獨立場分別置於「列」或「欄」不同的位置，表格中的橫列百分比便告訴我們不同的故事。當我們要瞭解民眾報紙選擇對統獨立場影響時，我們將報紙選擇放在「列」，統獨立場放在「欄」，觀察橫列百分比。

　　反之，當我們要瞭解民眾統獨立場對報紙選擇的影響時，我們將統獨立場放在「列」，報紙選擇放在「欄」，觀察橫列百分比。經過如上的分析，每一年度的情況有相同之處，也有不同之處。相同之處在於這五次總統選舉期間，報紙選擇影響了統獨立場：選擇偏統一的媒體，統獨立場偏向統一，五年

皆然；選擇偏向獨立媒體的民眾，統獨立場偏向獨立，五年皆然。然而，選擇無明顯偏向報紙的民眾，雖都偏向在統獨立場上無反應，但在2000年、2004年和2008年間，選擇無明顯偏向報紙的民眾也偏向不獨立，但2012年和2016年時則無，可見到2012年後，無明顯偏向媒體對於將民眾遠離獨立的影響最小。再者，從2004年開始，選擇偏向統一媒體的民眾，除了偏向統一，也偏向維持現狀，可見偏向統一媒體的影響不如偏向獨立媒體，因為偏向獨立媒體不會造成民眾偏向維持現狀。

以上的情況是未控制其他變數的結果，控制其他因素後，結果又是如何？2000年、2008年和2016年時，民眾報紙選擇對統獨立場的影響趨勢相同，亦即閱讀偏統一報紙以及無明顯偏向（相對於偏獨立的報紙）的民眾較偏向維持現狀（相對於獨立），2004年時閱讀偏向統一報紙（相對於偏獨立的報紙）的民眾偏向統一和維持現狀（相對於獨立），閱讀無明顯偏向報紙的民眾（相對於偏獨立的報紙）偏向維持現狀（相對於獨立）。到了2012年，民眾報紙選擇對統獨立場的影響不復見。

而民眾統獨立場對其報紙選擇的影響又是如何？在2000年、2004年和2008年時，民眾統獨立場對報紙選擇的影響趨勢相同，亦即統獨立場維持現狀（相對於獨立）的民眾偏向選擇偏統一報紙和無明顯偏向報紙（相對於偏獨立報紙）。此外，2004年、2008年時統獨立場偏統一（相對於獨立）的民眾偏向選擇偏統一報紙（相對於偏獨立報紙）。直至2012年時，民眾統獨立場對報紙選擇的影響已不復見。

若以「五年度統獨立場模型比較」而言，偏統一報紙和無明顯偏向報紙在2000年、2004年和2008年都影響民眾偏向維持現狀（相對於獨立），特別之處在於，報紙選擇偏統一（相對於偏獨立的媒體）的民眾僅在2004年讓民眾偏向統一（相對於獨立）。相對而言，若檢視「五年度報紙選擇模型比較」，統獨立場維持現狀（相對於獨立）的民眾在2000年、2004年和2008年都對影響民眾偏向選擇偏統一報紙和無明顯偏向報紙（相對於偏獨立報紙）。而統獨立場偏統一（相對於獨立）的民眾僅於2004年和2008年影響民眾偏向選擇偏統一報紙

（相對於偏獨立報紙）。

　　為了瞭解民眾報紙選擇影響統獨立場的歷年趨勢，我們將五波資料合併，並製作年度和報紙選擇的交互作用。研究發現2004年選擇偏統一報紙、2004年選擇無明顯偏向報紙、2004年選擇偏獨立報紙、2008年選擇偏統一報紙、2008年選擇無明顯偏向報紙、2008年選擇偏獨立報紙、2012年選擇偏統一報紙、2012年選擇無明顯偏向報紙，以及2012年選擇偏獨立報紙的民眾（相對於2000年選擇偏獨立報紙）統獨立場上都較偏向獨立（相對於統一）。從上述的結果我們可以發現，隨著時間從2000年到2012年，選擇偏獨立報紙的民眾進而在統獨立場上偏向獨立的民眾較多，我們可以看到從2008年到2012年選擇「偏獨立報紙」此一變數的負向係數（偏向獨立）得知。另一方面，2000年選擇無明顯偏向報紙（相對於2000年選擇偏獨立報紙）的民眾較偏向維持現狀（相對於獨立），而2004年選擇偏獨立報紙和2008年選擇偏獨立報紙（相對於2000年選擇偏獨立報紙）的民眾較支持獨立（相對於維持現狀），說明了隨著時間演變，選擇偏獨立報紙對獨立此一立場的影響更鉅。

　　在民眾統獨立場影響報紙選擇的歷年趨勢方面，我們將五波資料合併，並製作年度和統獨立場的交互作用。研究發現在11項交互作用項中（4年度*3統獨立場=12項，其中一項作為交互作用，交互作用項僅剩11項），僅2008年偏獨立（相對於2000年統獨立場偏獨立）的民眾較選擇偏向獨立的媒體（相對於選擇偏統一報紙），可見2008年偏獨立民眾選擇性暴露的情況比2000年更甚。再者，2000年維持現狀2004年統獨立場偏統一、2004年統獨立場維持現狀、2004年統獨立場偏獨立、2008年統獨立場偏統一、2008年統獨立場維持現狀、2008年統獨立場偏獨立、2012年統獨立場偏統一、2012年統獨立場維持現狀，以及2012年統獨立場偏獨立（相對於2000年統獨立場偏獨立）的民眾，更會選擇無明顯偏向報紙（相對於選擇偏獨立報紙）。可見2004年、2008年和2012年統獨立場偏獨立的民眾相對於2000年統獨立場偏獨立的民眾，更偏向選擇無明顯偏向報紙（相對於選擇偏獨立報紙），可見選擇性暴露的情況弱化，亦即統獨立場偏獨立的民眾也不見得選擇偏獨立的媒體，無明顯偏向報紙對其亦有吸

引力。

　　然而，上述的分析僅為橫斷面研究或合併五次橫斷面研究。本書取得了定群追蹤資料，分析同一樣本在不同年度報紙選擇和統獨立場的變化，及其相互影響。在我們所能取得的定群追蹤資料中，2008年和2012年之間的定群追蹤資料是最完整且符合本研究設定總統選舉期間資料的目標。定群追蹤變化表告訴我們，報紙選擇和統獨立場在2008年和2012年的變化，其資料可貴之處在於這是連續兩波都訪問成功的受訪者，亦即2008年成功的受訪者，在2012年又追蹤成功。兩波中統獨立場主要的變化類型包括：統現、現統、獨現、現獨、統獨，以及獨統。其中由統一直接轉獨立、獨立直接轉統一者非主要類型，在維持現狀和統一之間互相移動，以及在維持現狀和獨立之間互相移動者居多。兩波中報紙選擇主要的變化類型包括：統無、無統、獨無、無獨、統獨，以及獨統，在報紙選擇的變化表中，「穩定」（統統、無無和獨獨）是主要的類型，而非「變化」。整體而言，統獨立場都穩定的類型不多，這也提供我們分析兩波之間統獨為何變動的基礎。至於民眾報紙選擇的情況相當穩定，可以想像兩波之間應該幾乎不受其他因素影響，即使受其他因素影響，應該也是因為個體之間的差異，而非時間點之間的差異。

　　將模型的解釋變數以「組內平均」和「與組內平均之差」進行處理後，「組內平均」若顯著，代表差異來自於不同個體之間的差異。另一方面，若「與組內平均之差」顯著，代表差異來自不同時間點的差異。整體而言，在民眾統獨立場變化的解釋中，差異來自於不同個體之間的因素包括：選擇偏統一報紙、政黨認同泛藍、政黨認同中立、族群意識為中國人、族群意識為都是、政治世代第二世代、政治世代第三世代以及教育程度高。然而，差異來自於不同時間點之間的因素只含括：政黨認同泛藍以及族群意識為都是者。其中值得玩味的是，影響民眾統獨立場偏統一和維持現狀者（相對於偏獨立）的因素都是「組內平均」，亦即來自不同個體的差異。

　　另外，本書在進行以民眾報紙選擇為依變數的分析時，因為該變數的變異太小，以致於疊代一直無法收斂，因此無法產生模型。這引起本書更深的省

思，亦即民眾報紙選擇是一項變異很小的變數，當它在定群追蹤的設計中是依變數時，自然無法產生模型，也可以說是報紙選擇在兩個時間點中的變化很小，亦難以推估報紙選擇受到統獨立場的影響。至於報紙選擇會影響統獨立場嗎？答案是會的，因爲在統獨立場的定群追蹤模型中，報紙選擇確實影響了統獨立場，而報紙選擇在兩個時間點的變異如此小，爲何影響了統獨立場？定群追蹤的設計解答了此問題。由於定群追蹤設計，使我們能將報紙選擇此一自變數，處理成個體之間差異和時間點之間差異兩個自變數，因此我們始能測知民眾報紙選擇影響統獨立場的面向，是因爲「個體」之間差異造成，而非時間點。

本書企圖回答政治傳播長期以來的問題，亦即媒體和政治之間錯綜複雜的關係，孰因孰果？當然，這錯綜複雜的關係包括總體的層次，也包括個體的層次。我們相信，「總體」的「媒體—政治」關係是由「個體」的「媒體—政治」關係養成或組成，因此瞭解由個體層次的「媒體—政治」關係，有助於窺見整體「媒體—政治」的關係。本研究無意於討論總體「媒體—政治」因果關係的爭論，因為我們知道，媒體不會全然是因，也不會全然是果；反之，政治也不會全然是因，也不會全然是果。再陷入兩者關係的爭論，恐也沒有一個全然孰因孰果的答案。然而，若從理論出發，以實證的角度而言，選擇重要媒體因素和政治因素討論兩者的關聯，倒是有助於政治傳播理論的應用，以及實證結果對理論的反思。「媒體選擇」無疑是「媒體」此一概念在實證研究上常用且重要的因素，且對於媒體的施為性論述、建構性和議題設定具有操作化的功能，所謂的操作化，便是將媒體的屬性操作化成報紙的統獨立場。民眾媒體選擇的內容「是否」、「如何」建構、設定國家認同此一想像共同體的方向，對我國而言，民眾國家認同的分歧展現在統獨立場的選擇，除了媒體選擇影響統獨立場，統獨立場同樣如同政黨認同扮演政治預存傾向的角色，扮演主宰媒體選擇的要素嗎？

第一節　傳播效果或態度效果

在民主社會中，政治依賴著媒體而生，媒體也依賴著政治而活，大眾傳播影響民意，但民眾既存的意見也可能影響民眾的媒體選擇。統獨立場作為一種

想像政治共同體，受到同一屬性媒體影響的民眾，是否較偏向選擇認同某一類的共同體？這裡的共同體可能是統一的群體，也可能是獨立的群體。在討論民眾報紙選擇和統獨立場因果互動時，前者影響後者稱為傳播效果，後者影響前者稱為態度效果，我們將藉由以下四個問題的討論釐清是傳播效果較多，或是態度效果？

壹、四大報於五次總統選舉期間統獨立場的穩定或變遷

　　研究報紙社論就是研究當時的人們如何想像自己認同的過程，並且經由社論反映出來，從社論統獨立場分析則欲瞭解報紙的施為性論述、建構性和議題設定是否有自我的獨特性？報紙具有即時性，每一天的報紙都可以反映出即時的民意以及剛發生的重要事件；以宏觀來看，跨時的報紙分析所呈現的文本脈絡，可以瞭解長期的走向，尤其是認同政治的發展需要跨時性的觀察，始能窺得較為完整的全貌。社論的統獨立場決定了報社的大政方針，新聞報導理論上也遵循著社論的方向，因為社論的方向便是報紙的立場。然而新聞報導的事實，在功能上有別於社論，應該具有更多「純淨性」。不過，經由本書的分析，四大報的新聞在統獨立場上也具有一定的方向性，而非純然的中立無偏向，新聞報導逐漸從純淨新聞的典範走向具有觀點式的報導。

　　本研究發現，不僅報紙社論具有觀點，報紙新聞也具有觀點，報紙用一種選擇報導題材和夾敘夾議的方式透漏了它的統獨立場。在我們的分析中，若不分報別，2000年「中間偏獨立」較整體不分年度多，2004年和2008年「非常偏獨立」較整體多。有趣的是，2012年比較突出的是「中立偏統一」，2016年則是「中立」較突出。

　　若同時考慮年度和報別，聯合報2000年中立和非常偏統一較整體不分報別的趨勢多，2004年中立者較整體趨勢多，2008年無明顯偏向者較整體趨勢多，2012年和2016年中立偏統一者較整體趨勢多。中國時報2000年非常偏獨立和非

常偏統一都較整體趨勢多，屬於兩極化情況。2004年轉向無明顯偏向，然於2008年中立偏獨立較整體趨勢多，2012年回到無明顯偏向，2016年則為中立偏統一較突出。再者，自由時報2000年中立偏獨立較整體趨勢多，2004年、2008年和2012年都是非常偏獨立較突出，2016年則偏向中立較突出。最後，蘋果日報2004年無明顯偏向者較多，然於2008年中立偏統一較多，2012年和2016年則是無明顯偏向。以上的分析是將統獨視為名目尺度的分析，若我們勉強將統獨立場視為連續變數，歷年來，聯合報和中國時報在統獨立場偏向「統一」，自由時報比較偏向「獨立」，蘋果日報「無明顯偏向」，將報紙統獨立場視為名目尺度和連續變數的結果類似。

　　對本書而言，我們需要取得報紙的統獨屬性，進而帶入民眾報紙選擇的統獨屬性，因此我們將觀察不分年度的報紙屬性。在報別方面，若不分年度，聯合報比較突出的是「統一」，中國時報比較突出的是「統一」，自由時報比較突出的是「獨立」，最後，蘋果日報則是「無明顯偏向」。以上這項結論已應用於報紙選擇的分析中，當民眾選擇不同的報紙時，這些報紙分別代表不同的統獨立場，對民眾的統獨立場將因為想像的共同體、民族主義的施為性論述，以及媒體的建構性而與民眾統獨立場發生關聯。

貳、報紙統獨立場對民眾統獨立場的傳播效果

　　國家作為想像的共同體，在媒體與統獨立場的關係中，媒體不只是一種單純使用語言進行傳播的工具。社論不但反映輿情，四大報亦可能各有自己的堅持與立場，形成不同的統獨立場，因此報社本身也是建構國家認同的行為者之一，在社論中隱然進行著「施為性論述」。正因為社論「建構」的特性，因此民眾是否因媒體影響而「被建構」想像共同體，此時統獨立場是「被解釋項」。整體民眾媒體選擇的內容「是」建構了、設定了國家認同的方向，而其如何建構呢？我們看到報紙以偏統一或偏獨立的內容進行論述，「告訴」民眾

我們和中國大陸的關係爲何。報紙統獨相關內容一定和民眾統獨立場有關嗎？在進行本研究之前，或許我們沒有論據，但在本書中，我們利用橫斷面資料，看到民眾報紙選擇與統獨立場的「關聯」，然「關聯」不能滿足我們，我們運用定群追蹤資料進一步釐清「因果」，確知民眾報紙選擇的確「影響」了他們的統獨立場。過去政治傳播的研究經常纏繞在媒體與政治態度之間的因果關係，我們透過反覆的驗證與資料分析，希望傳達給讀者的是，民眾的報紙選擇「影響」了他們的統獨立場。

首先，我們說明統獨立場和報紙選擇的歷年趨勢。關於民眾統獨立場，在「統一」中，以2000年的比例最高，呈現逐年下降趨勢；在「維持現狀」中，以2000年的比例最低，呈現逐年上升趨勢；在「獨立」中，以2000年的比例最低，占13.7%，其餘年份均維持在22.0%到30.0%之間。報紙選擇在五年度中有些變化，選擇偏統一報紙者從2000年的45.4%，有逐年下降的趨勢；選擇偏獨立報紙者從2000年的26.5%，同樣有逐年下降的趨勢；至於報紙選擇「無明顯偏向」的民眾從2000年的28.1%，比例有上升的趨勢，可能與蘋果日報在臺發行可能有關。

一、報紙選擇與統獨立場歷年兩兩相關

歷年來民眾報紙選擇對其統獨立場的狀況如何呢？首先控制年份，探討民眾報紙選擇與統獨立場的關聯。2000年經常看偏統一報紙的民眾在統一和獨立的偏向均與全體總和有顯著差異，統一顯著高於全體，獨立顯著低於全體。經常看偏獨立報紙的民眾在獨立的偏向與全體總和有顯著差異，獨立顯著高於全體。報紙選擇「無明顯偏向」的民眾在統一、獨立和維持現狀的偏向均與全體總和有顯著差異，三者皆顯著低於全體。

再者，2004年經常看偏統一報紙的民眾在統一、獨立和維持現狀的偏向均與全體總和有顯著差異，統一顯著高於全體，獨立和維持現狀顯著低於全體。經常看偏獨立報紙的民眾在統一、獨立和維持現狀的偏向均與全體總和有顯著差異，統一和維持現狀顯著低於全體，獨立顯著高於全體。報紙選擇「無明顯

偏向」的民眾在統一和獨立的偏向均與全體總和有顯著差異，統一和獨立都顯著低於全體。

　　接著，2008年經常閱讀偏統一報紙的民眾在統一、獨立和維持現狀的偏向均與全體總和有顯著差異，統一和維持現狀都顯著高於全體，獨立顯著低於全體。經常閱讀偏獨立報紙的民眾在統一、獨立和維持現狀的偏向均與全體總和有顯著差異，統一和維持現狀都顯著低於全體，獨立顯著高於全體。報紙選擇「無明顯偏向」的民眾在偏向獨立的比例與全體總和有顯著差異，獨立顯著低於全體。

　　再者，2012年經常閱讀偏統一報紙的民眾在統一、維持現狀和獨立的偏向均與全體總和有顯著差異，統一和維持現狀都顯著高於全體，獨立顯著低於全體。經常閱讀偏獨立報紙的民眾在統一、獨立和維持現狀的偏向均與全體總和有顯著差異，統一和維持現狀都顯著低於全體，獨立顯著高於全體。報紙選擇「無明顯偏向」的民眾在無反應的比例與全體總和有顯著差異，無反應顯著高於全體。

　　最後，2016年經常看偏統一報紙的民眾在統一、獨立和維持現狀的偏向均與全體總和有顯著差異，統一顯著高於全體；獨立顯著低於全體；維持現狀顯著高於全體。經常看偏獨立報紙的民眾在統一、獨立和無反應的偏向均與全體總和有顯著差異，統一顯著低於全體；獨立顯著高於全體；無反應顯著低於全體。報紙選擇「無明顯偏向」的民眾在無反應的偏向均與全體總和有顯著差異，無反應顯著高於全體。

二、報紙選擇與統獨立場歷年模型與定群追蹤研究

　　若以五次橫斷面資料而言，我們以模型檢證報紙選擇的傳播效果。經常閱讀偏統一報紙的民眾，統獨立場會受影響，此種情況發生在2000年、2004年和2008年，然於2012年便不復見，2016年再出現此種狀況。而經常閱讀偏統一報紙（相較於偏獨立報紙）僅在2004年讓民眾較偏向統一（相對於獨立），在2000年、2004年、2008年和2016年僅讓民眾偏向維持現狀（相對於獨立）。此

外，閱讀無明顯偏向報紙在2000年、2004年和2008年影響民眾偏向維持現狀。整體而言，報紙選擇的影響在2000年、2004年和2008年前較爲明顯，2012年便無此趨勢。

再將五波資料合併，創造一個年度與主要自變數媒體選擇的交互作用。在五波合併統獨立場模型中，2004年選擇偏統一報紙、2004年選擇無明顯偏向報紙、2004年選擇偏獨立報紙、2008年選擇偏統一報紙、2008年選擇無明顯偏向報紙、2008年選擇偏獨立報紙、2012年選擇偏統一報紙、2012年選擇無明顯偏向報紙、2012年選擇偏獨立報紙、2016年無明顯偏向報紙與2016年偏獨立報紙的民眾，都比「2000年選擇偏獨立報紙」偏向獨立（相對於統一）。其中「2004年選擇偏獨立報紙」、「2008年選擇偏獨立報紙」、「2012年選擇偏獨立報紙」和「2016年選擇偏獨立報紙」四者相對於「2000年選擇偏獨立報紙」顯然是時間的作用，因爲控制住「選擇偏獨立報紙」，時間愈接近現在，偏向選擇獨立報紙對統獨立場獨立的影響愈大。第一章整理了兩岸關係的重大事件，隨著時序從2000年到2016年新政府上台前，兩岸的交流愈加頻繁，然偏向選擇獨立報紙對統獨立場獨立的影響愈大，所謂的「獨媒」可能因爲危機感加深，而愈發企圖影響民眾。另一方面，2000年選擇無明顯偏向報紙、2004年選擇偏獨立報紙以及2008年選擇偏獨立報紙的民眾（相對於2000年選擇偏獨立報紙）都比較偏向維持現狀（相對於獨立）。其中「2000年選擇無明顯偏向報紙」對照於「2000年選擇偏獨立報紙」是選擇報紙屬性的差異，而「2004年選擇偏獨立報紙」、「2008年選擇偏獨立報紙」相對於「2000年選擇偏獨立報紙」的對照則是屬於時間點的差異，亦即2008年選擇偏獨立報紙的民眾對偏向獨立統獨立場的影響大於2000年。值得一提的是，報紙選擇「2016年偏獨立報紙」相對於「2000年選擇偏獨立報紙」的民眾，並未在統獨立場上有所差異。

參、民眾統獨立場造成報紙的選擇性暴露

　　過去「政黨認同」經常被視為選擇性暴露中的政治預存傾向，然政治預存傾向有更多可能的面向，統獨立場作為一項政治預存傾向，其背後所代表的兩岸關係也幾乎主宰了臺灣政局的發展。當民眾帶著這副有色眼鏡選擇立場接近的傳播媒體時，統獨立場是「解釋項」，它會是選擇性暴露的動因嗎？

一、統獨立場與報紙選擇歷年兩兩相關

　　歷年來民眾統獨立場對其報紙選擇的影響如何呢？我們先控制年份，觀察統獨立場與報紙選擇的關聯。2000年統獨立場偏向統一的民眾在選擇偏統一報紙和「無明顯偏向」報紙方面與全體不分年度總和有顯著差異，偏統一報紙顯著高於全體，「無明顯偏向」報紙顯著低於全體。統獨立場偏向獨立的民眾在選擇偏統一報紙、偏獨立報紙和「無明顯偏向」報紙方面與全體總和有顯著差異，偏統一報紙和偏獨立報紙顯著高於全體，「無明顯偏向」報紙顯著低於全體。統獨立場偏向維持現狀的民眾在選擇「無明顯偏向」報紙方面與全體總和有顯著差異，選擇「無明顯偏向」報紙顯著低於全體。

　　再者，2004年統獨立場偏向統一的民眾在選擇偏統一報紙、偏獨立報紙和「無明顯偏向」報紙方面與全體總和有顯著差異，偏統一報紙、偏獨立報紙和「無明顯偏向」報紙顯著低於全體。統獨立場偏向獨立的民眾在選擇偏統一報紙、偏獨立報紙和「無明顯偏向」報紙方面與全體總和有顯著差異，偏統一報紙和偏獨立報紙都顯著高於全體，「無明顯偏向」報紙顯著低於全體。統獨立場偏向維持現狀的民眾在選擇偏統一報紙和偏獨立報紙的媒體方面與全體總和有顯著差異，偏統一報紙顯著高於全體，偏獨立報紙顯著低於全體。

　　接著，2008年統獨立場偏向統一的民眾在選擇偏統一報紙、偏獨立報紙方面與全體總和有顯著差異，偏統一報紙顯著高於全體，偏獨立報紙顯著低於全體。統獨立場偏向獨立的民眾在選擇偏統一報紙、偏獨立報紙和「無明顯偏向」報紙方面與全體總和有顯著差異，偏統一報紙和「無明顯偏向」報紙顯著

低於全體，偏獨立報紙顯著高於全體。統獨立場偏向維持現狀的民眾在選擇偏統一報紙和偏獨立報紙的媒體方面與全體總和有顯著差異，偏統一報紙顯著高於全體，偏獨立報紙顯著低於全體。

再者，2012年統獨立場偏向統一的民眾在選擇偏統一報紙和偏獨立報紙方面與全體總和有顯著差異，偏統一報紙顯著高於全體，偏獨立報紙顯著低於全體。統獨立場偏向獨立的民眾在選擇偏統一報紙和偏獨立報紙方面與全體總和有顯著差異，偏統一報紙顯著低於全體，偏獨立報紙高於全體。統獨立場偏向維持現狀的民眾在選擇偏統一報紙和偏獨立報紙的媒體方面與全體總和有顯著差異，偏統一報紙顯著高於全體，偏獨立報紙顯著低於全體。

最後，2016年統獨立場偏向統一的民眾在選擇偏統一報紙和偏獨立報紙方面與全體總和有顯著差異，偏統一報紙顯著高於全體；偏獨立報紙顯著低於全體。統獨立場偏向獨立的民眾在選擇偏統一報紙和偏獨立報紙方面與全體總和有顯著差異，偏統一報紙顯著低於全體；偏獨立報紙顯著高於全體。統獨立場偏向維持現狀的民眾在選擇偏統一報紙與全體總和有顯著差異，偏統一報紙顯著高於全體。統獨立場無反應的民眾在選擇偏獨立報紙和「無明顯偏向」報紙方面與全體總和有顯著差異，偏獨立報紙顯著低於全體；「無明顯偏向」報紙顯著高於全體。

二、統獨立場與報紙選擇歷年模型與定群追蹤研究

進一步而言，在統獨立場對報紙選擇影響上，我們以模型檢證統獨立場在選擇性暴露的角色是否存在。統一影響的年份較少，選擇性暴露情況較少，獨立的影響年份較多，選擇性暴露情況較多。在2004年和2008年，統獨立場偏向統一的民眾在報紙選擇上較偏向選擇統一媒體，此情況在2000年和2012年未見。在2000年、2004年和2008年，統獨立場為維持現狀者較偏向統一和無明顯偏向報紙，2008年後統獨立場對報紙選擇的選擇性暴露角色已不復見。

若將五波資料合併，創造一個年度與主要自變數的交互作用，在五波合併報紙選擇模型中，影響報紙選擇的統獨立場相對較少。僅有2008年和2016年

偏獨立的民眾（相對於2000年偏獨立）選擇偏獨立的報紙（相對於偏統一的報紙），這明顯是時間的作用。除此之外，以下幾種民眾相對於「2000年偏獨立」的民眾偏向選擇無明顯偏向報紙（相對於偏獨立報紙）：2000年維持現狀、2004年偏統一、2004年維持現狀、2004年偏獨立、2008年偏統一、2008年維持現狀、2008年偏獨立、2012年偏統一、2012年維持現狀、2012年偏獨立、2016年偏統一、2016年維持現狀和2016年偏獨立。其中「2000年維持現狀」和「2000年偏獨立」的比較，是隱含著不同統獨立場的作用，因為時間都控制在2000年。而「2004年偏獨立」、「2008年偏獨立」、「2012年偏獨立」和「2016年偏獨立」四者對照於「2000年偏獨立」，則是時間點的作用，因為統獨立場都控制在「偏獨立」。隨著2000年到2016年選前，兩岸的交流愈頻繁，所謂「獨媒」對民眾獨立的影響卻愈大，政府與民間的發展方向隱約背道而馳。

　　透過五年度橫斷面調查資料的研究，確實觀察到統獨立場對報紙選擇的選擇性暴露作用，然而，2008年到2012年間定群追蹤的研究卻不見此現象，原因在於報紙選擇在兩年度間的變異小到無法被解釋。報紙選擇的變異為何如此小，原因可能與我國報紙的選擇性（相對於電視和網路）並不多，主要的報紙僅有四大報（中國時報、聯合報、自由時報和蘋果日報）。若因為統獨立場選擇暴露在某種統獨立場屬性的報紙，則不容易選擇無明顯偏向的報紙，此無明顯偏向的報紙在本書最主要為蘋果日報，亦即民眾一旦有了選擇性暴露後（因統一或獨立的立場而選擇偏統一或偏獨立的報紙），因為民眾具有政治意識型態，改變報紙選擇習慣的可能性不大，亦即我們看到在定群追蹤中，報紙選擇在2008年和2012年之間的穩定比例在百分之九十九以上。雖然報紙的閱報量整體下降，然該報紙的電子報和APP仍能取代傳統紙本媒體，維持民眾對報紙的忠誠度。當報紙選擇在年度間的變異不大時，選擇性暴露也就是個別存在於歷次總統選舉期間的個體差異，但未存在於跨年度之間同一個體統獨立場變動對報紙選擇變動的影響。

肆、想像的共同體、媒體施為性論述、建構性大於選擇性暴露

　　本書主要的目的在探析媒體與政治態度的因果關係，在文獻檢閱時，媒體與政治的關係不容易釐清，因為施為性論述代表了媒體對政治態度的影響，反之，選擇性暴露亦代表了政治預存傾向對媒體選擇的影響。然而，當媒體效果逐漸被政治預存傾向取代時，本書在民眾統獨立場的研究中仍看到媒體為民眾發揮施為性論述，逐步說明如下。

一、偏統一媒體／偏獨立媒體

　　報紙選擇影響發生在偏統一媒體（相對於偏獨立媒體）對民眾統獨立場偏統一的影響，以及偏獨立媒體（相對於偏統一媒體）對民眾統獨立場偏獨立的影響，無明顯偏向媒體影響對民眾統獨立場的影響不大。報紙建構了想像的共同體，在施為性論述和建構性對統獨立場的影響，大於統獨立場對報紙選擇的選擇性暴露影響。報紙選擇和統獨立場看來兩兩相關的因素，卻透過定群追蹤的研究設計得到因果關係的出路，亦即施為性論述和建構性的影響大於選擇性暴露的影響。統獨立場雖是一種政治預存傾向，然卻不像傳統政黨認同的作為選擇性暴露的起源，媒體自身的效果論反而歷歷存在。政治傳播探討政治與傳播的關聯，兩者息息相關又因果互動引發過去學界的關心，作為我國重要政治分歧的統獨立場，的確受到民眾報紙選擇的影響，而報紙選擇卻如同「堅石」一般，在四年間（2008年到2012年之間）定群追蹤資料中不受統獨立場的影響。媒體在政治中的效果如何？政治在媒體中的效果又如何？我們用十六年來、五波橫斷面資料以及兩波的定群追蹤資料回答了這個問題，在政治意識型態縱橫的年代，媒介的效果依然，且此效果發生在全體民眾，不因民眾本身有無既定政治意識型態而異。

二、定群追蹤資料：報紙選擇個體差異大於時間差異

　　在施為性論述和建構性的影響多於選擇性暴露此一結論下，代表著民眾

報紙選擇對統獨立場的影響，多於民眾統獨立場對報紙選擇的影響。在五次橫斷面的資料中，我們幾乎看不到這樣的結果，兩兩的互相影響都存在。然定群追蹤資料能夠將報紙選擇／統獨立場的變異處理成「組內平均」和「組內平均之差」，前者代表在定群追蹤資料中個體報紙選擇／統獨立場的差異，後者代表兩波報紙選擇／統獨立場平均的差異。當我們發現，民眾報紙選擇「組內平均」對民眾統獨立場影響大於「組內平均之差」時，可以說，在2008年到2012年之間，報紙選擇個體差異對民眾統獨立場的影響大於時間差異的影響。

三、五次橫斷面資料：報紙選擇時間差異存在

　　然而，時間的影響不存在嗎？答案是存在的。時間影響存在於五次橫斷面資料中，「2004年選擇偏獨立報紙」、「2008年選擇偏獨立報紙」、「2012年選擇偏獨立報紙」和「2016年選擇偏獨立報紙」四者相對於「2000年選擇偏獨立報紙」顯然是時間的作用，因為控制住「選擇偏獨立報紙」，時間愈接近現在，偏向選擇獨立報紙對統獨立場獨立的影響愈大。亦即2004年、2008年、2012年和2016年選擇偏獨立報紙的民眾對偏向獨立統獨立場的影響大於2000年。

四、報紙選擇形成或強化統獨立場

　　在政治傳播傳統的討論中，幾大流派各自有其論述。Meadow（1980）認為「政治」在「傳播」之下，也有其他說法認為：傳播只是政治現象之一種，亦即傳播在政治之下（彭芸　1986）。然而，Chaffee（1975）卻認為，傳播與政治「互有重疊」，兩者「並不獨立」。最後，Nimmo（1978）認為，傳播體系與政治體系為完全不同的領域，兩者「相互影響」，但是「各自獨立」。本書探討民眾報紙選擇與統獨立場無疑是政治傳播的議題，只是政治與傳播是「各自獨立」嗎？還是「並不獨立」？若是並不獨立，政治在傳播之下嗎？傳播在政治之下嗎？抑或兩者互相影響？若兩者互相影響，在本書探討的研究問題中，政治影響傳播較多？或是傳播影響政治較多？

　　讀者應該不難發現，Meadow（1980）的論述在本研究中幾乎無法驗證，因為Meadow（1980）和Chaffee（1975）的命題是一個總體層次的問題，而且容許概念之間的重疊。在Meadow（1980）的理念中，政治在傳播之下，代表兩者的概念重疊，政治是一種傳播，而Chaffee（1975）壓根就認為政治與傳播概念重疊。再者，彭芸（1986）綜整了一些認為「傳播為一種政治」的論述，這種論述也同樣認為傳播包含在政治之中，亦即兩種概念重疊。而本書所探討的實證層次由於受到實證主義的影響，認為問卷概念測量之間必須互斥，亦即報紙選擇的概念不應該包括統獨立場，統獨立場的測量也不應該包括報紙選擇測量。換句話說，傳播的概念不應該是政治的概念，政治的概念也不應該包括傳播的概念。

　　本書所用報紙選擇和統獨立場測量源於政治大學選舉研究中心和「臺灣選舉與民主化調查」兩大機構的調查有其嚴謹度，自是不太可能犯下測量概念重疊的問題。本書的研究設計將與Nimmo（1978）的論述對話，因為他認為，傳播和政治是互相獨立的概念，符合本書討論的方向。至於臺灣民眾的報紙選擇和統獨立場，兩者原都是獨立的概念，但在歷年間互相影響著，這些互相影響的證據在於2000年到2012年每次總統選舉時，民眾報紙選擇對統獨立場的影響，以及民眾統獨立場對報紙選擇的影響，我們看到報紙選擇個體間的差異影響統獨立場的差異；反之，統獨立場個體間的差異也影響報紙選擇的差異。而上述所謂的「相互影響」，在定群追蹤資料中便進一步釐清因果的方向性——報紙選擇對統獨立場的影響較大，這說明了民眾不只是依著他們的政治意識型態，以感性的方式選擇他們的知識來源，更多的是從選擇的媒體來源獲取知識和認同，進而「形成」或「強化」統獨立場。

　　當然，讀者可能會爭論，報紙選擇也是受政治意識型態而來，因為某種政治意識型態而選擇某種意識型態的媒體，本書當然也不排除這種可能，因為在第四章第三節的討論中，在橫斷面資料的視角中，民眾報紙選擇與統獨立場的確是因果難辨。但若以同一樣本跨年觀之，報紙選擇對統獨立場的影響就大得多，畢竟定群追蹤資料中跨年的報紙選擇作為依變數，它的變異已經小到無法

形成模型，遑論不同時間點的統獨立場可以解釋報紙選擇跨年的變化。

而讀者應該也會感到好奇的是，報紙選擇對統獨立場的影響，究竟是「形成」統獨立場抑或是「強化」統獨立場？這是政治傳播或媒體效果論的爭議。然近年來，這項爭議也不再是爭議，因為多數政治傳播的討論或教科書已經將媒體的效果論定調為：媒體效果在「強化」「既有」態度，而非「形成」「新的」態度。那麼，本書有機會稍稍突破這個觀點嗎？答案是有的。正因為定群追蹤的變化表呈現了許多統獨立場的變化類型，雖然「統一到獨立」或「獨立到統一」的變化類型並非最主要類型，但維持現狀和統一之間的互相變化、維持現狀和獨立之間的互相變化都可稱之為變化類型，這些都是所謂「形成」「新的」態度或「改變」態度。定群追蹤資料的被解釋項便是民眾統獨立場的變化，而報紙選擇影響的顯著便說明了從統一到獨立、從獨立到統一、從維持現狀到統一、從統一到維持現狀、從維持現狀到獨立、從獨立到維持現狀這些變化類型的可能性。當然，我們不能說，媒體全然都在「改變」民眾的態度，畢竟還是有從統一到統一、從獨立到獨立，以及從維持現狀到維持現狀的穩定類型，他們在跨年間都不受報紙選擇影響。

第二節　整合政治與傳播研究

本書發想自作者這些年來對於政治與傳播互動的思考，在過去的研究歷程中，政治與傳播的因果關係始終是本人或學界相關領域同儕關注的焦點，因此僅以此書綜整過去的研究思路，並希冀於政治傳播研究領域中往前跨步。

壹、跨領域科技整合

本書的主題兼採跨領域的理論，包括政治學和傳播學，未來將持續致力於跨領域的縱深研究。傳播研究者將傳播視為主體，政治研究者將政治視為主

體，政治傳播的研究將兩者搭建一座橋樑，將兩者的發展作一對話，並以重要的政治分歧「統獨立場」作為焦點。傳播效果研究重視來源、管道、內容、受眾和效果，政治態度研究重視態度的持續和演變的原因，其中演變的原因正是傳播的過程，對本研究而言，在傳播的過程中，「來源」是四大報的社論和新聞，「管道」是報紙，「內容」則是社論和新聞傳遞的訊息，「受眾」是一般成年公民。我們透過內容分析法得知四大報的統獨屬性，再次強調，若有讀者認為這些統獨屬性的分析結果屬於想當然耳，但如未進行這些系統性的內容分析，從類目建構、編碼再到信度檢定，我們又如何「大膽宣稱」四大報的統獨屬性？

　　最後，「效果」應該是讀者最好奇的部分，定群追蹤研究的強項在於討論同一群人在不同時間點態度變化的原因，因為是同一群人，也控制了大多數因素，因此較易釐清因果關係，這也是本研究確認報紙選擇「影響」統獨立場的重要依據。「政治傳播」的本質還是個傳播，因為這個名詞將「傳播」置於後面，經過本書的論述，或許未來我們也有機會說「傳播政治」──這本質上是個「政治」，統獨是政治，媒體造成了「傳播政治」。

貳、影響統獨立場的社會力量：傳播媒體

　　統獨的研究文獻不算少，而傳播媒體此一資訊視角卻較鮮少被重視，二十一世紀又是資訊爆炸的時代，面對臺灣全天候的政治新聞播放，民眾又是如何處理資訊，形成他們的政治態度？本書針對民主轉型過程中，新興民主國家公民國家認同進行研究，以報紙社論和新聞內容分析法，以及調查研究法進行雙向的對話。

　　學理上認為媒體具有施為性論述、建構性以及議題設定的傳播效果，然這些功能的檢證都需要對於媒體內容進行有系統的分析，並確認民眾是因為閱讀這些媒體而形成態度。「媒體選擇」正是連結這些學理的中介，內容分析法可

以得到報紙的統獨屬性，當民眾選擇某一報紙時，正可以將其統獨屬性帶入，比起未有內容分析，直接研究媒體效果，內容分析法讓傳播內容帶來的效果研究更站得住腳。

　　本書對於政治傳播的探索是在媒體的「主動性」逐漸式微的年代，即使媒體有其影響，但皆在於強化民眾既有政治態度，至於能否改變既有政治態度，仍然受到一些挑戰。本研究以媒體施為性論述、媒體建構性等理論，試圖回到從前，討論媒體是否具有效果極大論，答案或許不是，因為在此多元的社會中，應該已經沒有單一因素會影響政治態度的持續或變遷了。然而，媒體效果論並非不存在，定群追蹤資料中統獨態度的改變受到報紙選擇的影響，這的確是態度「改變」，跨時的改變，而非既有態度的「強化」。或者我們該回到政治傳播中媒體效果的主動性，在未來相關政治傳播研究的理論中，強調媒體與政治互動中，除了政治既存傾向，媒體也具有傳播效果。政治不只是探討誰得到權力的問題，更是探討說了什麼，會得到什麼權力的問題。而「說了什麼」，是媒體的職責，也是第四權的天賦，更是一種「傳播政治」。

參、調查研究法與內容分析法的結合

　　本書運用調查研究法與內容分析法，企圖探索統獨立場的起源及其效果。前者可以瞭解統獨立場的分布與媒體影響的方式，但若要確實洞悉媒體內容，需要內容分析法的輔助。兩種方法結合後對於媒體與政治的對話將爭取更多的空間。本研究探討的統獨立場在不同時間點具有「態度改變」的特質，而報紙選擇具有「行為改變」的特質，經由兩種研究方法的結合，說明了態度可以影響行為，行為更可以影響態度。

　　內容分析法的優點在於對文本進行系統性分析，這不是一種「憑感覺」的分析，而是經由編碼員之間相互同意的一種編碼，再根據這些編碼進行統計分析。本研究聘請的編碼員至少兩位，如果遇有兩位編碼員意見不一致時，再加

入第三位編碼員，務必依照本書所建立的統獨概念式定義和操作化定義進行編碼，在編碼員相互討論或說服的過程中，編碼已能達到水準以上（超過九成）的一致性。在內容分析與調查研究連接的過程，內容分析法的分析單位經過了轉換，原分析單位是每一則社論或新聞，然因調查研究資料分析的分析單位為每一位民眾，因此我們將每一則社論或新聞的統獨立場平均計算，得到報社統獨立場的數值，再藉以帶入民眾所選擇媒體的統獨立場，藉此，內容分析法的分析單位與調查研究的分析單位便產生巧妙連結。

肆、實務意涵

　　由於本書對於第四權媒體與政治的互動多所著墨，因而未來的研究結果也可提供政治傳播的「發起者」參考，若要得到公民的認同，可能的做法和策略有哪些。經過本書的研究，民眾並非一味受到政治意識型態影響報紙選擇，反之，報紙選擇更是影響民眾統獨立場的因素。亦即整體而言，民眾仍是理性的，不完全是意識型態者，不論哪一個政黨執政，兩岸關係的訊息因開放政府的風潮逐漸向媒體和民眾公開，政府相較過去較難對民眾隱蔽訊息，此番訊息揭露可以讓民眾自行判斷，因為統獨立場雖然隱含著對中國大陸的情感好惡，但理性的資訊仍能使民眾「形成」或「改變」統獨立場，統獨立場的成因仍有其理性的一面。

　　目前政府對學界的研究方向已鼓勵跨領域研究，然若要對實務政策提出更多建議，跨領域研究的成果應得到政府更多重視。除了研究需要跨領域整合，政府和政治菁英在研擬兩岸關係推動方向時，媒體溝通也需納入考量。政府在兩岸關係交流或政策的推動上都舉辦了許多公聽會和政策說明，然而，用民眾理解的方式與媒體進行溝通實有必要，因為媒體扮演民眾理解兩岸政策的橋樑。從2000年到2016年，兩岸政府的交流愈加開放，而民間偏獨立的媒體對民眾的獨立立場影響愈大，這中間的落差值得深思。2016年5月新政府上臺，也

將面臨兩岸關係的挑戰，民間和公民的聲音值得參考。本研究顯示，民眾統獨立場受到報紙選擇影響，不全然因為政治意識型態而選擇報紙，這也是兩岸關係相關政策宣導、溝通的立基所在，良好的政治溝通將減少統治危機。

第三節　媒體與統獨研究的機會與挑戰

最後，歷經了以上的討論，我們提出媒體與統獨研究的機會與挑戰，以研究的主要面向進行分類，亦即分別從理論、測量、研究方法以及研究資料四方面討論。

壹、理論

認同是一種心智想像的過程與結果，而傳播媒體幫助人們想像，甚至引導人們如何想像，進而成為共同體。統獨立場只是政治認同的一個面向，未來我們將可以探討更多國家認同的面向，諸如文化認同和社會認同等。而兩岸關係的面向也不僅止於政治，還包括經濟、社會和文化等，都是可以開發的領域。

報紙選擇是影響統獨立場的重要因素，然報紙選擇如何而來，雖統獨立場選擇性暴露的影響小於報紙施為性和建構性論述的影響，然報紙選擇是否還受到其他政治預存傾向、政治方面的動機或個人背景影響，值得後續探索。進一步而言，報紙內容是不是也受到政治操控，這不是本書的研究目的，然為未來值得探索的方向。

傳統新聞學認為，新聞應為純淨新聞，在我國的政治環境中，新聞亦多有立場，大多以夾敘夾議的方式呈現。經本書編碼員相互同意確認，部分報紙「新聞」的統獨立場亦難以歸類為所謂的無明顯偏向，這告訴我們，凡是報紙新聞，一旦有了選材的角度，都可能有立場，都可能影響政治態度。未來政治傳播研究的理論也應把部分的新聞視為特寫，不再完全純淨。以上的論點過去

或有被提及，然而，本研究以系統性的內容分析，更加落實這個論點。

最後，在太陽花學運後，世代差異特別可能會是未來政治態度研究的一個重點，報紙選擇與統獨立場因果互動的現象，若在不同世代中展開，會是如何的現象？作者未來的研究方向也將朝此方向努力。

貳、測量

關於國家認同或統獨立場的測量，目前學界的測量較為多元，包括傳統六分類統獨（從統一到維持現狀到獨立的六分量表，測量僅一題）和條件式統獨（以兩岸和戰和各方面條件差距大小為條件）（耿曙、劉嘉薇與陳陸輝 2009；劉嘉薇、耿曙與陳陸輝 2009；蕭怡靖與游清鑫 2012；林繼文 2015）。本書在進行內容分析法或分析調查研究資料時，已根據需要適度選擇，以傳統對於統獨的六分度量為基礎。在此選擇中，為了顧及歷年資料的統一，因此選擇傳統六分統獨，因為不是每一年度的資料都具有條件式統獨的測量。再者，報紙內容分析僅適合分為偏向統一、獨立或無明顯偏向，不適合進行也無進行條件統獨分類的實質依據，亦即並非每則報紙社論或抽樣的新聞報導都有兩岸和戰以及各方面條件差距的判斷依據，因此本書選擇傳統統獨是較佳的決定。至於本書最後是採用統獨立場六分類或三分類、採用報紙選擇五分類或三分類，答案是肯定的，我們選擇了三分類，因為它比較能概括主要的統獨類型，且不會因為極端類型（在報紙選擇是非常偏統一和非常偏獨立，在統獨立場是盡快統一和盡快獨立）個數過少而影響統計分析。在上述的研究成果之下，未來統獨研究的機會與挑戰在於累積更多的條件式統獨資料，進一步探討條件式統獨與報紙選擇的研究，其研究成果不見得與本書的結論相同，因為民眾的確因為兩岸和戰或兩岸各方面條件差異小而有不同的統獨立場，在具有如此條件的情況下，傳統六分統獨也不統獨了，反而以條件呈現，與報紙選擇的因果關係將會是統獨研究的新機會。

參、研究方法

　　本書將內容分析法和調查研究法的結果作一對照和比較，因此內容分析的統獨類目需要與調查研究中詢問民眾的選項一致，才能符合議題設定第二層次關於「屬性」的研究，我們已經朝此一研究設計努力，也獲致一定的成果。未來的機會和挑戰在於運用實驗法給予受試者不同的統獨訊息刺激，觀察其統獨立場的波動，實驗法控制的統獨訊息如同本書主要自變數報紙選擇，將可對照實驗法與調查研究法的研究結果。除了傳統媒體，電視和社群媒體也需要關注，電子媒體和網路輿論大數據分析亦是未來研究方向。以本書的內容分析法和調查研究法，搭配實驗法和網路大數據分析，將是未來統獨研究的新趨勢。

肆、研究資料

　　本書資料為五次總統選舉前一年統獨相關社論，在資料編碼上由多位訓練有素的編碼員共同編碼，以取得較高的信度，並由作者親自訓練、教導編碼員，以確保資料可信度。在橫斷面資料方面，本研究取得的資料來源三波為「臺灣選舉與民主化調查」資料，另一波為政治大學選舉研究中心的資料，資料來源不同，然皆為面訪資料，測量題目亦同，實可比擬。若欲研究2000年總統選舉的調查資料，因為當時「臺灣選舉與民主化調查」仍未開端，政大選研中心這筆資料可謂最適合又珍貴的資料。

　　最後，本研究使用的定群追蹤資料僅跨2008年和2012年，其他能取得的定群追蹤資料是「臺灣選舉與民主化調查」2008年立法委員選舉的資料，本筆資料以2004年總統選舉和立委選舉的獨立樣本為母體，其資料屬性為立委選舉期間取得，不適用於本研究，且此定群追蹤研究設計的受訪者與本書已使用的2012年和2008年皆訪問成功的1,510份樣本不同，無助於定群追蹤時間的延長。本書定群追蹤設計的年份還不算長，未來將可進行更長期的研究。然定群追蹤資料的蒐集不易，未來仍有賴政治學界或傳播學界的共同努力，作者若有機會，亦將投身未來共同協力的研究，這也會是未來統獨研究的機會與挑戰。

參考文獻

一、中文部分

ECFA海峽兩岸經濟合作架構協議，無年份，〈認識ECFA→大事紀〉，ECFA兩岸經濟合作架構協議：http://www.ecfa.org.tw/Event.aspx?nid=26，檢索日期：2015年4月26日。

中央通訊社，2015a，〈馬習會 馬總統致詞全文〉，中央通訊社：http://www.cna.com.tw/news/firstnews/201511075020-1.aspx，檢索日期：2015年11月7日。

中央通訊社，2015b，〈兩岸熱線 上午9時首次啟用〉，中央通訊社：http://www.cna.com.tw/news/aipl/201512300087-1.aspx，檢索日期：2015年12月30日。

中央選舉委員會，無年份，〈歷次選舉摘要〉，中選會選舉資料庫網站：http://web.cec.gov.tw/files/15-1000-13927,c1642-1.php，檢索日期：2013年12月23日。

中國評論新聞網，2008，〈馬英九夜訪親綠的民眾日報〉，中國評論新聞網：http://chinatw.tw/doc/1005/8/7/1/100587193.html?coluid=7&kindid=0&docid=100587193，檢索日期：2016年2月4日。

中華民國僑務委員會，2015，〈陳委員長訪金山僑團 盼續深化合作〉，中華民國僑務委員會：http://www.ocac.gov.tw/OCAC/Mobile/Detail.aspx?pid=107990&nodeid=346，檢索日期：2016年1月28日。

中華民國總統府，2000，〈中華民國第十任總統、副總統就職慶祝大會新聞稿〉，中華民國總統府新聞稿：http://www.president.gov.tw/Default.aspx?tabid=131&itemid=7542，檢索日期：2015年4月26日。

王石番，1991，《傳播內容分析法——理論與實證》，臺北：幼獅文化。

王甫昌，2008，〈族群政治議題在臺灣民主轉型中的角色〉，《臺灣民主季刊》，5(2): 89-140。

王泰升，2004，〈自由民主憲政在臺灣的實現：一個歷史的巧合〉，《臺灣史研究》，11(1): 167-224。

王鼎銘、蘇俊斌、黃紀與郭銘峰，2004，〈日本自民黨之選票穩定度研究：1993、1996及2000年眾議院選舉之定群追蹤分析〉，《選舉研究》，11(2): 81-109。

石之瑜，2003，〈「復興基地」論述的再詮釋：一項國家認同參考指標的流失〉，《遠景基金會季刊》，4(4): 37-66。

朱灼文，2003，〈社論的論證結構分析〉，政治大學新聞學系碩士學位論文。

朱雲漢，2012，〈2009年至2012年『選舉與民主化調查』三年期研究規劃
　　（3/3）：2012年總統與立法委員選舉面訪案〉計畫（簡稱TEDS 2012），行
　　政院國家科學委員會計畫編號：NSC 100-2420-H-002-030。

江宜樺，1998，〈當前臺灣國家認同論述之反省〉，《臺灣社會研究季刊》，29:
　　163-229。

行政院大陸委員會，無年份1，〈海峽兩岸關係紀要〉，行政院大陸委員會：http://
　　www.mac.gov.tw/lp.asp?CtNode=5611&CtUnit=3914&BaseDSD=7&mp=1，檢索
　　日期：2015年4月26日。

行政院大陸委員會，無年份2，〈兩岸大事紀〉，行政院大陸委員會：http://www.
　　mac.gov.tw/np.asp?ctNode=6500&mp=1，檢索日期：2015年4月26日。

吳乃德，1992，〈國家認同和政黨支持：臺灣政黨競爭的社會基礎〉，《中央研究
　　院民族學研究所集刊》，74: 33-60。

吳乃德，1993，〈省籍意識、政治支持與國家認同〉，載於《族群關係與國家認
　　同》，張茂桂編，頁27-51，臺北：業強。

吳乃德，1997，〈國家認同和民主鞏固：衝突、共生與解決〉，載於《民主鞏固或
　　崩潰：臺灣二十一世紀的挑戰》，游盈隆編，頁15-30，臺北：月旦。

吳乃德，2005，〈麵包與愛情：初探臺灣民眾民族認同的變動〉，《臺灣政治學
　　刊》，9(2): 5-39。

吳玉山，1999，〈臺灣的大陸政策：結構與理性〉，載於《爭辯中的兩岸關係理
　　論》，包宗和、吳玉山編，頁153-210，臺北：五南。

吳玉山，2001，〈兩岸關係中的中國意識與臺灣意識〉，《中國事務》，4: 71-
　　89。

林瓊珠，2012，〈穩定與變動：臺灣民眾的「臺灣人／中國人」認同與統獨立場之
　　分析〉，《選舉研究》，19(1): 97-127。

林繼文，2015，〈論述如何框限選擇？條件式統獨偏好對2012年臺灣總統選舉的影
　　響〉，《政治科學論叢》，63: 55-90。

俞振華與林啟耀，2013，〈解析臺灣民眾統獨偏好：一個兩難又不確定的選擇〉，
　　《臺灣政治學刊》，17(2): 165-230。

施正鋒，2004，〈臺灣人的民族認同／國家認同〉，《臺灣民主季刊》，1(1):
　　185-192。

徐火炎，2001，〈一九九八年二屆臺北市長選舉選民投票行爲之分析：選民的黨派抉擇與分裂投票〉，《東吳政治學報》，13: 77-127。

徐火炎，2004，〈臺灣結、中國結與臺灣心、中國情：臺灣選舉中的符號政治〉，《選舉研究》，11(2): 1-41。

徐振國，1998，〈臺灣五十年來經濟政策議題的性質與演變——以相關重要報紙的社論標題作爲分析研究的基礎和索引〉，行政院國家科學委員會計畫編號：86AFD03E0010009。

徐振國，2004，〈報紙社論的利益表達功能和文本特性——試將部分社論標題和社論本書結合之全文檢索資料庫〉，行政院國家科學委員會計畫編號：NSC 92-2414-H-031-005-。

翁秀琪，2001，〈集體記憶與認同構塑——以美麗島事件爲例〉，《新聞學研究》，68: 117-149。

翁秀琪與陳慧敏，2000，〈社會結構、語言機制與認同建構——大衆媒介如何「編織」美麗島事件並構塑民衆的族群與國家認同〉，《傳播研究集刊》，4: 1-162。

耿曙、劉嘉薇與陳陸輝，2009，〈打破維持現狀的迷思：臺灣民衆統獨抉擇中理念與務實的兩難〉，《臺灣政治學刊》，13(2): 3-56。

國立政治大學選舉研究中心，2015，〈臺灣民衆統獨立場趨勢分析〉，重要政治態度分布趨勢圖：http://esc.nccu.edu.tw/course/news.php?Sn=167，檢索日期：2015年10月30日。

張佑宗，2006，〈選舉事件與選民的投票抉擇：以臺灣2004年總統選舉爲分析對象〉，《東吳政治學報》，22: 121-160。

張傳賢與黃紀，2011，〈政黨競爭與臺灣族群認同與國家認同間的聯結〉，《臺灣政治學刊》，15(1): 3-71。

張錦華，1997，〈從公共領域理論及多元化報導觀點探討我國選舉新聞報導——以78年，81年，以及84年選舉新聞中的統獨議題爲例〉，《新聞學研究》，55: 183-202。

盛杏湲，2002，〈統獨議題與臺灣選民的投票行爲：一九九〇年代的分析〉，《選舉研究》，9(1): 41-80。

盛杏湲與陳義彥，2003，〈政治分歧與政黨競爭：二〇〇一年立法委員選舉的分析〉，《選舉研究》，10(1): 7-40。

許志嘉，2009，〈認同轉變：兩岸關係的結與解〉，《東亞研究》，40(1): 39-74。

許佩賢與洪金珠譯，若林正丈原著，2009，《臺灣：分裂國家與民主化》，臺北：新自然主義。

許維德，2013，《族群與國族認同的形成：臺灣客家、原住民與臺美人的研究》（初版），桃園縣：中央大學出版中心，臺北市：遠流。

郭洪紀，1997，《文化民族主義》，臺北：揚智文化。

陳文俊，1995，〈統獨議題與選民的投票行為——民國八十三年省市長選舉之分析〉，《選舉研究》，2(2): 99-136。

陳文俊，1997，《臺灣的族群政治》，香港：社會科學。

陳文俊，2003，〈藍與綠：臺灣選民的政治意識型態初探〉，《選舉研究》，10(1): 41-80。

陳宗逸，2006，〈臺日正式熄燈 獨派發聲變少〉，《新臺灣新聞週刊》，第534期：http://www.newtaiwan.com.tw/bulletinview.jsp?bulletinid=63203，檢索日期：2016年2月4日。

陳陸輝，2000，〈臺灣選民政黨認同的持續與變遷〉，《選舉研究》，7(2): 109-141。

陳陸輝、耿曙、涂萍蘭與黃冠博，2009，〈理性自利或感性認同？影響臺灣民眾兩岸經貿立場因素的分析〉，《東吳政治學報》，27(2): 87-125。

陳陸輝、耿曙與王德育，2009，〈兩岸關係與2008年臺灣總統大選：經濟交流、武力威脅與選民投票取向〉，《選舉研究》，16(2): 1-22。

陳陸輝與周應龍，2004，〈臺灣民眾統獨立場的持續與變遷〉，《東亞研究》，35(2): 143-186。

陳義彥，2000，〈跨世紀總統選舉中選民投票行為科際整合研究〉，行政院國家科學委員會計畫編號：NSC 89-2414-H-004-021-SSS。

陳義彥與陳陸輝，2003，〈模稜兩可的態度還是不確定的未來：臺灣民眾統獨觀的解析〉，《中國大陸研究》，46(5): 1-20。

陳韻如，2004，〈媒體公共論述中民族認同的變遷——「八九年亞銀年會」事件與「兩國論」〉，國立政治大學新聞學系博士學位論文。

彭芸，1986，《政治傳播——理論與實務》，臺北：巨流。

游盈隆，1996，《民意與臺灣政治變遷：1990年代臺灣民意與選舉政治的解析》，

臺北：月旦。

游清鑫，2008，〈2005年至2008年『選舉與民主化調查』四年期研究規劃（IV）：2008年總統選舉面訪案〉計畫（簡稱TEDS 2008P），行政院國家科學委員會計畫編號：NSC 96-2420-H-004-17。

游清鑫、林長志與林啟耀，2013，〈臺灣民眾統獨立場的問卷設計與測量：以TEDS為例〉，載於《臺灣選舉與民主化調查（TEDS）方法論之回顧與前瞻》，黃紀主編，頁55-88，臺北：五南。

程之行，1984，《評論寫作》，臺北：三民。

黃秀端，2004，〈2002年至2004年『選舉與民主化調查』三年期研究規劃（III）：民國九十三年總統大選民調案〉計畫（簡稱TEDS 2004P），行政院國家科學委員會計畫編號：NSC 92-2420-H-031-004。

黃紀，2005，〈投票穩定與變遷之分析方法：定群類別資料之馬可夫鍊模型〉，《選舉研究》，12(1): 1-37。

黃紀、王鼎銘與郭銘峰，2005，〈日本眾議院1993及1996年選舉自民黨之選票流動分析〉，《人文及社會科學集刊》，17(4): 853-83。

楊士仁，2005，〈國民黨有誠意退出媒體嗎？〉，南方快報：http://www.south-news.com.tw/newspaper/00/0285.htm，檢索日期：2016年1月28日。

楊國樞、文崇一、吳聰賢與李亦園，1989，《社會及行為科學研究法》，臺北：東華。

楊婉瑩與李冠成，2011，〈一個屋簷下的性別權力關係對國家認同的影響（1996-2008）〉，《選舉研究》，18(1): 95-137。

楊婉瑩與劉嘉薇，2009，〈探討統獨態度的性別差異：和平戰爭與發展利益的觀點〉，《選舉研究》，16(1)：37-66。

廖青海，2002，〈臺灣報紙社論對體育運動新聞報導分析——以民國78年至89年為例〉，《體育學報》，32: 229-239。

臺灣時報，無年份，〈臺灣時報創立沿革〉，臺灣時報：http://www.twtimes.com.tw/?page=about&cid=1，檢索日期：2016年2月4日。

劉嘉薇，2014，〈民眾政黨認同、媒介選擇與紅衫軍政治運動參與〉，《政治學報》，58: 101-126。

劉嘉薇，2014-2016，〈臺灣民眾媒體使用與統獨立場的因果交融：十二年來的實證分析〉，行政院科技部專題研究計畫（優秀年輕學者研究計畫）編號：

MOST 103-2628-H-305 -001 -MY2。

劉嘉薇、耿曙與陳陸輝，2009，〈務實也是一種選擇：臺灣民眾統獨立場的測量與
　　商榷〉，《臺灣民主季刊》，6(4): 141-68。

劉嘉薇與黃紀，2010，〈持續與變遷——政治資訊對大學生政治信任感影響之定群
　　追蹤研究〉，《政治學報》，50: 111-146。

劉嘉薇與黃紀，2012，〈父母政黨偏好組合對大學生政黨偏好之影響——定群追蹤
　　之研究〉，《臺灣民主季刊》，9(3): 37-84。

蔡佳泓與陳陸輝，2015，〈「中國因素」或是「公民不服從」？從定群追蹤樣本探
　　討太陽花學運之民意〉，《人文及社會科學集刊》，27(4): 573-603。

蔡珮，2011，〈客家電視臺與臺北都會客家閱聽人族群認同建構之關聯性初探〉，
　　《中華傳播學刊》，19: 189-231。

蔡珮，2012，〈臺北都市原住民族群電視消費與族群認同建構之關聯性初探〉，
　　《新聞學研究》，110: 125-169。

盧姮倩，2014，〈318到408「太陽花學運」大事紀〉，ETtoday政治新聞：http://
　　www.ettoday.net/news/20140409/343775.htm#ixzz3riRl0dEm，檢索日期：2015年
　　11月20日。

蕭怡靖，2006，〈臺灣閱報民眾的人口結構及政治態度之變遷：1992-2004〉，
　　《臺灣民主季刊》，3(4): 37-70。

蕭怡靖與游清鑫，2012，〈檢測臺灣民眾六分類統獨立場；一個測量改進的提
　　出〉，《臺灣政治學刊》，16(2): 65-116。

蕭怡靖與鄭夙芬，2014，〈臺灣民眾對左右意識型態的認知：以統獨議題取代左右
　　意識型態檢測臺灣的政黨極化〉，《臺灣政治學刊》，18(2): 79-138。

蕭高彥，1997，〈國家認同、民族主義與憲政民主：當代政治哲學的發展與反
　　思〉，《臺灣社會研究》，26: 1-27。

羅文輝，1989，〈解嚴前後報紙社論之分析〉，《新聞學研究》，41: 9-24。

蘇子喬譯，Andrew Heywood原著，2009，《政治學的關鍵概念》，臺北：五南。

黨生翠、金梅與郭青譯，Leonard Downie, Jr. and Robert G. Kaiser原著，2005，《關
　　於新聞的新聞：美國人和他們的新聞》，臺北：五南。

二、英文部分

Agresti, Alan. 2002. *Categorical Data Analysis.* 2nd ed. New York: Wiley.

Allison, Paul D. 2009. *Fixed Effects Regression Models*. Los Angeles: Sage.

Amujo,Olusanmi C., and Olutayo Otubanjo. 2012. "The Saliency of Second Level Agenda-setting Theory Effects on the Corporate Reputation of Business Organizations in Nigeria." *International Journal of Marketing Studies* 4(5): 29-46.

Anderson, Benedict. 2006. *Imagined Communities: Reflections on the Origin and Spread of Nationalism*. Revised. London; New York: Verso.

Arceneaux, Kevin, Martln Johnson, and Chad Murphy. 2012. "Polarized Political Communication, Oppositional Media Hostility, and Selective Exposure." *Journal of Politics* 74(1): 174-186.

Arpan, Laura M., and Erik M. Peterson. 2008. "Influence of Source Liking and Personality Traits on Perceptions of Bias and Future News Source Selection." *Media Psychology* 11(2): 310-329.

Babbie, Earl. 2001. *The Practice of Social Research*. 9th edition. Belmont, Calif.: Wadsworth Thomson Learning.

Balthazar, Louis. 1995. "Quebec and the Ideal of Federalism." *Annals of the American Academy of Political and Social Science* 538(1): 40-53.

Barlocco, Fausto. 2014. *Identity and the State in Malaysia*. New York: Routledge.

Beeden, Alexandra, and Joost de Bruin. 2010."The Office: Articulations of National Identity in Television Format Adaptation." *Television & New Media* 11(1): 3-19.

Bourdieu, Pierre. 1991. *Language and Symbolic Power*. (edited and introduced by John B. Thompson; translated by Gino Raymond and Matthew Adamson) Cambridge: Polity Press, 37-42.

Bowers, John W., 1970. "Content Analysis. "In *Method in Research in Communication* (pp. 291-314), eds. Philip Emmert, and William D. Brooks. Boston, Mass.: Houghton Mifflin Co.

Budd, Richard W., Robert K. Thorp, and Lewis Donohew. 1967. *Content Analysis of Communication.* New York: The Macmillan Co.

Chaffee, Steven H. ed. 1975. *Political Communication: Issues and Strategies for Research*. Beverly Hills, Calif.: Sage Publications.

Chaffee, Steven, H. 1980. "Mass Media Effects: New Research Perspective." In *Mass Communication Review Yearbook* (pp. 77-108), eds. Cleveland Wilhoit G., and Harold de Bock. Beverly Hills: Sage Publications.

Chandra, Kanchan, and David Laitin. 2002. "A Framework for Thinking about Identity Change." Paper Presented at the Fifth Meeting of Laboratory in Comparative Ethnic Processes, 9-12 May, Stanford.

Chiang, Chun-fang, and Brian Knight. 2011. "Media Bias and Influence: Evidence from Newspaper Endorsements." *Review of Economic Studies* 78(3): 795-820.

Chu,Yun-han, and Jih-wen Lin. 2001. "Political Development in 20th-Century Taiwan: State-Building, Regime Transformation and the Construction of National Identity." *China Quarterly* 165: 102-129.

Converse, Philip E. 1962. "Information Flow and Stability of Partisan Attitudes." *Public Opinion Quarterly* 26(4): 578-599.

Converse, Philip E. 1964. "The Nature of Belief Systems in Mass Public." In *Ideology and Discontent* (pp. 206-261), ed. David Apter. New York: Free Press.

Converse, Philip E., and Gregory B. Markus. 1979. "'Plus ca Change...' The New CPS Election Study Panel." *American Political Science Review* 73(1): 32-49.

Cotton, John L. 1985. "Cognitive Dissonance in Selective Exposure." In *Selective Exposure to Communication* (pp. 11-33), eds. Dolf Zillmann, and Jennings Bryant. Hillsdale, N.J.: Lawrence Erlbaum.

Davis, Thomas C. 1999. "Revisiting Group Attachment: Ethnic and National Identity." *Political Psychology* 20(1): 25-47.

Dittmer, Lowell. 2004. "Taiwan and the Issue of National Identity." *Asian Survey* 44(4): 475-483.

Dittmer, Lowell. 2005. "Taiwan's Aim-Inhibited Quest for Identity and the China Factor." *Journal of Asian and African Studies* 40(1/2): 71-90.

Druckman, James N., and Michael Parkin. 2005. "The Impact of Media Bias: How Editorial Slant Affects Voters." *Journal of Politics* 67(4): 1030-1049.

Duck, Steve, and David T. McMahan. 2012. *The Basics of Communication: A Relational Perspective.* Thousand Oaks: Sage Publication.

Dunaway, Johanna, Regina P. Branton and Marisa A. Abrajano. 2010. "Agenda Setting, Public Opinion, and the Issue of Immigration Reform". *Social Science Quarterly* 91(2): 359-378.

Edy, Jill A. 1999. "Journalistic Uses of Collective Memory." *Journal of Communication* 49(2): 71-85.

Feldman, Lauren. 2011. "Partisan Differences in Opinionated News Perceptions: A Test of the Hostile Media Effect." *Political Behavior* 33: 407-432.

Festinger, L. 1957. *A Theory of Cognitive Dissonance.* Stanford, CA: Stanford University Press.

Festinger, L. 1964. *Conflict, Decision, and Dissonance.* Stanford, CA: Stanford University Press.

Fletcher, Frederick J. 1998. "Media and Political Identity: Canada and Quebec in the Era of Globalization." *Canada Journal of Communication* 23(3): 359-377.

Gandy, Oscar H., Jr. 2001."Racial Identity, Media Use, and the Social Construction of Risk among African Americans." *Journal of Black Studies* 31(5): 600-618.

Garrett, R. Kelly, Dustin Carnahan, and Emily K. Lynch. 2013. "A Turn toward Avoidance? Selective Exposure to Online Political Information, 2004-2008." *Political Behavior* 35(1): 113-134.

Gillis, John R. 1994. "Memory and Identity: The History of a Relationship." In *Commemoratons: The Politics of National Identity* (pp. 3-24), ed. John R. Gillis. Princeton N. J.: Princeton University Press.

Greenaway, John, Steve Smith, and John Street. 1992. *Deciding Factors in British Politics: A Case-Studies Approach.* London: Routledge.

Hagstrom, Linus. ed. 2015. *Identity Change and Foreign Policy: Japan and Its Others.* S. I: Routledge.

Halaby, Charles N. 2004. "Panel Models in Sociological Research: Theory into Practice." *Annual Review of Sociology* 30(1): 507-544.

Hirschauer, Stefan. 2010. "Editorial Judgments: A Praxeology of 'Voting' in Peer Review." *Social Studies of Science* 40 (1): 71-103.

Hobsbawm, E. J. 1997. *Nations and Nationalism since 1780: Programme, Myth, Reality.* Cambridge, England; New York: Cambridge University Press.

Hsieh, John Fuh-Sheng, and Emerson M. S. Niou. 1996. "Salient Issues in Taiwan's Electoral Politics." *Electoral Studies* 15(2): 219-235.

Huckfeldt, Robert, Paul E. Johnson, and John Sprague. 2005. "Individuals, Dyads, and

Networks: Autoregressive Patterns of Political Influence." In *The Social Logic of Politics* (pp. 21-48), ed. Alan S. Zuckerman. Philadelphia, Pa.: Temple University Press.

Huntington, Samuel P. 2005. *Who Are We?: The Challenges to America's National Identity.* New York: Simon & Schuster.

Isaacs, Harold R. 1977. *Idols of the Tribe: Group Identity and Political Change.* Cambridge, Mass.: Harvard University Press.

Iyengar, Shanto. 1988. "New Directions of Agenda-setting Research." In *Communication Yearbook 11* (pp. 595-602), ed. James A. Andreson. New York and London: Routledge.

Iyengar, Shanto. 2001."The Method is the Message: The Current State of Political Communication Research."*Political Communication* 18(2): 225-229.

Iyengar, Shanto, and Donald R. Kinder. 1987. *News That Matters: Television and American Opinion.* Chicago: University of Chicago Press.

Iyengar, Shanto, Kyu S. Hahn, Jon A. Krosnick, and John Walker. 2008. "Selective Exposure to Campaign Communication: The Role of Anticipated Agreement and Issue Public Membership." *Journal of Politics* 70(1): 186-200.

Jaspal, Rusi, and Glynis M. Breakwell. eds. 2014. *Identity Process Theory: Identity, Social Action and Social Change.* Cambridge, United Kingdom: Cambridge University Press.

Johnston, Ron J., and Charles J. Pattie. 2005. "Putting Voters in their Places: Local Context and Voting in England and Wales, 1997." In *The Social Logic of Politics* (pp. 184-208), ed. Alan S. Zuckerman. Philadelphia, Pa.: Temple University Press.

Kahn, Kim Fridkin, and Patrick J. Kenney. 2002. "The Slant of the News: How Editorial Endorsements Influence Campaign Coverage and Citizens' Views of Candidates." *American Political Science Review* 96(2): 381-394.

Keng, Shu, Lu-huei Chen, and Kuan-bo Huang. 2006. "Sense, Sensitivity, and Sophistication in Shaping the Future of Cross-Strait Relations." *Issues & Studies* 42(4): 23-66.

Krippendorff, Klaus. 1980. *Content Analysis: An Introduction to Its Methodology.* Beverly Hill, Calif.: Sage Publication.

Langeheine, Rolf, and Frank van de Pol. 1989. "A Unifying Framework for Markov Modeling in Discrete Space and Discrete Time." *Sociological Methods and Research* 18: 416-441.

Langeheine, Rolf, and Frank van de Pol. 1994. "Discrete-Time Mixed Markov Latent Class Models." In *Analyzing Social and Political Change: A Casebook of Methods* (pp. 167-197), eds. Angela Dale, and Richard B. Davies. London: Sage Publications.

Langeheine, Rolf, and Frank van de Pol. 2002. "Latent Markov Chains." In *Applied Latent Class Analysis* (pp. 304-341), eds. Jacques A. Hagenaars, and Allan L. McCutcheon. Cambridge: Cambridge University Press.

Lasorsa, Dominic, and America Rodriguez. 2013. "Mass Media and Social Identity: New Research Agendas." In *Identity and Communication: New Agendas in Communication* (pp.1-5), eds. Dominic Lasorsa, and America Rodriguez. New York: Routledge.

Lasswell, Harold D., Daniel Lerner and Ithiel de Sola Pool. 1952. *The Comparative Study of Symbols: an Introduction.* Stanford, Calif.: Stanford University Press.

Law, Alex. 2001. "Near and Far: Banal National Identity and the Press in Scotland." *Media, Culture & Society* 23: 299-317.

Lazarsfeld, Paul F., Bernard Berelson, and Hazel Gaudet. 1944. *The People's Choice: How the Voter Makes Up his Mind in a Presidential Campaign.* New York: Columbia University Press.

Lefkowitz, Daniel. 2001."Negotiated and Mediated Meanings: Ethnicity and Politics in Israeli Newspapers." *Anthropological Quarterly* 74(4): 179-189.

Lin, Tse-min, Yun-han Chu, and Melvin Hinich. 1996. "Conflict Displacement and Regime Transition in Taiwan: A Spatial Analysis." *World Politics* 48(4): 453-481.

Liu, I-chou, and Szu-Yin Ho. 1999. "The Taiwanese/Chinese Identity of the Taiwan People." *Issues and Studies* 35(3): 1-34.

Lowery, Shearon A., and Melvin L. DeFleur. 1994. *Milestones in Mass Communication Research: Media Effects.* New York: Longman.

Manheim, Jarol B., and Richard C. Rich. 1995. *Empirical Political Analysis: Research Method in Political Science.* 4th edition. New York: Addison Wesley Longman Inc.

McCombs, Maxwell. 1998. "News Influence on Our Pictures of the World."In *Approaches to Audiences: A Reader* (pp. 25-35), eds. Roger Dickinson, Ramaswami Harindranath, and Olga Linne. London, New York, Sydney, and Auckland: Aronld.

McCombs, Mexwell E., and Donald L. Shaw. 1972. "The Agenda-Setting Function of Mass Media." *Public Opinion Quarterly* 36(2): 176-187.

McCombs, Mexwell E., and Donald L. Shaw. 1993. *The Evaluation of Agenda-setting Political Issues: The Agenda-setting Function of the Press*. St. Paul. Minnesota: West Publishing Co..

McCombs, Mexwell E., Donald L. Shaw, and David H. Weaver. 1997. *Communication and Democracy: Exploring the Intellectual Frontiers in Agenda-setting Theory*. Landon: Lawrence Erlbaum Association, Publishers.

McNair, Brian. 1995. *An Introduction to Political Communication*. London: Routledge.

Meadow, Robert G. 1980. *Politics as Communication*. Norwood, N.J.: Ablex Pub. Corp.

Meech, Peter, and Richard Kilborn. 1992. "Media and Identity in a Stateless Nation: the Case of Scotland." *Media, Culture & Society* 14(2): 245-259.

Meinecke, Friedrich. 1970. *Cosmopolitanism and the National State*. Princeton: Princeton University Press.

Milburn, Michael A. 1979. "A Longitudinal Test of the Selective Exposure Hypothesis." *Public Opinion Quarterly* 43(4): 507-517.

Moran, Meghan B. 2013. "Media Influences on Adolescent Social Identity." In *Identity and Communication: New Agendas in Communication* (pp. 6-21), eds. Dominic Lasorsa, and America Rodriguez. New York: Routledge.

Mutz, Diana C. 2001. "The Future of Political Communication Research: Reflections on the Occasion of Steve Chaffee's Retirement from Stanford University." *Political Communication* 18(2): 231-236.

Mutz, Diana C., and Paul S. Martin. 2001. "Facilitating Communication across Lines of Political Difference: The Role of Mass Media." *American Political Science Review* 95(1): 97-114.

Neuhaus, J. M., and J. D. Kalbfleisch. 1998. "Between- and Within-Cluster Covariate Effects in the Analysis of Clustered Data." *Biometrics* 54(2): 638-645.

Neuman, William Lawrence. 2006. *Social Research Methods: Qualitative and Quantitative Approaches*. Boston: Allyn and Bacon.

Nevitte, Neil. 1996. *The Decline of Deference: Canadian Value Change in Cross-national*

Perspective. Peterborough, Ont.: Broadview Press.

Nielsen, Carolyn. 2013. "Same News, Different Narrative: How the Latina/o-Oriented Press Tells Stories of Social Identity." In *Identity and Communication: New Agendas in Communication* (pp. 43-61), eds. Dominic Lasorsa, and America Rodriguez. New York: Routledge.

Niemi, Richard G., and M. Kent Jennings. 1991. "Issues and Inheritance in the Formation of Party Identification." *American Journal of Political Science* 35(4): 971-988.

Nimmo, Dan D. 1978. *Political Communication and Public Opinion in America*. Santa Monica, Calif.: Goodyear Pub.

Nisbet, Erik C., and Teresa A. Myers. 2011. "Anti-American Sentiment as a Media Effect? Arab Media, Political Identity, and Public Opinion in the Middle East." *Communication Research* 38(5): 684-709.

Njogu, Kimani, and John Middleton. eds. 2009. *Media and Identity in Africa*. Bloomington, Ind.: Indiana University Press.

Page, Benjamin I., and Robert Y. Shapiro. 1992. *The Rational Public: Fifty Years of Trends in Americans' Policy Preferences*. Chicago: University of Chicago Press.

Perse, Elizabeth M. 2006. "Models of Media Effects." In *Mass Communication* (pp. 166-195), ed. Denis McQuail. Thousand Oaks, CA: Sage.

Prasad, Karolina. 2016. *Identity Politics and Elections in Malaysia and Indonesia: Ethnic Engineering in Borneo*. New York: Routledge.

Rabe-Hesketh, Sophia, and Anders Skrondal. 2008. *Multilevel and Longitudinal Modeling Using Stata*. 2nd ed. College Station, Tex: Stata Press.

Riegel, Oscar W. 1938. "Nationalism in Press, Radio and Cinema." *American Sociological Review* 3 (4): 510-515.

Rigger, Shelley. 2001. "Maintaining the Status Quo: What It Means, and Why the Taiwanese Prefer It." *Cambridge Review of International Affairs* 14(2): 103-114.

Rogers, Everett M., and James M. Dearing. 1988. "Agenda-setting Research: Where Has It Been, Where Is It Going?" In *Communication Yearbook 11* (pp. 555-594), ed. James A. Anderson. Newbury Park, Beverly Hills, London, New Delhi: Sage Publications.

Schlesinger, Philip. 1991. "Media, the Political Order and National Identity." *Media, Cul-*

ture & Society 13: 297-308.

Schlesinger, Philip. 1997. "From Cultural Defence to Political Culture: Media, Politics and Collective Identity in the European Union." *Media, Culture & Society* 19(3): 369-391.

Schubert, Gunter. 2004. "Taiwan's Political Parties and National Identity: The Rise of an Overarching Consensus." *Asian Survey* 44(4): 534-554.

Singer, Judith D., and John B. Willett. 2003. *Applied Longitudinal Data Analysis: Modeling Change and Event Occurrence*. NewYork: Oxford University Press.

Smith, Anthony D.1995. *Nations and Nationalism in a Global Era.* Cambridge, Mass.: Polity Press.

Snow, David A., Donatella Della Porta, Bert Klandermans, and Doug McAdam. 2013. *Encyclopedia of Social and Political Movements*. Malden, Mass.: Wiley-Blackwell.

Stroud, Natalie Jomini. 2008. "Media Use and Political Predispositions: Revisiting the Concept of Selective Exposure." *Political Behavior* 30(3): 341-366.

Swanson, David L., and Dan Nimmo. 1990. *New Directions in Political Communication: A Resource Book*. Newsbury, Calif: Sage.

Takahashi, Bruno, and Mark Meisner. 2013. "Agenda Setting and Issue Definition at the Micro Level: Giving Climate Change a Voice in the Peruvian Congress." *Latin American Policy* 4(2): 340-357.

Thompson, Andrew, Graham Day, and David Adamson. 1999. "Bringing the 'Local' Back in: The Production of Welsh Identities." In *Thinking Identities: Ethnicity, Racism and Culture* (pp. 49-67), eds. Avtar Brah, Mary J. Hickman, and Mairtin Mac an Ghaill. London: Macmillan Press Ltd.

Tsfati, Yariv, and Joseph N. Cappella. 2003. "Do People Watch What They Do Not Trust? Exploring the Association between News Media Skepticism and Exposure." *Communication Research* 30: 1-26.

van de Pol, Frank, and Rolf Langeheine. 2004. "Markov Chain." In *The SAGE Encyclopedia of Social Science Research Methods, Vol. 2* (pp. 611-612), eds. Michael S. Lewis-Beck, Alan Bryman, and Tim Futing Liao. Thousand Oaks: Sage.

Wachman, Alan M. 1994. *Taiwan: National Identity and Democratization*. New York: M. E. Sharpe.

Waters, Richard D. 2013. "Tracing the Impact of Media Relations and Television Coverage on U.S. Charitable Relief Fundraising: An Application of Agenda-Setting Theory across Three Natural Disasters." *Journal of Public Relations Research* 25: 329-346.

Wimmer, Roger D., and Joseph R. Dominick. 1983. *Mass Media Research: An Introduction.* Belmont, Calif.: Wadsworth Publishing Co.

Zillmann, Dolf, and Jennings Bryant. eds. 1985. *Selective Exposure to Communication.* Hillsdale, N.J.: L. Erlbaum Associates.

概念	題目	選項
報紙選擇1	請問您平時最常看哪一份報紙？ （包括該報報紙本身、電子報和APP皆屬之）	1.中國時報 2.聯合報 3.中央日報 4.工商時報 5.民眾日報 6.民生報 7.經濟日報 8.青年日報 9.臺灣時報 10.自由時報 11.聯合晚報 12.中時晚報 13.大成報 14.中華日報 15.臺灣日報 16.臺灣新聞報 17.勁報 19.中國時報＋聯合報 20.人間福報 21.自立晚報 22.中國時報＋自由時報 23.沒訂報紙 24.國語日報 25.捷運報 26.自由時報＋捷運報 27.電子報 28.中國時報＋聯合報＋中時晚報 29.自由時報＋聯合晚報 30.更生日報

概念	題目	選項
報紙選擇1	請問您平時最常看哪一份報紙？ （包括該報報紙本身、電子報和APP皆屬之）	31.民眾日報＋自由時報 32.臺灣時報＋聯合晚報 33.中國晨報、少年中國晨報 34.工商時報＋中華日報 35.中國時報＋人間福報 36.世界日報 37.自由時報＋臺灣新聞報 38.中國時報＋中央日報 39.聯合報＋自由時報＋更生日報 40.澎湖日報 41.聯合報＋澎湖日報 42.自由時報＋臺灣日報 43.聯合報＋臺灣時報＋自由時報 44.中國時報＋經濟日報 45.臺灣時報＋自由時報 46.民生報＋自由時報 47.工商日報＋經濟日報 48.中國時報＋聯合報＋自由時報 49.政府採購公報 50.經濟日報＋自立晚報 51.中國時報＋自由時報 52.蘋果日報 53.爽報 54.U-paper 55.旺報 56.地方報 57.東方報 58.大眾日報 59.英文中國郵報 60.法鼓山報 61.讀賣新聞 62.眞晨報 63.和樂新聞 90.訪員漏問 91.都有、不一定 92.都不看 95.拒答 98.不知道 99.跳題

概念	題目	選項
報紙選擇2	請問您最常看哪一份報紙？（請只勾選一項，若選兩報以上，則續問在最忙時會先選擇看哪一報） （包括該報報紙本身、電子報和APP皆屬之）	1.中國時報 2.聯合報 3.中央日報 4.工商時報 5.民眾日報 6.民生報 7.經濟日報 8.青年日報 9.臺灣時報 10.自由時報 11.聯合晚報 12.中時晚報 13.大成報 14.中華日報 15.臺灣日報 16.臺灣新聞報 17.蘋果日報 19.人間福報 20.國語日報 21.更生日報 23.中國晨報、少年中國晨報 24.中國時報＋聯合報 25.經濟日報＋工商時報 26.聯合報＋自由時報 27.中國時報＋聯合報＋自由時報 90.訪員漏問 95.拒答 96.不一定 98.不知道 99.跳題
統獨立場	關於臺灣和大陸的關係，這張卡片上有幾種不同的看法： 1：儘快統一 2：儘快獨立 3：維持現狀，以後走向統一 4：維持現狀，以後走向獨立	1.儘快統一 2.儘快獨立 3.維持現狀，以後走向統一 4.維持現狀，以後走向獨立 5.維持現狀，看情形再決定獨立或統一 6.永遠維持現狀

概念	題目	選項
統獨立場	5：維持現狀，看情形再決定獨立或統一 6：永遠維持現狀 請問您比較偏向哪一種？	90.訪員漏問 95.拒答 96.很難說 97.無意見 98.不知道

說明：在五次調查中，報紙選擇題目和選項略有不同，2000年、2008年和2012年為「報紙選擇問題1」，2004年和2016年為「報紙選擇問題2」，兩種題目和選項幾乎相同，分析時將視為同一題。

資料來源：作者整理自陳義彥 2000；黃秀端 2004；游清鑫 2008；朱雲漢 2012；黃紀 2016。

變數名稱	問卷題目	重新編碼方式
統獨立場 三分類	關於臺灣和大陸的關係，有幾種不同的看法： 1：儘快統一 2：儘快獨立 3：維持現狀，以後走向統一 4：維持現狀，以後走向獨立 5：維持現狀，看情形再決定獨立或統一 6：永遠維持現狀 請問您比較偏向哪一種？ 將本題原六分類重新編碼為三分類。	(1)統一：「儘快統一」及「維持現狀，以後走向統一」 (2)維持現狀：「維持現狀，看情形再決定獨立或統一」及「永遠維持現狀」 (3)獨立：「儘快獨立」及「維持現狀，以後走向獨立」 (4)無反應：拒答、很難說、無意見及不知道
報紙選擇	請問您平時最常看哪一份報紙？ （包括該報報紙本身、電子報和APP皆屬之）	主要報紙（聯合報、中國時報、自由時報和蘋果日報）的統獨立場已經在本書第三章分析，其餘報紙除能明顯直接判斷者，其他以註腳方式說明之。 (1)偏統一報紙：中國時報、聯合報、聯合晚報、工商時報（中時報系）、旺報（中時報系）、經濟日報（聯合報系）、中華日報[1]、中國晨報、少年中國晨報[2]、中央日報、中時晚報、民生

---

[1] 中國國民黨兩大控股公司中央投資及華夏投資，財務情況越來越差。主管黨營文化事業的華夏投資公司，掌控五家子公司及一家孫公司；子公司是中國電視、中國廣播、中央日報、臺灣中華日報、中央電影等，孫公司為臺灣新生報（楊士仁 2005），由此可見中華日報應較偏統一。

[2] 國父孫中山先生在海外奔走革命，曾在舊金山創立「少年中國晨報」報社，宣傳革命建國，策劃各地革命組織及籌款事宜，這是他第二次到訪拜會，非常榮幸能在此感念僑胞革

變數名稱	問卷題目	重新編碼方式
		報（聯合報系）、中國時報＋經濟日報、中國時報＋聯合報、經濟日報＋工商時報 (2)偏獨立報紙：自由時報、臺灣時報[3]、民眾日報[4]、臺灣日報[5] (3)無明顯偏向：蘋果日報、爽報、人間福報、地方報紙、東方報、大眾日報、英文中國郵報、U-paper、世界日報、法鼓山報、讀賣新聞、自立晚報、大成報、臺灣新聞報、勁報、電子報、政府採購公報、青年日報、國語日報、更生日報、真晨報、和樂新聞、聯合報＋自由時報、中國時報＋聯合報＋自由時報、經濟日報＋自立晚報、中國時報＋自由時報、沒訂報紙、捷運報、自由時報＋捷運報、中國時報＋聯合報＋中時晚報、自由時報＋聯合晚報、民眾日報＋自由時報、臺灣時報＋聯合晚報、工商時報＋中華日報、中國時報＋人間福報、自由時報＋臺灣新聞報、中國時報＋中央日報、聯合報＋自由時報＋更生日報、聯合報＋澎湖日報、自由時報＋臺灣日報、聯合報＋臺灣時報＋自由時報、臺灣時報＋自由時報、民生報＋自由時報、澎湖日報、中國時報＋聯合報、工商日報＋經濟日報、中國時報＋聯合報＋自由時報、都不看、拒答、都有、不一定、不知道、跳題、訪員漏問

命建國的貢獻（中華民國僑務委員　2015），由此可見中國晨報、少年中國晨報應較偏統一。

3　臺灣時報因為堅持臺灣主權獨立、反對急統路線的辦報風格，儘管經常透過社論、新聞、分析、專題等輿論，嚴屬批判中國北京欺壓臺灣的霸權的心態，但是，也因此吸引大陸學者來臺研究（臺灣時報，無年份）。

4　民眾日報的政治立場請參考中國評論新聞網（2008）。

5　反觀臺灣日報，卻因為獨資經營，沒有任何奧援，從臺日熄燈的境遇，也可看出獨派媒體在臺灣主流媒體生態之下，發聲管道越來越窄的尷尬（陳宗逸　2006）。

變數名稱	問卷題目	重新編碼方式
性別	訪員自行勾選	(1)女性（模型分析時為對照組） (2)男性
省籍	請問您的父親是本省客家人、本省閩南（河洛）人、大陸各省市人，還是原住民？	(1)本省客家人 (2)本省閩南人（模型分析時為對照組） (3)大陸各省市人 遺漏值：原住民、拒答、不知道
政治世代	請問您是民國哪一年出生的？【說不出的改問：您今年幾歲？由訪員換算成出生年：即99－歲數＝出生年次】	(1)第一世代：1942年以前（模型分析時為對照組） (2)第二世代：1943-1960年 (3)第三世代：1961年之後 （分類請參考陳陸輝 2000） 遺漏值：拒答、不知道
教育程度	請問您的最高學歷是什麼（您讀到什麼學校）？	(1)高教育程度：專科、大學、研究所及以上 (2)中教育程度：高中、職 (3)低教育程度：不識字及未入學、小學、國、初中（模型分析時為對照組） 遺漏值：拒答、不知道
居住地區	請問您現在居住在哪一個縣市？	(1)北：北北基（臺北市、新北市〔臺北縣〕、基隆市）、桃竹苗（桃園縣、新竹縣、新竹市、苗栗縣） (2)中：中彰投（臺中縣、臺中市、彰化縣、南投縣） (3)南：雲嘉南（雲林縣、嘉義縣、嘉義市、臺南市、臺南縣）、高高屏澎（高雄縣、高雄市、屏東縣、澎湖縣）（模型分析時為對照組） (4)東：宜花東（宜蘭縣、花蓮縣、臺東縣） 遺漏值：拒答、不知道
職業	請問您的職業是？ 請問您先生（或太太）的職業是什麼？（若已失業、退休者，請追問失業、退休前之職業）	(1)高、中級白領（包含公司部門主管人員與專業人員、軍警調查人員及學生） (2)中低、低級白領（包含佐理人員與業務員） (3)農林漁牧 (4)藍領（公私部門勞工）（模型分析時為對照組）

變數名稱	問卷題目	重新編碼方式
職業	請問您以前（或退休前）的職業是什麼？ 將上述三題的答案重新編碼為五分類（自身失業／退休者，以失業／退休前職業替代，職業為家管者，以其配偶職業替代）	(5)其他（包含無業與拒答）
政黨認同	2000年 N12‧我們（臺語：咱）社會上總是有人說他自己是「支持國民黨的」，有人說他是「支持民進黨的」，有人說他是「支持新黨的」，也有人說他是「支持親民黨的」，請問您認為自己是支持國民黨的」、「支持民進黨的」、「支持新黨的」，「支持親民黨的」，還是支持其他政黨？ （N12回答「國民黨」、「民進黨」、「新黨」、「親民黨」者，續答N12a，回答「都支持」、「都不支持」、「其他」、「拒答」、「不知道」者，續答N12b） N12a‧請問您是非常支持（受訪者所選黨名），還是普普通通？ N12b‧請問您比較偏向國民黨、偏向民進黨、偏向新黨、偏向親民黨，或是都不偏？	合併N12和N12b，重新編碼如下： (1)泛藍：國民黨、新黨、親民黨 (2)泛綠：民進黨、臺聯（模型分析時為對照組） (3)中立：都不支持、看情況

變數名稱	問卷題目	重新編碼方式
政黨認同	2004、2008、2012和2016年 P1・目前國內有幾個主要政黨，包括國民黨、民進黨、親民黨、新黨、建國黨，以及臺灣團結聯盟，請問您是否（臺：敢有）偏向哪一個政黨？ （回答「有」者，跳問第P1b題，回答「沒有」、「不知道」、「拒答」者，續問第P1a題） P1a・那相對來說（臺：那安捏比較起來），請問您有沒有稍微偏向哪一個政黨？（若回答「有」，續問第P1b題） P1b・請問是哪一個政黨？	將P1b重新編碼如下： (1)泛藍：國民黨、新黨、親民黨 (2)泛綠：民進黨、臺聯（模型分析時為對照組） (3)中立：都不支持、看情況
族群意識	在我們（臺：咱）社會上，有人說自己是「臺灣人」，也有人說自己是「中國人」，也有人說都是。請問您認為自己是「臺灣人」、「中國人」，或者都是？	(1)臺灣人（模型分析時為對照組） (2)都是 (3)中國人 遺漏值：拒答、不知道

資料來源：作者整理自陳義彥 2000；黃秀端 2004；游清鑫 2008；朱雲漢 2012；黃紀 2016。

國家圖書館出版品預行編目資料

臺灣民眾的媒體選擇與統獨立場／劉嘉薇著.
　--二版. -- 臺北市：五南，2018.08
　　面；　公分
　ISBN 978-957-11-9849-1（平裝）

1.臺灣政治　2.兩岸關係　3.媒體

573.07　　　　　　　　　107012660

1PAM

臺灣民眾的媒體選擇與統獨立場

作　　者 ― 劉嘉薇（357.1）

發 行 人 ― 楊榮川

總 經 理 ― 楊士清

總 編 輯 ― 楊秀麗

副總編輯 ― 劉靜芬

責任編輯 ― 高丞嫻

封面設計 ― 姚孝慈

出 版 者 ― 五南圖書出版股份有限公司

地　　址：106台北市大安區和平東路二段339號4樓

電　　話：(02)2705-5066　　傳　　真：(02)2706-6100

網　　址：http://www.wunan.com.tw

電子郵件：wunan@wunan.com.tw

劃撥帳號：01068953

戶　　名：五南圖書出版股份有限公司

法律顧問　林勝安律師事務所　林勝安律師

出版日期　2016年6月初版一刷
　　　　　2018年8月二版一刷
　　　　　2020年9月二版二刷

定　　價　新臺幣300元

經典永恆・名著常在

五十週年的獻禮 ── 經典名著文庫

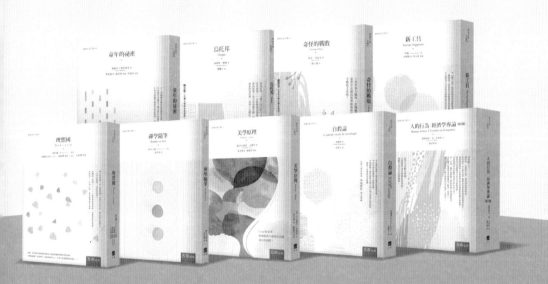

五南，五十年了，半個世紀，人生旅程的一大半，走過來了。

思索著，邁向百年的未來歷程，能為知識界、文化學術界作些什麼？

在速食文化的生態下，有什麼值得讓人雋永品味的？

歷代經典・當今名著，經過時間的洗禮，千錘百鍊，流傳至今，光芒耀人；

不僅使我們能領悟前人的智慧，同時也增深加廣我們思考的深度與視野。

我們決心投入巨資，有計畫的系統梳選，成立「經典名著文庫」，

希望收入古今中外思想性的、充滿睿智與獨見的經典、名著。

這是一項理想性的、永續性的巨大出版工程。

不在意讀者的眾寡，只考慮它的學術價值，力求完整展現先哲思想的軌跡；

為知識界開啟一片智慧之窗，營造一座百花綻放的世界文明公園，

任君遨遊、取菁吸蜜、嘉惠學子！